Kohlhammer

Schlüsselkompetenzen und Berufserfolg
herausgegeben von Georg Nagler

Georg Nagler (Hrsg.)

Berufserfolg ist kein Zufall

Zentrale Schlüsselkompetenzen verstehen, entwickeln und anwenden

Verlag W. Kohlhammer

Dieses Werk einschließlich aller seiner Teile ist urheberrechtlich geschützt. Jede Verwendung außerhalb der engen Grenzen des Urheberrechts ist ohne Zustimmung des Verlags unzulässig und strafbar. Das gilt insbesondere für Vervielfältigungen, Übersetzungen, Mikroverfilmungen und für die Einspeicherung und Verarbeitung in elektronischen Systemen.

1. Auflage 2026

Alle Rechte vorbehalten
© W. Kohlhammer GmbH, Stuttgart
Gesamtherstellung: W. Kohlhammer GmbH, Heßbrühlstr. 69, 70565 Stuttgart
produktsicherheit@kohlhammer.de

Print:
ISBN 978-3-17-043955-9

E-Book-Formate:
pdf: ISBN 978-3-17-043956-6
epub: ISBN 978-3-17-043957-3

Für den Inhalt abgedruckter oder verlinkter Websites ist ausschließlich der jeweilige Betreiber verantwortlich. Die W. Kohlhammer GmbH hat keinen Einfluss auf die verknüpften Seiten und übernimmt hierfür keinerlei Haftung.

Inhalt

I	**(Berufs-)Erfolg und Schlüsselkompetenzen – eine einleitende Annäherung**	9
	Georg Nagler	
	Literatur..	18
II	**Studium und Schlüsselkompetenzen**	19
	Gerda Schuster	
	Studienerfolg	20
	Passung als Bedingung für Studienerfolg	21
	Passung zum angestrebten Beruf	21
	Passung zum Studienfach	23
	Passung zum Hochschultyp	24
	Anforderungen an Studieninteressierte	27
	Fachliche Anforderungen	27
	Überfachliche Anforderungen	30
	Formale Anforderungen	31
	Zulassungsverfahren an Hochschulen	32
	Realistische Selbsteinschätzung	33
	Schulnoten	34
	Kognitive und Orientierungstests	35
	Praktika oder Probestudium	36
	Erreichbare Ziele setzen	37
	Studienorientierung: Unterstützungsangebote und Informationsquellen	37
	Internetrecherche und Online Self-Assessments (OSA)	38
	Berufs- und Studienberatung	38
	Umgang mit einem Studienabbruch	39
	Fazit	41
	Literatur	41
III	**Beruf und Schlüsselkompetenzen**	44
	Andreas Creutzmann und *Georg Nagler*	
	Einleitung	44
	Selbstverantwortung und positives Denken	44
	Gesetz von Ursache und Wirkung	45

	Gesetz des Glaubens	46
	Gesetz der Erwartungen	46
	Gesetz der Anziehung	47
	Gesetz der Entsprechung	47
	Grundsatz des positiven Denkens	48
	Ziele und Lebensrollen	50
	Selbstmanagement und Life-Balanced-Scorecard	52
	Zeitblöcke für Auszeiten	54
	Zeitblöcke für die eine Sache	54
	Zeitblöcke für Zeitplanung	55
	Literatur	59
IV	**Fehler und Schlüsselkompetenzen**	**60**
	Georg Nagler	
	Karrieregefährdende Fehler	60
	Fehlerkategorien	60
	Fehlerursachen	61
	Die (fehlende) Fehlervermeidungskompetenz	62
	Praxisrelevante (Denk-)Fehler	64
	Zusammenfassung	66
	Literatur	67
V	**Digitalisierung und Schlüsselkompetenzen**	**68**
	Gerald Lembke	
	Einleitung	68
	Die Hochschule der Zukunft – Ein Blick ins Jahr 2040	69
	Leben in der Digitalität – die Herausforderungen	70
	Definition von digitalen Kompetenzen	71
	Einordnung in den beruflichen Kontext	72
	Einordnung in den Hochschulkontext	72
	Die Risiken digitaler Mediennutzung	72
	Auswirkungen auf die Führungskräfteentwicklung	76
	Konzepte für eine kooperative Pädagogik	78
	Ausblick für ein erfülltes Leben in der digitalen Ära	79
	Literatur	80
VI	**Beziehungen und Schlüsselkompetenzen**	**82**
	Georg Nagler	
	Die Beziehungskompetenz	82
	Allgemeine Grundlagen für Aufbau und Pflege von Beziehungen	83
	Hormonelle Faktoren im Beziehungscockpit	84
	Unbewusste Kommunikationsprozesse	84
	Zustandekommen von Liebesbeziehungen	85

	Let's talk about sex	86
	Literatur	88

VII Geschlecht und Schlüsselkompetenzen — 89
Kathrin Kölbl

	Einleitung	89
	Mehr Frauen in hierarchisch relevanten Positionen	90
	Mehrwert durch Frauen in Führungspositionen	90
	Gesetzliche Vorschriften fordern Repräsentanz und Parität	91
	Geschlechtergerechtigkeit und deren Erklärungsansätze	93
	Männer und Frauen – Geschlecht als Kategorie	94
	Biologisches und soziales Geschlecht – sex und gender	95
	Geschlechterstereotypen	97
	Sexismus und Gender Bias	98
	Mini-me-Effekt	99
	Geschlechterunterschiede	100
	Kognitive Geschlechterunterschiede	100
	Geschlechterspezifische Kommunikation	101
	Gelingende Kommunikation zwischen Frauen und Männern im Beruf	103
	Geschlechtergerechtes Schreiben und Sprechen	104
	Geschlechtergerechte Sprache	104
	Gendersensible Sprache	105
	Ist Gendern in Deutschland verpflichtend?	106
	Zusammenfassung	107
	Literatur	108

VIII Gesundheit und Schlüsselkompetenzen — 114
Carl Diehm

	Einführung	114
	Wie gesund sind Manager in Deutschland?	114
	Gesunde Ernährung als Dreh- und Angelpunkt	116
	Mediterrane Ernährung	116
	Intervallfasten 16:8 – die Superformel für Gewichtsverlust?	116
	Warrior-Diät – One meal a day	118
	Kaffee	119
	Alkohol	120
	Sport und Bewegung	121
	Das metabolische Syndrom	122
	Übergewicht	123
	Bluthoch- oder -unterdruck	124
	Cholesterin	126
	Zuckerkrankheit	127
	Rauchen	128

	Schlaf	130
	Digitale Gesundheit	131
	Freizeitkrankheit – krank im Urlaub	132
	»Blaue Zonen«: Was uns 100 Jahre alt werden lässt	133
	Literatur	134

IX Glück und Schlüsselkompetenzen — 135
Hans-Dieter Hermann und Thorsten Leber

	Einleitung	135
	Glück – Wovon reden wir eigentlich?	136
	Was kann Arbeit zu Glück beitragen?	140
	Sinnfindung in der Arbeit	140
	Selbstbestimmtheit und intrinsische Motivation	141
	Autonomie	142
	Kompetenz und Wertschätzung	143
	Soziale Eingebundenheit	143
	Berufliches und privates Glück	143
	Mehr Glück durch Lebenskompetenzen	144
	Was sind Lebenskompetenzen?	144
	Selbstkompetenz	145
	Entscheidungs- und Problemlösekompetenz	146
	Sozialkompetenz und Kommunikation	147
	Führungsverhalten, das glücklich macht	149
	Stärkung von Lebenskompetenzen	150
	Kein Glück ohne Stressmanagement und Resilienz	150
	Körperliche Fitness trainieren	151
	In Schleusen regenerieren	152
	In Gegenwelten regenerieren	153
	Mentale Stärke und Widerstandsfähigkeit trainieren	154
	Gedanken und Gefühle trainieren	158
	Soziale Beziehungen stärken	162
	Trainieren, achtsam zu sein	168
	Fazit	172
	Literatur	173

Fazit: Glück – Zufriedenheit – Erfolg — 175
Georg Nagler

Literatur — 177

I (Berufs-)Erfolg und Schlüsselkompetenzen – eine einleitende Annäherung

Georg Nagler

Der Lesende mag wohl über die Überschrift verwundert sein: Hat er nicht ein Buch erworben, in dem ihm vermeintlich Gewissheit verschafft wird, wie mit erworbenen Schlüsselkompetenzen und weiteren Fähigkeiten sein Studien- und Berufserfolg bestmöglich gewährleistet werde, er also die Gewissheit für ein gelingendes Leben und Lebenserfolg in Textform quasi »unter dem Arm trägt«. In der Tat – wer will nicht all die Fähigkeiten, Kenntnisse und Bildungsinhalte erwerben, die für die Gestaltung bzw. Erreichung eines erfolgreich geglückten Lebens wesentlich sind. Diesem Feld widmet sich eine mittlerweile unübersehbare Zahl von Ratgebern unterschiedlicher Qualität, aber auch Websites und Social-Media-Kanälen. Sie gehen übereinstimmend davon aus, dass für ein geglücktes berufliches Leben gerade die (beruflichen) Schlüsselkompetenzen – also die sog. Soft Skills und Competences – eine bedeutende Rolle spielen.

Wer die Lehrpläne von Schulen und Hochschulen darauf hin überprüft, welche Bedeutung diese augenscheinlich relevanten Bildungsinhalte haben, ist ernüchtert. Er wird feststellen, dass die Vermittlung dieser Fähigkeiten nach wie vor eher nachrangig behandelt wird. Im Vordergrund steht die Vermittlung der wissenschaftlichen, methodischen und fachlichen Grundlagen des jeweiligen Studienfachs. Darauf aufbauend erfolgt die Vermittlung und Einübung der fachlichen Spezialkenntnisse, die in der wissenschaftlichen Ausarbeitung eines Fachthemas ihre Krönung finden. Im Vordergrund steht also – für uns alle selbstverständlich – der Erwerb der fachlichen Kompetenzen. Für das, was an sozialen, kommunikativen, psychologischen und sonstigen Kenntnissen und Fähigkeiten dazukommen soll, vertraut man mehr oder weniger ausdrücklich auf die sozialisierende Kraft des akademischen Umfeldes, die schulische Vorbildung und Eigeninitiative.

Die Erfahrungen aus der Corona-Zeit liefern mit Blick auf das Bildungssystem wichtige und differenzierte Beobachtungen: Der fast zweijährige Verzicht auf den Präsenzunterricht und das präsenzbezogene Sozialleben in den Bildungseinrichtungen – von der Grundschule bis zu den Universitäten – zeitigte durchaus empfindliche Folgen mit erheblichen Nachwirkungen: Dort, wo es darum ging, mit den nicht als perfekt zu bezeichnenden Instrumenten des Online-Unterrichts die relevanten fachlichen Inhalte der jeweiligen Ausbildung zu vermitteln, kann man konstatieren, dass es gelungen ist, den befürchteten Komplettausfall der jeweiligen Bildungsvorgaben zu vermeiden. Im Gegenteil, es dürfte gelungen sein, zumindest die überwältigende Mehrheit der Schüler- und Studentenschaft im Wesentlichen »auf Kurs« gehalten zu haben. Der Verlust eines oder mehrerer Bildungsjahre dürfte generell erfolgreich vermieden worden sein, auch wenn immer noch relevante Bildungsdefizite vorhanden sind. Die Ergebnisse des IQB-Bildungstrends 2021 liefern dafür exemplarisch die wissenschaftlich fundierte Basis.

Besorgniserregende Signale gibt es aber auf einem anderen Gebiet: Allenthalben wird die Sorge geäußert, dass die Defizite vieler Schüler und Studierenden im Bereich der sozialen, kommunikativen und psychologischen Kompetenzen gewachsen seien. Es ist sogar von einer »zu Hause verschwundenen« Generation die Rede, die es sich in einer selbstbestimmten Online-Welt gemütlich gemacht habe, ohne »nach draußen« zu gehen. Die Ursachen hierfür liegen auf der Hand: Die sozialisierende Kraft des in Präsenz erlebten schulischen oder akademischen Umfeldes fehlte pandemiebedingt – wie sehr, das zeigt sich gerade jetzt, wo man in der Bildungsdebatte ihren zentralen Wert betont. Ohne Präsenzbetrieb ist damit auch der Erwerb der sozialen und sonstigen Schlüsselkompetenzen nachhaltig gefährdet. Dabei wirkt sich auch nachteilig aus, dass es selbst in der einschlägigen Literatur nicht unbedingt einen Überfluss an einschlägigen Büchern gibt, die die Rolle der Schlüsselkompetenzen für das berufliche und persönliche Leben beleuchten, um daraus relevante Handlungsempfehlungen zu formulieren.

Das in diesem Band verfolgte Anliegen ist daher so klar wie naheliegend: Es geht darum, das Rüstzeug an notwendigen sozialen, kommunikativen und psychologischen Kompetenzen aufzuzeigen, die nach allgemeiner Auffassung auch in der Zukunft eine Schlüsselrolle für den beruflichen und auch den persönlichen Erfolg spielen – nicht umsonst hat man ihnen den Begriff der »Schlüssel-Kompetenz« zugewiesen.

Wer nun allerdings glaubt, dass damit – quasi automatisch – die Grundlagen für ein erfülltes und erfolgreiches Leben gelegt wären, wird allenthalben durch andere Erfahrungen ernüchtert: Wer sieht nicht selbst unglaublich talentierte Frauen und Männer wegen Vorfällen scheitern, die so banal sind, dass man es nicht glauben mag – bis man vielleicht doch manche Gesetzmäßigkeit dahinter erkennt.

Wir müssen uns daher auch Fragen stellen, die so noch nicht häufig formuliert wurden: Reichen fachliche Kenntnisse und das Allgemeinwissen? Genügen die vielzitierten Schlüsselkompetenzen als weitere Fähigkeiten, um die Weichen für den dauerhaften persönlichen und beruflichen Erfolg zu stellen? Auch das scheint nicht der Fall zu sein! Eine wichtige Statistik zum Erfolg von Vorstandsmitgliedern börsennotierter Gesellschaften lässt aufhorchen: Die durchschnittliche Amtszeit der Leiter von großen Unternehmen beträgt konstant nicht einmal 8 Jahre (Statista, 2017) – obwohl doch gerade bei dieser Spezies von Führungskräften eine geradezu vollständige Ausrüstung mit den notwendigen fachlichen Fähigkeiten aber auch Schlüsselkompetenzen unterstellt werden sollte. Was passiert dann aber sonst im Leben, vor dem Studium und insbesondere nachher? Ist das nebensächlich und – provokativ gesagt – der Erwerb einer möglichst hohen Abfindung wirklich die zentrale Schlüsselkompetenz? Oder geht es um mehr? Kann es überhaupt gelingen, die Anforderungen an ein gelungenes Leben mit dem Anspruch auf Vollständigkeit zu beschreiben. Muss man sich nicht auch mit einer »Fehlervermeidungskompetenz« beschäftigen?

Der Herausgeber dieses Bandes hat als Jurist, Professor, Manager und Hochschulchef mit einer mehr als 35-jährigen Erfahrung in relevanten Positionen, aber auch aufgrund seiner privaten Lebenserfahrung eine Fülle an fachlich fundierten Erkenntnissen gesammelt, die ihn zu diesem Buch motiviert hat. Sicher auch deswegen, weil er die vielfältigen vorbezeichneten Fragestellungen mit vielen Persönlichkeiten erörtern konnte – und weil es auch für ihn Niederlagen im Leben gab, aus denen er seine Lehren zog bzw. ziehen musste.

Eine wichtige Erkenntnis dieser berichteten Erfahrungen und Diskussionen ist, dass weder die fachliche Ausbildung noch die beruflichen Schlüsselkompetenzen die alleinige Basis für ein umfassendes Mindset an Lebensgestaltungskompetenzen darstellen können. Sie verdienen unbestritten im Anschluss eine eingehende Beachtung, da sie sich als notwendige – aber nicht ausreichende Voraussetzung für den persönlichen und beruflichen Erfolg herausstellen. Bei näherer Behandlung fehlt aber doch noch vieles – konzentriert in der Feststellung: Was nützen die besten Schlüsselkompetenzen, wenn das Leben dennoch schiefgeht, wenn sich der gedachte Lebensentwurf nicht so entwickelt, wie man es eigentlich will. Was nutzt es, wenn sich beruflicher Erfolg einstellt, aber man das Gefühl hat, dass einem der »Lebenserfolg« entgleitet, auch weil der berufliche Erfolg endlich war: Hier sind wir auf der Spur dessen, was ganzheitlicher Lebenserfolg ist – und wie vielleicht auch die Frage nach Glück ernsthaft beantwortet werden kann.

Was Lebensglück und Lebenserfolg ist – das wird allerdings von aktuell 8 Milliarden Erdenbewohnern ziemlich individuell, also unterschiedlich interpretiert, es sei denn man wäre in einer Religion oder vorgegebenen Weltanschauung derart verhaftet, dass man deren Glücksvorstellung vollständig übernommen hätte.

Wie besprochen können und wollen wir als Autorinnen und Autoren nur relevante – und damit definier- und beschreibbare – Schlüsselkompetenzen für ein gelingendes Berufsleben vermitteln. Diese Beschreibung von relevanten Lebensgestaltungskompetenzen orientiert sich dabei an mehreren Grundannahmen und Orientierungspunkten:

- Das erste ist der Lebensablauf als solches; schon hier müssen wir feststellen, dass dieser schlichtweg in keinem Fall für einen Menschen vorhersagbar ist. Was wir wissen ist, dass jeder Lebenslauf schon in den ersten Jahrzehnten für jeden prägend ist und mit biografisch bedeutsamen Ereignissen aufwartet, die völlig unterschiedlich sind (vgl. Schulz von Thun, 2023, S. 95). Dabei ist eine Erkenntnis wesentlich: Es wäre grotesk, das eigene Leben unter die Maxime und die daraus resultierende Leitfrage zu stellen: »Wie wird einmal mein Nachruf lauten« (vgl. Brooks, 2023, S. 95 f.). Wohl kaum jemand lebt diese ersten zwei bis drei Jahrzehnte des Berufslebens in einem Modus, um sich die berühmt-berüchtigten »Nachruf-Tugenden« zu erwerben. Wie denn auch!
- Viele Studien, beginnend bei »Pisa« bis hin zu mannigfaltigen Erkenntnissen der Statistischen Ämter auf Bundes- und Landesebene zeigen: Ein guter Lebensstart ist in den meisten Fällen geprägt von der persönlichen Erkenntnis und dem intrinsischen Willen des jungen Menschen, sich die notwendigen Lebensqualifikationen zu erwerben. Das Mentora-Gymnasium in Berlin bringt es auf seiner Website auf den Punkt: »Wenn ein Kind in der Schule gute Leistungen erbringt,

beginnt es in der Regel motiviert, optimistisch und unaufgeregt den Schultag. Es zeigt auch Selbstvertrauen und handelt oft selbstständig, besonders wenn es sich auf den Schulbesuch vorbereitet« (www.mentora-gymnasium.de). Dieser positive Welterkundungswille wird uns noch öfter begegnen. Je früher, umso weniger schlecht muss das sein. Das gilt übrigens auch für Jugendliche aus Familien mit Migrationshintergrund. Ein besonderes Beispiel hierzu ist etwa der Bildungserfolg vietnamesisch-stämmiger Jugendlicher in Deutschland. Hiernach kommt es für den Bildungserfolg weniger auf die finanzielle Situation und das Einkommen der Familie an – entscheidend ist die kulturelle Vorprägung in der Familie, die dem »Wert der Bildung als Weg der Menschwerdung« eine enorme Bedeutung zuweist (Huesmann, 2025) – je früher umso besser: Das bekannte Sprichwort »was Hänschen nicht lernt, lernt Hans nimmermehr« gilt zwar in Zeiten des lebenslangen Lernens (fast) als überholt – eine wichtige Abwandlung macht aber nach wie vor unbedingt Sinn: »Was Hänschen lernt und kann, stiehlt ihm später keine Zeit«!

Es ist daher unverändert notwendig, sich eingehend mit den Grundlagen zu beschäftigen, die Studienanfänger benötigen, um zeitig erfolgreich zu studieren. Dies kann sicherlich vergleichbar für Zeitgenossen gelten, die sich entschieden haben, einen nicht akademischen, also in der Regel einen handwerklich-gewerblichen Berufs- und Lebensweg einzuschlagen. Als Hochschullehrer kann ich ihnen nur dringend davon abraten, das Abitur bzw. das anschließende Studium als die krönende Spitze des Lebensbeginnes zu sehen. Zehntausende Eltern unterliegen diesem fatalen Fehler jedes Jahr: Sie machen sich nicht die ehrliche Mühe der Recherche mit und für ihr Kind, was eigentlich passend sein kann – oder billigen sich nicht die folgende ehrliche Einsicht zu: Ein gelingendes Leben junger Menschen setzt in keinem Fall einen akademischen Beruf voraus (vgl. Brooks, 2023, S. 17 f.).

Für diese Einschätzung kann ich (m)eine »Doppelqualifikation« anführen: Als früherer Hauptgeschäftsführer des Bundesinnungsverbands für Orthopädietechnik habe ich erlebt, wie dieses Gesundheitshandwerk – und damit jeder andere Handwerksberuf auch – junge Menschen ungemein positiv prägen kann. Regelmäßig gelingen dann materielle Karrieren, bei denen sie deutlich mehr Geld verdienen, als es sich viele Akademiker erträumen. Die Berufszufriedenheit dieser »richtigen Berufswähler« spricht weiter für sich. Als Rektor hatte ich dagegen jedes Jahr an der Dualen Hochschule die traurige Pflicht, bei mehr als ein Viertel der Studienanfänger mit der Exmatrikulation das Ende der Studienzeit verfügen zu müssen. Diese 25 Prozent sind verglichen mit Universitäten noch ein geradezu niedriger Wert, dort betragen die Abbruchquoten häufig mehr als 40 Prozent. Der nicht selten von den Eltern für die Kinder erträumte »krönende akademische Abschluss« ist dann zu einer schweren Ernüchterung und prüfungstechnischen Bauchlandung geworden. Eine ehrliche Analyse von Eignung, Leistungsbereitschaft und – darauf aufbauend – eine realistische Kindesförderung sind bereits hier weichenstellend und könnten ein Scheitern mit Ankündigung verhindern. Dies beginnt bei der nüchternen Analyse der Eignung für die weiterführende Schule. Es ist mir schleierhaft, wie man – wohl ideologisch vorgeprägt – eine fachlich fundierte Empfehlung von Fachleuten, nämlich den Lehrern, als Entmündigung der Eltern brandmarken kann. Gerade die berüchtigten »Helikopter-Eltern«, die inzwischen auch an den Hochschulen ihr Unwesen treiben, sollten sehr genau überlegen, ob die eigentliche »Stressquelle« eines leistungsschwächeren Kindes möglicherweise in den überzogenen Elternwünschen liegt.

Studium und Schlüsselkompetenzen

Gerda Schuster beschäftigt sich daher zu Beginn mit der zentralen Weichenstellung, die aus den Antworten auf zwei wesentliche Teilfragen besteht:

a) Wie treffe ich die richtige Studienwahl, den richtigen Studiengang?
b) Was benötige ich persönlich für ein erfolgreiches Studium?

Es ist frappierend, wie häufig Abiturientinnen und Abiturienten bereits an diesem Punkt plan- und orientierungslos vorgehen (Lebedowicz, 2019). Auch wenn valide Zahlen kaum zugänglich sind, liegt die Zahl der Studienabbrecher nicht unter 25 Prozent eines Abiturjahrgangs: So beginnt die Suche nach dem persönlichen Berufserfolg erst einmal mit einer kapitalen Bauchlandung. Für den erfolgreichen Abschluss eines Studiums steht die sog. Passung im Mittelpunkt – Schuster verlangt von der Leserschaft – mit Recht – die Bereitschaft und Fähigkeit zur Selbstreflexion, eine Mühe, die sich wirklich lohnen dürfte. Die Bereitschaft, ein schonungslos ehrliches Feedback von Fachleuten und persönlichen Bezugspersonen zur Studierfähigkeit und zur Passung des gewählten Studienfachs zu akzeptieren, bildet hier die sinnvolle Abrundung. Wenn die (zumindest objektiv stimmige) Entscheidung für einen Studiengang und Hochschultyp feststeht, sind die zentralen Faktoren »Wissen« und »Methoden« erfolgsentscheidend für das weitere Studium herausgearbeitet. Daneben werden auch die studienbezogenen Soft Skills näher behandelt. Hier geht es darum, das Rüstzeug an notwendigen sozialen, kommunikativen und psychologischen Kompetenzen zu vermitteln, die nach allgemeiner Auffassung auch in der Zukunft eine Schlüsselrolle für den beruflichen und auch den persönlichen Erfolg spielen. Verblüffenderweise kommen Sie in keinem Lehrplan der Schulen vor. Der Beitrag wird durch die Beschreibung derjenigen Unterstützungsangebote abgerundet, die für diese zentrale Entscheidungsphase bestehen und die nach einem Studienabbruch einen konstruktiven Weg aus dieser misslichen Situation aufzeigen können.

Beruf und Schlüsselkompetenzen

Die Relevanz von Schlüsselkompetenzen wollen wir nicht nur für den Inhalt und die Gestaltung des Studiums näher beleuchten. Andreas Creutzmann, erfahrener Steuerberater und Wirtschaftsprüfer, hat sich mit ihrer Relevanz für das gesamte Berufsleben eingehend beschäftigt. Die Entscheidung für einen bestimmten Beruf ist eine der beiden wichtigsten Lebensentscheidungen. Sie ist ein wesentlicher Bestandteil der Selbstverantwortung für die lebenslange berufliche Laufbahn und darüber hinaus für die Prioritätensetzung, natürlich auch in anderen Lebensbereichen.

Creutzmann betont die Bereitschaft zur Selbstverantwortung als wesentliche Soft Skill. Dazu gehören weitere Handlungsaspekte wie etwa der Grundsatz von Ursache und Wirkung, der ganzheitlich für das eigene Leben verstanden werden kann. Selbstverantwortung beginnt im Denken und löst kausale Wirkungen und Situationen aus, die mit weiteren Wirkungsprinzipien zu einem erfolgreichen und erfüllten Leben führen können – aber nicht müssen. Positives Denken ist für Creutzmann elementar und wird in seiner Verortung im menschlichen Denken dargestellt. Dabei müssen auch in der Lebensgestaltung Prioritäten gesetzt werden, um in der »Mind map« des Lebens zu einem ausgewogenen Handeln zu kommen. Die Idee einer permanenten »Work-life-Balance« führt da konsequent in eine Sackgasse. Creutzmann beschreibt eindrucksvoll den weiter entwickelten Entwurf einer Life-Balanced-Scorecard.

Fehler und Schlüsselkompetenzen
Was hat Berufserfolg mit Fehlern zu tun? Schließlich wollen alle Erfolg haben, wissen vermeintlich wie das geht und Fehler sind kein Thema! Die Antwort auf die Beschäftigung mit der »Fehlervermeidungskompetenz« ist damit allerdings faktisch gegeben. In unzähligen Fällen müssen Akademiker feststellen, dass ihnen Fehler unterlaufen sind – oder sie haben diese sogar bewusst begangen. Beides hat den Berufserfolg behindert oder mitunter sogar zum Scheitern geführt. Der bekannte Wirtschaftsautor Rolf Dobelli (2014, S. 5 ff.) rät vor diesem Hintergrund dazu, die gigantischen »Friedhöfe einst vielversprechender Projekte und Karrieren« zu besuchen. Andererseits: Wie oft scheitern Studierende an ganz simplen Fehlern und mussten deshalb ihren Lebenstraum einer Karriere aufgeben. Was wenigen bewusst ist: Die Kunst der Fehlervermeidung ist ebenfalls eine Soft Skill, die gezielt geschult werden kann. Denken Sie nur an die berühmt-berüchtigte »Prokrastination«, also die »Aufschieberitis«. Und für klassische Fehler wie das Spicken oder das Plagiat existieren sogar Wahrscheinlichkeitsfallgruppen!

Wenn es die Schlüsselkompetenz der Fehlervermeidung gibt – dann ist es geradezu ein Muss, hierauf konzentriert einzugehen. Dabei ist es spannend, neben der Frage, was eigentlich ein Fehler sein kann, auch die wesentlichen psychologischen Fallgruppen zu analysieren, die (manchmal geradezu zwanghaft) zu Fehlern führen. Dafür können wir in der Nachfolge des Nobelpreisträgers Daniel Kahneman die Ansätze aus der Verhaltensökonomie heranziehen. Dabei gilt es immer zu bedenken, dass es besser ist, auf der Hut zu sein, wenn ihr Gegenpart auch weiß, wo und wann sie fehleranfällig agieren. Dies gilt auch für einen der verlogensten Bereiche der deutschen Wirtschaft: Wie oft wird – mit Krokodilstränen – das Fehlen einer »Fehlerkultur« beklagt. Dazu jetzt nur soviel: Wer Unternehmensbosse, Versicherungssachbearbeiter, Prozessgegner u. a. kennt, der weiß: Fehlerkultur gibt es nicht – wegen Fehlern fertig gemacht zu werden, dagegen schon viel eher.

Digitalisierung und Schlüsselkompetenzen
Berufserfolg bzw. der Entwurf eines erfolgreichen Lebens ist wohl kaum ohne digitale Schlüsselkompetenzen denkbar. Gleichzeitig ist die Gefahr des völligen Kompetenzverlustes und des Untergehens in einem total-digital-world-concept für viele ein existenzielles Problem (vgl. bereits Negroponte, 1997). Dies geschieht zunehmend in einem digitalisierten Lebensumfeld, das seit 2022 durch Anwendungen der Künstli-

chen Intelligenz weiter revolutioniert wird. Gerald Lembke, einer der renommiertesten Kenner und auch Kritiker solcher Konzepte, betont dennoch die Irreversibilität dieser Entwicklungen mit der unausweichlichen Einsicht: Nur mit dem Erwerb von fundierten digitalen Kompetenzen ist der Berufserfolg der Zukunft denkbar und das betrifft zuallererst den akademischen Sektor.

Dabei stellt Lembke gerade die fundamentale Bedeutung des Menschlichen heraus, was ihn zur provokativen Forderung bringt: Die bisherigen Soft Skills werden zu den neuen Hard Skills, die von jedem beherrscht werden müssen! Persönliches Wachstum verlangt noch mehr als bislang die Fähigkeit zu Kommunikation, Kreativität und Offenheit für Technologie, Kritikfähigkeit und auch ethischer Digitalität. Wenn fast alle Bereiche von (Arbeits-)Kultur und (Lebens-)Organisation im permanenten Wandel sein werden, dann wird »agiles Leadership« zur täglichen Herausforderung. Für Studierende in der Vorbereitung einer erfolgreichen Berufskarriere wird es zur Herausforderung, hier mit einem vernünftigen Mindset eine multipel transformierte Arbeitswelt anzugehen und zu meistern. Es liegt auf der Hand, dass mit dieser digitalen Mediennutzung auch immense Risiken einhergehen, die jeden Akademiker persönlich herausfordern werden. Digitale Ängste zu meistern und bewusst auch persönliche Freiräume gegen die digitale Reizüberflutung zu schaffen, die nicht selten zu digitalen Terror etwa in Form des Cybermobbings pervertieren kann. Das »digitale Wohlbefinden« wird so zu einer Soft Skill werden, ohne die ein menschenwürdiger Umgang mit der schönen neuen Digitalwelt undenkbar ist.

Beziehungen und Schlüsselkompetenzen

Ein wesentlicher Bestandteil des menschlichen Lebens wird in diesem Zusammenhang wie kaum ein zweiter von der digitalen Revolution erfasst: die Fähigkeit und die Kompetenz Beziehungen einzugehen und zu leben. Nur die Beziehungskompetenz ermöglicht es, ein erfolgreiches Berufsleben einerseits und ein erfülltes Privatleben andrerseits zu gestalten. Die notwendigen Elemente hierzu muss man sich eingehend bewusst machen: Kommunikationsfähigkeit, Empathie und emotionale Intelligenz können dabei auch gezielt geübt werden, um sie für die eigene Beziehungskompetenz nachhaltig zu verbessern. Dabei sollten wir auch immer die unbewussten Dimensionen von Kommunikation und Beziehungen bedenken – die sich gerade hier auch auf die hormonellen Faktoren erstrecken. Haben Sie dazu schon einmal vom Beziehungskonto gehört, in das Währungen wie Zeit und Zuwendung mit hohem Gewinn eingezahlt werden können? Es ist spannend, wie vielfältig Beziehungen wirken – gerade dann, wenn wir in einer häufig »monodimensional-digitalen« Kommunikation die Schattenseiten der Beziehungsarmut thematisieren müssen.

Erste Nachrichten über Selbstmorde aufgrund einer gescheiterten Beziehung mit einem Avatar zeigen hier die Abgründe. Ein Grund mehr, sich auch persönlich mit der Bindungsfähigkeit, der Passung potenzieller Partnerinnen und Partner sowie mit all dem zu beschäftigen, was gelungene Beziehungen für ein Leben ausmachen kann. Dabei muss auch eine verantwortungsvolle und rücksichtsvoll gelebte Sexualität in den Blick genommen werden. Nicht erst seit #MeToo sind für jedes erfüllte erfolgreiche berufliche Leben die Abgründe zu bedenken, die sich hier auftun – und in wenigen Momenten ganze Karrieren ruinieren können.

Geschlecht und Schlüsselkompetenzen
In diesem Zusammenhang ist es unumgänglich, auf die Schlüsselkompetenz zum korrekten geschlechtergerechten Umgang miteinander einzugehen. Für viele Personalabteilungen renommierter Firmen ist – auch heute – hier ein erheblicher Schulungsbedarf gegeben. Ein sicheres Indiz dafür, notwendiges Führungswissen für ein gelingendes Zusammenwirken von Frauen und Männern im Berufsleben unbedingt aufzubauen. Kathrin Kölbl liefert hierfür profundes Datenmaterial – der Mehrwert durch Frauen in Führungspositionen sollte dann kein Thema mehr sein (auch wenn die Thematisierung bedauerlicherweise noch so stattfindet).

Dem entspricht ein korrektes und nach Möglichkeit vertieftes Wissen zu den relevanten gesetzlichen Vorschriften, gerade einschlägiger Quotenvorschriften und der relevanten Berichtspflichten, insbesondere dem Corporate Sustainability Reporting (CSRD). Dazu sind die unterschiedlichen Erklärungsansätze dessen unerlässlich, was Geschlechtergerechtigkeit darstellt. Dies beinhaltet auch die relevanten Kenntnisse zu biologischem und sozialem Geschlecht (sex und gender) und den damit verbundenen Geschlechterstereotypen. Führungsverhalten und das Kollegialverhalten sollten sich daher immer der Gender Biasses bewusst sein, denen das menschliche Denken infolge unbewusster Denkprozesse (die auch die Verhaltensökonomie prägen) ausgesetzt ist. Es ist daher spannend – und für ein erfolgreiches Berufsleben von großer Bedeutung, sich sorgfältig mit kognitiven Geschlechterunterschieden zum einen aber auch geschlechtsspezifischen Kommunikationsmustern zum anderen beschäftigt zu haben, um auch hier angemessen kommunizieren, verstehen und führen zu können. Kölbl setzt sich mit einer relevanten Kommunikationsdimension eingehend auseinander, die jedem bekannt und enorm umstritten ist, nämlich der Frage der angemessenen Sprachdimension »Gendern« – das Plädoyer für eine gendersensible Sprache unter Beachtung der divergierenden Länder- und Staatenregelungen ist eindeutig.

Gesundheitskompetenz und Schlüsselkompetenz
Wenn jeder siebte Deutsche nicht das Rentenalter erlebt, dann ist dies ein deutlicher Beleg dafür, welche Bedeutung die persönliche Gesundheit und der Gesundheit der Mitarbeitenden für ein erfolgreiches Berufsleben zukommt. Carl Diehm, einer der renommiertesten Medienmediziner Deutschlands, weist eindrucksvoll darauf hin, welche alltägliche und strategische Bedeutung daher die Beherrschung der Gesundheitskompetenz hat. Berufserfolg ist ohne eine erfolgreiche persönliche Gesundheitspflege undenkbar. Diese Fähigkeit, Gesundheitsinformationen zu finden, zu verstehen, zu bewerten und für gesundheitsbezogene Entscheidungen anzuwenden ist, steht im Mittelpunkt des Beitrags.

In einem Dutzend einzelner Kapitel entsteht ein Kurzlehrbuch Gesundheitskompetenz, das mit gesunder Ernährung beginnt und Sport und Bewegung als Gesundheitsvoraussetzungen eindringlich vorschreibt (»Sitzen ist das neue Rauchen«). Der Komplex Übergewicht ist augenscheinlich ein Dauerthema am Arbeitsplatz kombiniert mit multiplen Gefahrendiagnosen und Zusammenhängen zu Fettstoffwechselstörungen und der Diagnose Diabetes mellitus, einer weiteren, neuen Volkskrankheit in Deutschland. Hinzu kommt die Diagnose Bluthochdruck und die Problematik des Konsums von Genussmitteln wie Rauchen und Alkohol. Diehm plädiert neben Wachsamkeit auch für die konsequente Nutzung moderner Apps/Wearables und setzt sich damit engagiert für die »digitale Gesundheitskompetenz« ein. Besonders spannend sind die »blauen Weltzonen«, in denen die Bevölkerung besonders gesund altert, so dass sich aus den ortsspezifischen Lebensbedingungen neue Erkenntnisse für die Gesunderhaltung ableiten lassen.

Glück und Schlüsselkompetenzen

Wenn Berufserfolg kein Zufall sein muss und dafür eine Vielzahl von Schlüsselkompetenzen eingesetzt werden können, dann stellt sich abschließend eine Frage, die viele beschäftigt: Ist es möglich, durch den Einsatz von Soft Skills die begründete Erwartung zu haben, mit diesen Berufserfolg und das Erleben von Lebensglück verbinden zu können?

Hans-Dieter Hermann war Chefpsychologe der deutschen Fußballnationalmannschaft. Er hat in seiner Betreuungspraxis wie kaum ein anderer viele Mosaiksteine zusammengetragen, wie Glück in einer so häufig thematisierten Work-Life-Balance erreicht werden kann, auch und gerade wenn viel Geld im Spiel ist. Die Frage, was wichtiger ist – gute Beziehungen und ein stabiles soziales Umfeld oder Geld und das Erreichen unmittelbarer Berufsziele – wird von ihm eingehend aufgearbeitet. Dies beinhaltet auch die Bedeutung von Stress- und Problemresilienz und die Fähigkeit zur Anpassung. Für Arbeitgeber und Teamleiter ist das Wissen herausfordernd, dass glückliche Arbeitnehmer und hohe Arbeitszufriedenheit zum Unternehmenserfolg beitragen können – und dass das Fehlen dieser Faktoren belastend wirkt. Es ist daher spannend zu erfahren, welche »Soft-Ressourcen« für die glücksbezogene Führungskompetenz relevant sind und was Glück für den Einzelnen überhaupt ist oder sein kann. Hermann und sein Kollege Leber erarbeiten diese Faktoren in einem Koordinatensystem, das letztlich die Frage beantwortet, wie sich diese in die Koordinaten von Freude, Zufriedenheit und Wohlbefinden einpassen lassen.

Berufserfolg ist vor dem Hintergrund der umfangreichen Behandlung zentraler Schlüsselkompetenzen sicherlich kein Zufall. Dies entlässt aber keinen, der sich damit befasst und das anstrebt, aus seiner Verantwortung. Was man als »seines Glückes Schmied« macht, das können und wollen weder der Herausgeber noch das Autorenteam vollständig darlegen. Die Fülle der Hard- und Soft Skills für ein geglücktes Berufsleben zu erwerben und zu leben ist vor diesem Hintergrund eine enorme Herausforderung. Eines steht aber fest – und mag eine weitere Erkenntnis dieses Buches sein: Eines Glückes Schmied benötigt auch die Kompetenz, zentrale Fehler in der Lebensgestaltung zu vermeiden. Es geht daher weniger um das, was als relevant für Glück gilt, sondern eher um die Erkenntnis, die Dobelli (2022, S. 46 ff.) auf den Punkt bringt: Man kann nicht sagen, was ein gutes glückliches Leben garantiert, man kann nur sagen, was ein gutes Leben verhindert – und das mit Sicherheit.

Die Frage nach dem Erreichen von Berufserfolg ist komplizierter als von den meisten gedacht. Sie ist aber dann beantwortbar, wenn die Quintessenz der dargelegten Schlüsselkompetenzen und Soft Skills angewandt wird. Wiederum Hans-Dieter Hermann liefert dazu den wichtigen weiterführenden Hinweis: Nur die Sinnfindung in Beruf und dem persönlichen Lebensentwurf kann die Voraussetzungen dafür schaffen, auch das persönliche Glück zu finden. Der große Verhaltenspsychologe Schulz von Thun (2023, S. 43) formuliert dies folgendermaßen: Glück ist ein »Kollateralnutzen des Sinnstrebens«. Und der wichtigste amerikanische Glücksforscher der Gegenwart, Arthur Brooks, unterstützt diese Denkweise, wenn er schreibt, die Säulen des Glücks seien Glauben (also Sinn), Familie und Freunde (Beziehungen) und Arbeit.

Der Mix an positiven Schlüsselkompetenzen und der Befähigung zur Fehlervermeidung sollte damit ein »Instrumentenkasten« sein, damit Sie die sicher zu erwartenden Lebenszufälle und auch Krisen bewältigen – und so die Grundlagen dafür legen, dass Ihr Berufserfolg kein Zufall sein wird. Das wünschen die Autorinnen und Autoren von ganzem Herzen!

Literatur

Brooks, Arthur C.: Der beste Rat für ein Gutes Leben, München 2023

Dobelli, Rolf: Die Kunst des guten Lebens. 52 überraschende Wege zum Glück, 7. Aufl. München 2022

Dobelli, Rolf: Die Kunst des klaren Denkens, 13. Aufl., München 2014

IQB-Bildungstrend 2021, herausgegeben von Herausgeber:innen: Petra Stanat, Stefan Schipolowski, Rebecca Schneider, Karoline A. Sachse, Sebastian Weirich und Sofie Henschel, online unter: https://www.iqb.hu-berlin.de/bt/BT2021/Bericht/ (zuletzt abgerufen am 28.07.2025)

Julian Huesmann: Der Wert der Bildung in der vietnamesischen Kultur, online unter: https://www.haw-hamburg.de/international/hamonee/artikel-news/die-automobilindustrie-in-vietnam-1/ (zuletzt abgerufen am 28.07.2025)

Kahneman, Daniel: Schnelles Denken – Langsames Denken, Deutsche Ausgabe übersetzt von Thorsten Schmidt, München 2012

Lebedowicz, Aleksandra: Orientierungslosigkeit nach dem Abitur. Raus aus dem Chillmodus, in: Tagesspiegel vom 17.06.2019, online unter: https://www.tagesspiegel.de/berlin/schule/raus-aus-dem-chillmodus-5555023.html (zuletzt abgerufen am 28.07.2025)

Negroponte, Nicholas: Total Digital, Die Welt zwischen 0 und 1 oder die Zukunft der Kommunikation, München 1997

Schulz von Thun, Friedemann: Erfülltes Leben – ein kleines Modell für eine große Idee, 2. Aufl., München 2023

Statista (2017): Durchschnittliche Amtszeit der CEOs im deutschsprachigen Raum von 2009 bis 2016 (in Jahren), online unter: https://de.statista.com/statistik/daten/studie/706991/umfrage/durchschnittliche-amtszeit-der-ceos-im-deutschsprachigen-raum/ (zuletzt abgerufen am 28.07.2025)

II Studium und Schlüsselkompetenzen

Gerda Schuster

Eine Berufswahlentscheidung ist ein vielschichtiger Prozess, der im Übergang vom Jugendalter zum Erwachsenenalter steht. Jeder und jede Heranwachsende wird mit dieser Entscheidung konfrontiert. Dabei wird die Entscheidung von individuell internen als auch externen Faktoren beeinflusst. Als externe Faktoren sind im Wesentlichen die Herkunftsfamilie bzw. die Erziehungsberechtigten, also die Prägung durch die Eltern, deren Bildungshintergrund, deren beruflicher Hintergrund, das soziale und das sozioökonomische Umfeld, die Schule, die gesellschaftliche Prägung zu nennen. Als individuell interne Faktoren beeinflussen vor allem Interessen, Fähigkeiten, Begabungen, eigene Werte und Bedürfnisse diese Entscheidung.

Seit Jahrzehnten nimmt die Zahl der Schülerinnen und Schüler mit Hochschulreife zu, zudem wächst der Wunsch, ein Studium zu absolvieren und einen Akademikerberuf zu ergreifen. Nach dem Statistischen Bundesamt waren z. B. zum Wintersemester 2021/22 rund 2,9 Millionen Studierende an deutschen Hochschulen immatrikuliert (Statistisches Bundesamt, 2024). Ausbildungsberufe scheinen dagegen an Attraktivität zu verlieren, obwohl gerade in Handwerksberufen die Karriere- und Erfolgschancen im Moment sehr gut sind. Im Jahr 2023 begannen rund 695.000 Personen eine Ausbildung, ca. 419.000 erlangten eine Hochschulzugangsberechtigung und 486.000 nahmen ein Studium auf (Statistisches Bundesamt, 2024).

Der erste Schritt in der Berufswahl ist damit zumeist die grundsätzliche Entscheidung, ob jemand ein Studium oder eine Ausbildung absolvieren möchte. Beruflich erfolgreich können dabei sowohl Personen in einem Ausbildungsberuf als auch in einem akademischen Beruf sein.

Im Folgenden wird der Fokus auf die Studienwahlentscheidung gelegt und somit an Schritt zwei nach der Entscheidung für ein Studium angesetzt. Dabei sind Studierende gefordert, sich in einer sich ständig verändernden Bildungslandschaft nicht nur fachlich, sondern auch persönlich weiterzuentwickeln, um ihre Studienziele zu erreichen. Um erfolgreich zu studieren, müssen Studierende Voraussetzungen erfüllen und verschiedene Rahmenbedingungen im Studium und späteren Beruf spielen dabei eine Rolle. Um die Frage zu beantworten, was Studierende mitbringen sollten, um erfolgreich zu studieren wird zunächst der Begriff Studienerfolg näher beleuchtet.

Studienerfolg

Der Studienerfolg wird in der Regel als das Erreichen eines akademischen Abschlusses verstanden, der mit guten Studiennoten innerhalb der Regelstudienzeit erreicht wird (Bauer und Baumeister, 2014). Dabei wird die Aufmerksamkeit auf das Erzielen von Mindestanforderungen und die akademischen Leistungskennzahlen wie Studien- und Abschlussnoten, die Anzahl bestandener Prüfungen, die Anzahl der Wiederholungsprüfungen, die Dauer des Studiums und den Abschlussgrad an sich gelegt. Diese akademischen Leistungen sind die traditionellsten Indikatoren für Studienerfolg und quantitativ messbare Aspekte, die standardisiert zu erfassen sind, was sie besonders für institutionelle Evaluationen attraktiv macht. Der akademische Erfolg bildet laut Trautwein (2007) ein messbares und klar definiertes Ziel für Studierende und Hochschulen. Ein hoher akademischer Erfolg wird dabei oft als Zeichen von Intelligenz, Fleiß und Zielstrebigkeit gewertet, was den Übergang ins Berufsleben erleichtert (Kuh et al., 2006).

Allerdings umfasst Studienerfolg im Grunde weit mehr als nur diese akademischen Leistungen. Er meint auch die persönliche Zufriedenheit der Studierenden mit dem gewählten Studium, mit dem Studienfach, mit dem Hochschultyp, das fortwährende Interesse an den Studieninhalten und die Zielsetzung, in einem der mit dem Studium angestrebten Berufsfelder arbeiten zu wollen (Schmitt et al., 2012).

Eine hohe Studienzufriedenheit, also das subjektive Wohlbefinden der Studierenden mit Ihrem Studium, entsteht in dem Fall, wenn die Erwartungen der Studierenden an das Studium erfüllt oder übertroffen werden (Schmitt et al., 2012). Dies kann durch das Interesse an den Studieninhalten, die Qualität der Lehre und die soziale Integration im Studienumfeld beeinflusst werden. Mit dem Interesse an den Studieninhalten wächst die intrinsische Motivation, aus innerem Antrieb heraus zu lernen. Studierende mit einer hohen intrinsischen Motivation und einem fortwährenden Interesse an ihrem Fachgebiet erzielen bessere akademische Leistungen und sind auch widerstandsfähiger gegenüber den Herausforderungen eines Studiums (Deci und Ryan, 2000).

Die Frage, ob die Studierenden auch nach Abschluss des Studiums in ihrem angestrebten Berufsfeld arbeiten möchten, sofern ein Studium eindeutig in einen Beruf mündet, ist ein nicht zu vernachlässigender Aspekt von Studienerfolg. Daran zeigt sich, ob das Studium als nützlich für die eigene Karriereentwicklung wahrgenommen wird (Bauer und Baumeister, 2014). Die Entscheidung, denselben Studiengang noch einmal zu wählen, ist ein Indikator dafür, ob die Studierenden in retrospektiver Betrachtung die richtige Entscheidung getroffen haben und ob sich ihre Erwartungen im Hinblick auf das Studium erfüllt haben.

Unter Studienerfolg sind somit sowohl quantitativ messbare Indikatoren als auch qualitative Aspekte zu betrachten. Studierende, die zwar mit großer Anstrengung einen Studienabschluss erreichen, aber niemals in dem Berufsfeld arbeiten möchten, da sie beispielsweise während ihres Studiums feststellten, dass das Berufsfeld nicht zu ihnen passt, haben zwar die harten Kriterien im Studium erfüllt, aber die weichen Kriterien wie persönliche Passung und Interesse weiterhin in dem Beruf zu arbeiten verfehlt. Das muss und das zeigen die Biographien vieler großer Persönlichkeiten, nicht zwangsläufig ein lebensentscheidender Nachteil sein. Dennoch bleibt es elementar, eine auch subjektiv bejahte Studienentscheidung zu treffen.

Passung als Bedingung für Studienerfolg

Eine gute Passung zwischen den Anforderungen, die von außen an Studierende gestellt werden, und den Begabungen, Fähigkeiten, Fertigkeiten, Wünschen, Zielen, Bedürfnissen, Interessen und Eigenschaften, die Studierende auszeichnen, ist eine zentrale Voraussetzung für ein erfolgreiches Studium. Unter Passung lassen sich verschiedene Formen unterscheiden: die Passung zum Studienfach, die Passung zum angestrebten Beruf, sofern ein Studium direkt einem Beruf zuzuordnen ist, die Passung zum Hochschultyp und zur konkreten Hochschule und – im Fall der dualen Ausbildung – zum Unternehmen. Um eine optimale Passung zu erreichen, sollten Studieninteressierte sich sowohl intensiv mit Anforderungen und Inhalten auseinandersetzen als auch sich selbst realistisch einschätzen, indem sie über Stärken, Schwächen und Ziele reflektieren.

Passung zum angestrebten Beruf

Einer Studienwahl geht eine im Idealfall intensive berufliche Orientierungsphase voraus. Das Studium wird aufgenommen mit der Idee später in einem bestimmten Berufsfeld zu arbeiten. Viele Studiengänge münden in klar abzugrenzende Berufe (z. B. das Lehramtsstudium). Andere Studienfächer eröffnen theoretisch ein breites Spektrum an beruflichen Möglichkeiten (z. B. das Studienfach Psychologie). Des Weiteren gibt es auch Studienfächer, deren Absolventen nicht für ein bestimmtes Berufsfeld qualifizieren (z. B. das Studienfach Philosophie). Es ist ratsam, vor einer Studienwahlentscheidung durch Praktika erste Erfahrungen in den Berufen oder Tätigkeitsbereichen zu sammeln und in Erfahrung zu bringen, welche Studienfächer dahin münden. Darüber hinaus können Studieninteressierte durch Praktika die spezifischen Anforderungen in einem Beruf erkennen. Praktika werden genutzt, um in Berufe hineinzuschnuppern, sich darin auszuprobieren und zu überprüfen, ob diese den eigenen Vorstellungen und Erwartungen entsprechen. Falls die obligatorischen Schulpraktika dafür nicht ausreichen, kann zusätzlich Zeit in den Schulferien oder in Form eines Nebenjobs investiert werden, um Berufe und deren Alltag kennenzulernen.

Eine gute Passung zum angestrebten Beruf beeinflusst wesentlich den späteren beruflichen Erfolg und die Zufriedenheit im Beruf. Diese Passung beschreibt die Übereinstimmung zwischen den individuellen Interessen, Fähigkeiten, Werten und Zielen einer Person und den Anforderungen, Aufgaben und Möglichkeiten eines bestimmten Berufs (Holland, 1997). Eine gute Passung kann die berufliche Leistung steigern, das Engagement fördern und die langfristige berufliche Zufriedenheit erhöhen (Kristof-Brown et al., 2005).

Neben den Interessen spielen auch die Fähigkeiten eine entscheidende Rolle. Ein Beruf kann spezifische Fähigkeiten erfordern wie mathematische, technische oder kommunikative Kompetenzen. Wenn diese Fähigkeiten mit den beruflichen Anforderungen übereinstimmen, erhöht sich die Wahrscheinlichkeit, dass die Person in diesem Beruf erfolgreich ist und sich kompetent fühlt (Schmidt und Hunter, 1998). Ein Mismatch zwischen Fähigkeiten und Anforderungen kann hingegen zu beruflichem Stress und Unzufriedenheit durch Über- oder Unterforderung führen.

Die Werte einer Person haben ebenfalls großen Einfluss darauf, ob ein Beruf als passend empfunden wird. Werte wie Autonomie, Sicherheit, soziale Verantwortung oder Kreativität können je nach Beruf unterschiedlich erfüllt werden (Eccles und Wigfield, 2002). Wenn ein Beruf die individuellen Werte einer Person widerspiegelt, ist die Wahrscheinlichkeit höher, dass diese Person langfristig motiviert und zufrieden ist.

Berufliche Ziele sind ein weiterer wichtiger Aspekt der Passung. Menschen verfolgen unterschiedliche Karriereziele im Hinblick auf Führungspositionen, Fachkarrieren oder die Selbstständigkeit. Wenn der angestrebte Beruf Möglichkeiten bietet, diese Ziele zu erreichen, fördert dies die berufliche Entwicklung, die Zufriedenheit (Super, 1990) und den beruflichen Erfolg (Smart et al., 2000). Wenn jedoch die Karriereaussichten eines Berufs nicht mit den persönlichen Zielen übereinstimmen, kann dies zu Frustration und dem Wunsch nach einem Berufswechsel führen. Dabei ist zu bedenken, dass man in seinem beruflichen Werdegang verschiedene Hierarchien durchläuft und Führungspositionen selten mit Absolventen ohne Berufserfahrung besetzt werden. Während eines Praktikums können Informationen über mögliche Einstiegspositionen und Entwicklungsmöglichkeiten eingeholt werden, um Frustration oder Unzufriedenheit mit den Berufseinstiegspositionen nach dem Studienende zu vermeiden. So kann z. B. ein »frischgebackener« Jurist enttäuscht sein, wenn anstatt der Vertretung von Mandanten vor Gericht zunächst im Büro Akten ohne Kundenkontakt zu bearbeiten sind. Um Führungspositionen erfolgreich ausfüllen zu können, benötigen Führungskräfte neben der Fachkompetenz auch Führungskompetenz, die sich durch Reife und Erfahrungen im Umgang mit Menschen, durch Empathie, Geduld und das Erkennen von Potenzialen auszeichnet. Zum Einstieg in den Beruf sollte eine gewisse Frustrationstoleranz vorhanden sein sowie die Geduld, zunächst ungeliebte Aufgaben zu übernehmen, um sich zu beweisen und andere von sich zu überzeugen, so dass man in gewünschte Positionen aufsteigen und größere Verantwortung übernehmen kann.

Das Arbeitsumfeld einschließlich der Unternehmenskultur und des sozialen Umfelds ist ebenfalls ein zentraler Faktor der beruflichen Passung. Ein unterstützendes und respektvolles Arbeitsklima, das die individuellen Bedürfnisse und Werte der Mitarbeiter berücksichtigt, kann die berufliche Zufriedenheit und das Engagement erheblich steigern (Cable und DeRue, 2002). Die Passung zu den Kollegen und Vorgesetzten, auch als »Person-Umwelt-Fit« bekannt, beeinflusst das Wohlbefinden am Arbeitsplatz und die Bereitschaft, in einem Beruf zu bleiben.

Die Passung des Studieninteressierten zum angestrebten Beruf ist ein komplexes Zusammenspiel aus Interessen, Fähigkeiten, Werten und beruflichen Zielen. Eine gute Passung kann nicht nur den beruflichen Erfolg und die Zufriedenheit steigern, sondern auch die langfristige Karriereentwicklung positiv beeinflussen. Studieninteressierte sollten daher ihre beruflichen Interessen und Ziele dahingehend sorgfältig prüfen, inwiefern diese im angestrebten Beruf erfüllt werden können.

Passung zum Studienfach

Die Passung zum Studienfach beschreibt, ob und inwiefern die persönlichen Interessen, Fähigkeiten und Werte einer Person mit den Anforderungen und Inhalten eines Studiengangs übereinstimmen (Tinto, 1993). Personen, deren Interessen gut mit den Themen und Fragestellungen des Studienfachs übereinstimmen, neigen dazu, intrinsisch motivierter zu sein und bessere akademische Leistungen zu erbringen (Schiefele, 2009). Dies bezieht sich sowohl auf fachliche Interessen als auch auf methodische Vorlieben wie etwa eine Neigung zu theoretischen oder praktischen Arbeiten. Eine gute Passung zwischen Interessen der Studierenden und Studienfach kann die Motivation und das Engagement im Studium steigern sowie die Wahrscheinlichkeit eines erfolgreichen Abschlusses erhöhen (Holland, 1997).

Neben den Interessen sind auch die Fähigkeiten und Kompetenzen entscheidend. Studienfächer stellen unterschiedliche kognitive und praktische Anforderungen an die Studierenden. Besonders in naturwissenschaftlichen und technischen Studiengängen sind mathematische und analytische Fähigkeiten erfolgsrelevant, während in geistes- und sozialwissenschaftlichen Fächern neben kognitiven auch die kommunikativen und sprachlichen Kompetenzen im Vordergrund stehen. Eine Übereinstimmung der vorhandenen Fähigkeiten, insbesondere der kognitiven, mit den Anforderungen des Studienfachs kann die Erfolgschancen im Studium erheblich erhöhen (Heublein et al., 2010), da kognitive Kompetenzen z. B. für das Bestehen von Prüfungsleistungen relevant sind.

Die Passung zwischen den Werten der Studieninteressierten und den Werten des Studienfachs spielt ebenfalls eine wichtige Rolle. Werte können die Einstellung zur Arbeit, den Umgang mit anderen Menschen und die langfristigen beruflichen Ziele beeinflussen (Eccles und Wigfield, 2002). Wenn die Werte eines Studienfachs – wie etwa eine ethische Grundhaltung in der Medizin oder der Fokus auf soziale Gerechtigkeit in den Sozialwissenschaften – mit den persönlichen Werten des Studierenden übereinstimmen, steigt die Wahrscheinlichkeit, dass der Studierende sich mit dem Fach identifiziert und sich langfristig in diesem Bereich engagiert.

Neben den fachlichen und persönlichen Aspekten spielt auch das soziale Umfeld eine Rolle bei der Passung zum Studienfach. Studierende, die sich sozial integriert fühlen und Gleichgesinnte in ihrem Studiengang finden, sind zufriedener und zeigen eine höhere Wahrscheinlichkeit, das Studium erfolgreich abzuschließen (Tinto, 1993). Die soziale Passung bezieht sich auch auf das Lernumfeld und die Lehrmethoden, die im Studiengang angewendet werden. Wenn diese Methoden den bevorzugten Lernstilen des Studierenden entsprechen, kann dies die Motivation und das Engagement positiv beeinflussen (Entwistle und Peterson, 2004).

Passung zum Hochschultyp

In Deutschland können Studieninteressierte im Rahmen eines mehrgliederigen differenzierten Bildungssystems zwischen verschiedenen Hochschultypen wählen: Es gibt Universitäten, Fachhochschulen und Hochschulen für angewandte Wissenschaften (HAW), Duale Hochschulen, Kunsthochschulen, Sporthochschulen, Theologische Hochschulen, Pädagogische Hochschulen und Musikhochschulen. Im Folgenden werden diese mit ihren Besonderheiten kurz vorgestellt.

Universitäten

Universitäten sind wissenschaftliche und forschungsorientierte Hochschulen, die den Fokus auf Vermittlung von theoretischem Wissen und methodischer Kompetenz legen. Die Lehre und die Forschung sind die zentralen Aufgaben der Universitäten, die sie miteinander verbinden, was sich in einer wissenschaftlich-theoretischen Ausbildung niederschlägt (KMK, 2020). Sie bieten eine breite Palette an Studienfächern an, von Naturwissenschaften über Geisteswissenschaften bis hin zu Ingenieurwissenschaften und Medizin. Die Anzahl der Studierenden in den einzelnen Studiengängen ist sehr unterschiedlich. Universitäten halten sowohl grundständige Studiengänge (mit den Abschlussgraden Bachelor und Staatsexamen) als auch weiterführende Studiengänge (mit den Abschlüssen Master und Promotion) vor.

Fachhochschulen (FH) bzw. Hochschulen für angewandte Wissenschaften (HAW)

Diese Hochschultypen zeichnen sich durch eine stärkere Praxisorientierung aus: Im Gegensatz zu Universitäten wird weniger Wert auf theoretische Forschung und mehr auf anwendungsorientierte Lehre mit einem hohen Praxisanteil gelegt. Die Studiengänge sind häufig kürzer und zielgerichteter, wobei verpflichtende Praxissemester in die Curricula integriert sind. Die Abschlüsse sind in der Regel ein Bachelor oder Master, ein Promotionsrecht besitzen die Hochschulen (noch) nicht flächendeckend. Der Schwerpunkt liegt auf technisch-ingenieurwissenschaftlichen, wirtschaftswissenschaftlichen und sozialwissenschaftliche Studiengängen (KMK, 2020).

Kunsthochschulen

Die Kunsthochschulen bieten spezialisierte Studiengänge in den Bereichen bildende, gestalterische und darstellende Kunst, Design, Musik, Theater und Film an. Diese Hochschulen legen großen Wert auf die künstlerisch-kreative Ausbildung und bieten den Studierenden eine intensive Betreuung in kleinen Gruppen. Kunsthochschulen haben oft eine besondere Aufnahmekultur, bei der künstlerische Eignungsprüfungen eine wichtige Rolle spielen. Absolventen erhalten in der Regel einen Bachelor- oder

Masterabschluss. Die meisten Künstlerischen Hochschulen bilden Doktoranden und Doktorandinnen aus und verfügen somit über das Promotionsrecht (Hochschulkompass, 2024).

Musikhochschulen sind diesem Hochschultyp zuzurechnen und bieten Studiengänge im Bereich Musik, Musikpädagogik und Musiktheorie an. Diese Hochschulen legen großen Wert auf die künstlerische und technische Ausbildung von Musikern (Schneider, 2008).

Duale Hochschulen

Duale Hochschulen kombinieren das (theoretische) Studium mit einer (praktischen) Berufstätigkeit in einem Unternehmen oder einer Organisation. Dieses duale Ausbildungssystem ist besonders in Deutschland verbreitet und bietet den Vorteil, dass Studierende parallel zu ihrem Studium Berufserfahrung sammeln und bereits während des Studiums in einem Unternehmen als Angestellte eine Ausbildungsvergütung beziehen. Der Wechsel zwischen Theoriephasen an der Hochschule und Praxisphasen im Unternehmen ist typisch für duale Studiengänge. Diese Hochschulart ist besonders in den Bereichen Wirtschaft, Technik, Sozial- und Gesundheitswesen beliebt (Graf, 2013). Absolventinnen und Absolventen haben eine hohe Übernahmequote, der Berufseinstieg ist signifikant erleichtert.

Sporthochschulen

Diese Einrichtungen sind auf Studiengänge in den Bereichen Sportwissenschaft, Sportmanagement und Sportpädagogik spezialisiert. Diese Hochschulen legen großen Wert auf den Theorie-Praxis-Transfer und verfügen über spezielle sportwissenschaftliche Forschungseinrichtungen. Die Deutsche Sporthochschule Köln ist die wohl bekannteste ihrer Art und die einzige reine Sportuniversität in Deutschland. Die Ausbildung umfasst sowohl wissenschaftliche Inhalte als auch praktische Trainingseinheiten und ist oft mit spezifischen Zugangsvoraussetzungen verbunden wie z. B. dem Bestehen einer sportlichen Eignungsprüfung (Deutsche Sporthochschule Köln, 2021).

Theologische Hochschulen

Theologische Hochschulen sind spezialisierte Einrichtungen, die sich auf die Ausbildung von Theologen und Religionswissenschaftlern konzentrieren. Sie bieten Studiengänge in den Bereichen Theologie, Religionspädagogik und kirchliche Praxis an. Theologische Hochschulen sind oft konfessionell gebunden, können aber auch überkonfessionell angelegt sein. Sie zeichnen sich durch eine enge Verbindung zwischen Lehre, religiöser Praxis und wissenschaftlicher Reflexion aus. Absolventen arbeiten häufig in kirchlichen Berufen oder im Bereich der Religionswissenschaft (Schlag,

2012). Die Theologischen Hochschulen sind Universitäten, Universitäten in kirchlicher Trägerschaft, staatlich anerkannte private Hochschule etc.

Pädagogische Hochschulen

Diese Hochschulen konzentrieren sich auf die Ausbildung von Lehrkräften für Schulen. Sie bieten Studiengänge in den Bereichen Grundschul-, Sekundarschul- und Förderschulpädagogik an. Ein besonderes Merkmal ist die starke Praxisorientierung der Ausbildung, die durch regelmäßige Schulpraktika ergänzt wird. Pädagogische Hochschulen legen zudem großen Wert auf die pädagogisch-didaktische Ausbildung und die Förderung von sozialen und kommunikativen Kompetenzen (KMK, 2020).

Die deutsche Hochschullandschaft bietet eine Vielzahl unterschiedlicher Hochschultypen, die jeweils auf bestimmte Bildungs- und Berufsfelder ausgerichtet sind. Die Wahl der passenden Hochschulform hängt stark von den individuellen Zielen und Interessen der Studieninteressierten ab. Während Universitäten eher forschungsorientiert sind, legen Fachhochschulen und Duale Hochschulen den Fokus auf eine praxisnahe Ausbildung mit längeren Praxisphasen. Studierende an Universitäten sind gefordert, ihre Vorlesungspläne selbst zusammenzustellen, sich während ihres Studiums selbst zu organisieren, während an der Dualen Hochschule die Studienpläne für die Studierendenkurse einheitlich vorgegeben werden. Kunst-, Musik- und Sporthochschulen bieten spezialisierte Studiengänge für kreative und sportliche Talente, während theologische und pädagogische Hochschulen auf die Ausbildung in speziellen gesellschaftlichen Bereichen fokussieren. Weitere Unterschiede bestehen bezüglich der Gruppengröße während der Vorlesungen und Veranstaltungen. In großen Studierendengruppen wie z.B. an Universitäten besteht eine größere Distanz zu den Professoren als in kleinen Gruppen wie beispielsweise an Dualen Hochschulen. Studierende der Dualen Hochschule erhalten bereits parallel zum Studium eine Ausbildungsvergütung, wohingegen Studierende von Universitäten oder Fachhochschulen sich selbst um ihren Lebensunterhalt kümmern. Des Weiteren unterscheiden sich Hochschultypen auch in der Dauer der Studienzeiten und Semesterferien. So haben Universitätsstudierende meist längere Semesterferien als z.B. dual Studierende.

Zunächst sollten Studieninteressierte sich über Hochschularten informieren und anschließend die passende Hochschule für sich finden. Um die Suche nach der passenden Hochschule zu erleichtern, stellt die Hochschulrektorenkonferenz eine Forschungslandkarte zur Verfügung (Hochschulkompass, 2024), die sich auf die Disziplinen und den Standort bezieht sowie Links zu den Webseiten der Hochschulen und Suchoptionen bereithält. Entscheidend für den Studienerfolg ist der Grad der persönlichen Informiertheit, was auf die Studierenden während ihres Studiums zukommt. Je realistischer die Erwartungen sind, desto fundierter können Entscheidungen getroffen werden und desto geringer ist die Wahrscheinlichkeit enttäuscht zu werden.

Passung zum Unternehmen

In Studiengängen mit längeren Praxisphasen oder einer dualen Struktur ist auch die Passung zum Unternehmen, dessen Unternehmenskultur, Werten, Mitarbeitenden u. a. zu überprüfen. Dies ist ein entscheidender Faktor für den Erfolg und führt in der Folge zu Arbeitszufriedenheit, Wohlbefinden, größerer Bindung an das Unternehmen und zu besseren Leistungen bzw. einem höheren Engagement.

Ein gegenseitiges Kennenlernen und eine Abschätzung der Passung ist sowohl für den Studienerfolg als auch später für den Berufserfolg vor dem Eingehen eines Ausbildungsvertrags zwischen Unternehmen und Studierenden relevant. Diese Passung kann sowohl über Auswahlverfahren als auch durch Praktika oder Arbeiten auf Probe gut eingeschätzt werden. Eine Auswahl erfolgt immer beidseitig, das Unternehmen entscheidet sich für einen Bewerber oder eine Bewerberin und diese wiederum entscheiden sich für ein Unternehmen.

Anforderungen an Studieninteressierte

An Studieninteressierte werden vielfältige Anforderungen gestellt. Einige davon sollten bereits vor Studienbeginn erfüllt werden, um sich darauf aufbauend spezifisches theoretisches Wissen und Fertigkeiten im jeweiligen Studienfach aneignen zu können. Andere ergeben sich erst im Laufe eines Studiums. Diese Anforderungen sind fachlicher und überfachlicher Natur. Fachliche Anforderungen umfassen Fähigkeiten, einschlägiges Wissen bzw. fachliche Vorkenntnisse und Fertigkeiten für das jeweilige Studienfach, während unter überfachlichen Anforderungen (Soft Skills) solche Aspekte wie Zeitmanagement, Kommunikation und Teamarbeit subsumiert werden.

Fachliche Anforderungen

Fachliche Anforderungen beziehen sich auf das spezifische Wissen, Fähigkeiten und die Fertigkeiten, die als Voraussetzung für ein Studium relevant sind. Diese variieren je nach Studiengang und umfassen typischerweise:

- Kognitive Fähigkeiten: dazu zählen sprachliches, mathematisches Verständnis, abstrakt logisches Denken, Problemlösefähigkeit, aber auch Stützfunktionen wie Konzentrations- und Merkfähigkeit
- Fachliche Vorkenntnisse: Je nach Studiengang können spezifische Kenntnisse in bestimmten Fachbereichen relevant sein wie einschlägiges (Schul-)Wissen der Mathematik, Grundlagen in Naturwissenschaften, Sprachen etc.
- Praktische Fertigkeiten: Je nach Studienfach unterschiedlich, z. B. sportliche Begabung in einem Sportstudium, Kreativität und künstlerische Begabung für ein Studium an einer Kunsthochschule. In technischen, mathematischen oder Infor-

matikstudiengängen wird das Beherrschen der Mittelstufen- und Oberstufen-Mathematik vorausgesetzt.
- Fachspezifische Methodenkompetenz: Befähigung zum Erlernen von Methoden und Techniken, die in der jeweiligen Disziplin angewendet werden.
- Analytisches Denken: Fachspezifische Ursache-Wirkungszusammenhänge verstehen, fachspezifische Themen aus verschiedenen Perspektiven betrachten, Inhalte kritisch reflektieren, wichtige von unwichtigen Inhalten unterscheiden, Schlussfolgerungen ziehen, gute Auffassungsgabe.
- Transferleistung: Gelerntes in anderen Kontexten anwenden und dabei die Inhalte kognitiv vernetzen.

Da die fachspezifischen Anforderungen in Abhängigkeit vom jeweiligen Studienfach variieren, sollten diese für das jeweilige Studienfach betrachtet werden. Hochschulen veröffentlichen diese beispielsweise auf den Hochschulseiten der Studiengänge im Internet.

> **Exkurs in die Intelligenzforschung**
>
> Die Intelligenzforschung ist ein Forschungsfeld, das sich mit Ursachen, Messung und Auswirkungen menschlicher Intelligenz beschäftigt. Der Begriff Intelligenz wird als die Fähigkeit definiert, komplexe Aufgaben zu lösen, logisch zu denken, Probleme zu analysieren und Wissen effektiv zu nutzen und zu adaptieren (Sternberg und Detterman, 1986). Die Forschung in diesem Bereich reicht von der Entwicklung psychometrischer Tests zur Messung von Intelligenz bis hin zur Untersuchung der genetischen und umweltbedingten Einflüsse auf intellektuelle Fähigkeiten. Die Erforschung der Intelligenz hat eine lange und facettenreiche Geschichte, die sich über mehr als ein Jahrhundert erstreckt.
>
> Die ersten systematischen Ansätze zur Messung der Intelligenz wurden von Alfred Binet und Théodore Simon entwickelt. Im Jahr 1905 präsentierten sie den Binet-Simon-Test, der darauf abzielte, Kinder mit Lernschwierigkeiten zu identifizieren. In den folgenden Jahren wurde der Test von Henry Goddard in die USA eingeführt und von Lewis Terman 1916 zum Stanford-Binet-Test weiterentwickelt. Terman ging davon aus, dass Intelligenz in der Bevölkerung normalverteilt ist, was bedeutet, dass es wenige extreme und viele durchschnittliche Ausprägungen gibt. David Wechsler trug maßgeblich zur Weiterentwicklung der Intelligenzdiagnostik bei. Er entwickelte und standardisierte mehrere Intelligenztests, darunter die Wechsler Bellevue Intelligence Scale (1939), die Wechsler Intelligence Scale for Children (1949) und die Wechsler Adult Intelligence Scale (WAIS) (1955).
>
> Es gibt mehrere theoretische Modelle, die versuchen, Intelligenz zu beschreiben:

- Spearmans Generalfaktor: Charles Spearman postulierte 1904, dass Intelligenz eine allgemeine Fähigkeit (g-Faktor) ist, die sich auf verschiedene kognitive Aufgaben auswirkt. Nach Spearman zeigt sich die allgemeine Intelligenz in allen Bereichen des Denkens und Problemlösens, von mathematischen Fähigkeiten bis zu sprachlichen Fähigkeiten.
- Cattell-Horn-Carroll (CHC)-Theorie: Diese Theorie differenziert zwischen zwei Hauptkomponenten der Intelligenz, der fluiden Intelligenz (Gf), die sich auf die Fähigkeit zur Problemlösung und zum abstrakten Denken bezieht, und der kristallinen Intelligenz (Gc), die das erworbene Wissen und die Fähigkeit, dieses Wissen anzuwenden, umfasst (McGrew, 2009).
- Mehrfaktorenmodelle wie die Theorie der multiplen Intelligenzen von Howard Gardner (1983) schlagen vor, dass es verschiedene unabhängige Intelligenzformen gibt, wie etwa linguistische, musikalische oder interpersonale Intelligenz. Diese Theorie wird jedoch in der empirischen Forschung kontrovers diskutiert, da sie bislang wenig belastbar ist (Visser et al., 2006).

Die Messung von Intelligenz erfolgt typischerweise durch standardisierte Intelligenztests wie etwa den Berliner-Intelligenzstruktur-Test (BIS-4), den Intelligenzstrukturtest (IST) oder den Wechsler-Intelligenztest (WAIS). Diese Tests messen verschiedene kognitive Fähigkeiten wie verbales Verständnis oder sprachgebundenes Denken, zahlengebundenes Denken, anschauungsgebundenes, figuralbildhaftes Denken, die allgemeine Intelligenz sowie operative Fähigkeiten wie die Verarbeitungskapazität, Einfallsreichtum, Bearbeitungsgeschwindigkeit, Merkfähigkeit oder Arbeitsgedächtnis, logisches Denken und Verarbeitungsgeschwindigkeit (Wechsler, 2008; Jäger et al., 1997). Der Intelligenzquotient (IQ) ist eine der gebräuchlichsten Kennzahlen zur Beschreibung individueller kognitiver Fähigkeiten und wird als Maßstab für die allgemeine Intelligenz genutzt.

Die Reliabilität und die Validität sind Gütekriterien von psychometrischen Tests. Die Reliabilität misst die Messgenauigkeit, d. h. sie zeigt, wie gut ein Test misst, was er misst. Die Validität sagt etwas über die Gültigkeit des Tests aus, also das Ausmaß, in dem ein Test misst, was er zu messen vorgibt. Dies wird z. B. über die Konstruktvalidität bestimmt: Wie groß der Zusammenhang mit einem anderen Test ist, der das gleiche Konstrukt misst. Studien haben gezeigt, dass wissenschaftlich anerkannte Intelligenztests hohe Reliabilität aufweisen, was bedeutet, dass sie über verschiedene Zeitpunkte hinweg konsistente Ergebnisse liefern (Schneider und McGrew, 2018). Auch die Konstruktvalidität, also die Fähigkeit der Tests, das Konzept der Intelligenz zu messen, ist gut belegt (Deary et al., 2010).

Die Frage, inwieweit Intelligenz durch genetische oder umweltbedingte Faktoren bestimmt wird, ist ein zentrales Thema in der Intelligenzforschung. Zwillingsstudien zeigen, dass etwa 50 bis 80 % der Varianz in der Intelligenz durch genetische Faktoren erklärt werden kann (Plomin und Deary, 2015). Umweltfaktoren wie die familiäre Erziehung, Schulbildung und sozioökonomische Bedingungen spielen ebenfalls eine bedeutende Rolle, insbesondere in der frühen Kindheit. James Flynn (1984) entdeckte, dass der durchschnittliche IQ in vielen

Ländern über das 20. Jahrhundert hinweg gestiegen ist. Ein Phänomen, das als Flynn-Effekt bekannt ist. Dieser Anstieg wird meist auf Verbesserungen in der Bildung, Ernährung und der allgemeinen Lebensqualität zurückgeführt.

Zahlreiche Studien belegen den Zusammenhang zwischen Intelligenz und verschiedenen Aspekten des Lebensverlaufs. Höhere Intelligenzwerte korrelieren in der Regel mit besseren schulischen Leistungen, höheren Bildungsabschlüssen und einem größeren beruflichen Erfolg (Strenze, 2007). Darüber hinaus gibt es Hinweise darauf, dass Intelligenz auch mit gesundheitlichen Ergebnissen und einer höheren Lebenserwartung korreliert (Gottfredson und Deary, 2004).

Die Intelligenzforschung wird jedoch auch kritisch betrachtet, insbesondere hinsichtlich der sozialen und ethischen Implikationen der Messung und Interpretation von Intelligenz. Kritiker weisen darauf hin, dass Intelligenztests kulturell voreingenommen sein können und nicht alle relevanten Formen menschlicher Fähigkeiten berücksichtigen (Nisbett et al., 2012).

Intelligenz begünstigt, dass Personen mit einer höheren Intelligenz eher einen Schulabschluss erzielen, der zur Aufnahme eines Hochschulstudiums berechtigt. Zudem können Menschen mit einem höheren IQ das Wissen leichter aufnehmen und lernen. Somit begünstigt Intelligenz auch den Studienerfolg.

Spezifische Testverfahren zur Eignungsdiagnostik für Studiengänge zielen angelehnt an Intelligenztests darauf ab, kognitive Fähigkeiten wie abstrakt logisches Denken, Sprachverständnis und mathematische Fähigkeiten zu messen, die als Prädiktoren für den Studienerfolg gelten. Die Testverfahren zur Erfassung der Intelligenzfacetten sollten jedoch immer um die Erfassung überfachlicher Kriterien und dem ggf. notwendigen fachlichen Vorwissen ergänzt werden. Es ist anzunehmen, dass Studieninteressierte mit ausreichend ausgeprägten kognitiven Fähigkeiten fachliches (Vor-)Wissen oder Lücken in schulischen Fächern sich besser und leichter aneignen können als Studieninteressierte mit weit unterdurchschnittlich ausgeprägten kognitiven Fähigkeiten.

Überfachliche Anforderungen

Überfachliche Anforderungen oder Schlüsselqualifikationen sind in den verschiedenen Studiengängen in unterschiedlicher Gewichtung relevant. Diese Fähigkeiten ermöglichen es Studierenden, sich erfolgreich im akademischen und später auch im beruflichen Umfeld zu bewegen. Zu den wichtigsten überfachlichen Anforderungen gehören:

- Selbstständiges Lernen, also das eigenverantwortliche Aneignen und Vertiefen von Wissen, Anwenden erfolgreicher Lernstrategien, aktive Gestaltung einer optimalen Lernumgebung für ein effektives Lernen. Die Auswahl geeigneter Lernstrategien hängt von den individuellen Bedürfnissen und der Art des zu lernenden

Materials ab. Zu den verschiedenen kognitiven Lernstrategien zählen u. a. Wiederholungsstrategien, Elaborationsstrategien und Organisationstechniken.
- Das Planen, Überwachen und Bewerten des eigenen Lernprozesses sind metakognitive Lernstrategien. Sie helfen die Lernergebnisse zu verbessern durch Erstellen von Zeitplänen und Definieren von Lernzielen, durch das Prüfen des eigenen Lernfortschritts während des Lernens und durch das Sicherstellen, dass der Lernstoff verstanden wurde. Die Reflexion nach dem Lernprozess, was gut funktioniert hat und was verbessert werden kann, erhöht die Effektivität der eingesetzten Strategien. Die Selbstregulation spielt eine wichtige Rolle für ein erfolgreiches Studium.
- Lernen in Lerngruppen mit regelmäßigen Treffen fördert und vertieft das Verständnis, indem Kommilitonen Inhalte erklärt werden oder durch das gemeinsame Diskutieren, so dass komplexe Themen z. B. aus verschiedenen Perspektiven beleuchtet werden. Lernen in Lerngruppen kann zudem die Lernmotivation steigern.
- Die Lernmotivation bestimmt, wie engagiert und ausdauernd sich eine Person mit einem Lernthema beschäftigt.
- Die Leistungsmotivation beschreibt die Bereitschaft, kontinuierlich Leistung zu erbringen, anstrengungsbereit sein auch nach Misserfolgserlebnissen.
- Das Zeitmanagement beschreibt die Fähigkeit, Studieninhalte und -anforderungen effizient zu organisieren und Fristen einzuhalten. Ein effektives Zeitmanagement ist entscheidend, um Lernziele effizient zu erreichen und Überlastung zu vermeiden.
- Belastbarkeit bedeutet stressresistent mit hohem Zeitdruck umgehen zu können, z. B. in Klausurphasen mit hoher Arbeitslast zurechtzukommen.
- Kommunikationsfähigkeiten bezeichnen die zielgruppenadäquate Kommunikation sowie die schriftliche und mündliche Ausdrucksfähigkeit in Studium und Beruf.
- Teamfähigkeit bezeichnet die Fähigkeit, in Gruppen zu arbeiten oder zu lernen und Projekte gemeinsam voranzutreiben.
- Die Konfliktfähigkeit bezeichnet das Know-how, um Konflikte konstruktiv zu lösen.
- Kritisches Denken bezeichnet die Fähigkeit, Informationen kritisch zu bewerten und eigene Standpunkte zu entwickeln.

Zukünftige Anforderungen an Studierende entwickeln sich stetig weiter. Neben den genannten überfachlichen Fähigkeiten gewinnen digitale Kompetenzen und interkulturelle Kommunikation an Bedeutung.

Formale Anforderungen

Zusätzlich zu den fachlichen und überfachlichen Anforderungen kommen noch formale Anforderungen wie Fristen für Bewerbungsverfahren oder Zulassungs- und Auswahlmodalitäten, die erfüllt werden müssen, um ein Hochschulstudium aufnehmen und durchführen zu können. Diese Anforderungen variieren je nach Studiengang und

Hochschule. Um sein Studium zum Wunschstartpunkt aufnehmen zu können, sind Studieninteressierte jedenfalls gefordert, sich frühzeitig über die Modalitäten der Zulassung zu informieren.

Die grundlegendste Voraussetzung für die Aufnahme eines Studiums an einer deutschen Hochschule ist der Nachweis einer Hochschulzugangsberechtigung (HZB):

- Allgemeine Hochschulreife (Abitur): Das Abitur berechtigt zum Studium an jeder Hochschule und in jedem Studiengang. Es wird in der Regel nach zwölf oder dreizehn Jahren Schulbildung erworben. Das Abitur gilt bundesweit und erlaubt die Bewerbung für alle Studiengänge, sowohl an Universitäten als auch an Fachhochschulen.
- Fachgebundene Hochschulreife: Diese Berechtigung erlaubt das Studium an Universitäten und Fachhochschulen, jedoch nur in bestimmten Fachrichtungen. Sie wird häufig in Fachgymnasien oder beruflichen Gymnasien erworben.
- Fachhochschulreife: Die Fachhochschulreife, berechtigt zum Studium an Fachhochschulen (Hochschulen für angewandte Wissenschaften). Sie besteht in der Regel aus einem schulischen Teil und einem praktischen Teil (z. B. ein Praktikum oder eine Berufsausbildung). Ein Studium an einer Dualen Hochschule kann mit einer bestandenen Delta-Prüfung ebenfalls aufgenommen werden.
- Meisterbrief und berufliche Qualifikation: Wer eine berufliche Ausbildung abgeschlossen hat und zusätzlich den Meisterbrief oder eine vergleichbare berufliche Qualifikation (z. B. Fachwirt) erworben hat, kann in Deutschland ebenfalls ein Studium aufnehmen, auch ohne einen Schulabschluss, der zu einem Hochschulstudium berechtigt.

Zulassungsverfahren an Hochschulen

Die Zulassungsverfahren für die Hochschulen variieren nach Bundesland, Hochschule und Studienfach. So wird zwischen zulassungsfreien und zulassungsbeschränkten Studiengängen unterschieden.

In zulassungsfreie Studiengänge können sich alle zulassungsberechtigten Studieninteressierten immatrikulieren und erhalten einen Studienplatz. Die Fristen für die Bewerbung und Immatrikulation veröffentlichen die Hochschulen auf deren Hochschulinternetseiten.

Studiengänge werden zugangsbeschränkt, wenn die Zahl der Bewerber die Zahl der zur Verfügung stehenden Studienplätze übersteigt. Die Zulassungsbeschränkungen für einen Studiengang gelten dabei im Übrigen nicht an allen Hochschulen. Bei zulassungsbeschränkten Studiengängen wählen die Hochschulen ihre Studierenden nach hochschulspezifisch festgelegten Kriterien aus. Dabei wird zwischen schulischen (z. B. Abiturnote, gewichtete Einzelnoten) und außerschulischen Kriterien (z. B. durch Berufserfahrung, Praktika, Freiwilligendienst, Motivationsschreiben, Studierfähigkeitstest, Auswahlgespräche) unterschieden. Bundesweite Zulassungsbeschränkungen gibt es für einige Studiengänge (z. B. Medizin, Zahnmedizin, Pharmazie und

Tiermedizin) mit einem Numerus clausus. Für diese Studiengänge ist eine Bewerbung bei der Stiftung für Hochschulzulassung (www.hochschulstart.de) erforderlich, die die Studienplatzvergabe organisiert.

In einigen Bundesländern wie Baden-Württemberg sind Studienorientierungstests verpflichtend, die sicherstellen sollen, dass die Bewerber und Bewerberinnen sich mit ihrem gewünschten Studiengang auseinandergesetzt haben. Diese sind jedoch nur eine Voraussetzung für die Bewerbung, nicht aber ein Auswahlkriterium im engeren Sinne.

Bei der Dualen Hochschulen wählen die Partnerunternehmen Ihre Dual Studierenden aus und bieten ihnen aufgrund sorgfältiger Auswahlverfahren ein bezahltes Studium an.

Bei den oben erwähnten Kunst-, Musik- und Sporthochschulen stehen zudem praktische Prüfungen (Künstlermappen, Arbeitsproben für Design- und Architekturstudiengänge, Sporteingangsprüfungen) an.

Realistische Selbsteinschätzung

Bisher wurde beleuchtet, welche Anforderungen an Studieninteressierte gestellt werden, um ein Hochschulstudium erfolgreich zum Abschluss bringen zu können. Nun wird die Seite der Studieninteressierten betrachtet. Wie können Studieninteressierte zu einer realistischen Selbsteinschätzung gelangen? Um während der Studienwahlphase die Passung zu Studienfach, Hochschule und Berufsfeld einschätzen zu können, sollten Studieninteressierte zunächst selbst reflektieren, um zu einer realistischen Selbsteinschätzung zu gelangen. Es gibt verschiedene Ansätze und Methoden, um die eigenen Stärken und Schwächen zu erkennen. Diese helfen, sich selbst besser kennenzulernen und fundierte Entscheidungen für eine akademische Laufbahn zu treffen. Im Folgenden werden einige Methoden vorgestellt.

Selbstreflektion

Studieninteressierte können damit beginnen, sich selbst gezielte Fragen zu stellen, die ihnen dabei helfen, ihre Fähigkeiten, Interessen und Motivation zu verstehen. Über folgende Fragen sollte nachgedacht werden:

- Wofür kann man sich intrinsisch begeistern, so dass man viel Zeit damit verbringt, ohne zu bemerken, dass die Zeit vergeht?
- Welche Fächer haben in der Schule am meisten Spaß gemacht und warum?
- Welche Aktivitäten fallen leicht und bei welchen treten Schwierigkeiten auf?
- Welche Situationen oder Aufgaben bringen einen an seine Grenzen?
- Was würde man am liebsten (beruflich) tun, wenn man keine Angst vor dem Scheitern hätte?
- Was sind die eigenen Stärken, die von anderen oft zurückgemeldet werden?

Die Art der Beantwortung dieser Fragen hilft nicht nur, die eigenen Gedanken zu strukturieren und ein klares Bild davon zu bekommen, sondern auch mit Blick auf die Studienwahl klar zu erkennen, wo eigene Stärken und Schwächen liegen. Darüber hinaus hat sich auch die SWOT-Analyse (Strengths, Weaknesses, Opportunities, Threats) als Methode zur Selbstreflektion bewährt.

Fremdeinschätzung

Eine zweite Möglichkeit, um eigene Potenziale besser einschätzen zu können, besteht darin, vertraute Personen aus dem eigenen Umfeld (z. B. Familie, Freunde, Lehrer, Trainer, Mentoren) zu befragen. Oft sehen sie Stärken und Schwächen, die man selbst vielleicht übersieht. Diese Menschen können Feedback zu den eigenen Fähigkeiten und dem eigenen Verhalten geben:

- Welche Eigenschaften finden sie besonders hilfreich?
- Was denken sie, worin man sich verbessern könnte?
- Welche Studienrichtung würden sie einem aufgrund der eigenen Stärken empfehlen?

Ein solches Feedback kann ein wertvoller Spiegel sein, um eigene blinde Flecken zu erkennen und sich weiterzuentwickeln. Des Weiteren helfen auch Erinnerungen an die Kindheit oder das Heranwachsen, um Interessen zu reflektieren. Womit hat man sich in der Kindheit und auch im Teenageralter gerne beschäftigt. Wofür konnte man sich begeistern? Wofür hat man förmlich gebrannt? Diese Fragen kann man auch gemeinsam mit den Eltern oder Personen aus dem nahen Umfeld erörtern.

Schulnoten

Die fachbezogenen Schulnoten können ebenfalls als Orientierung dienen, um fachliche Vorkenntnisse, Wissen, Potenziale bzw. Fähigkeiten zu beurteilen. So hat die Abitur- bzw. die Hochschulzugangsberechtigungsnote eine gute Prognosevalidität für Studienerfolg. Diese kann man über Korrelationen bzw. Regressionsanalysen nachweisen, um damit zu zeigen, dass es einen signifikanten Zusammenhang zwischen den Schul- und Studiennoten gibt. Studierende mit guten Schulnoten erzielen in der Regel auch bessere Studienleistungen. In die Abiturnote fließen Leistungen aus vier Schulhalbjahren ein. Sie gibt somit eine Durchschnittsleistung über einen längeren Zeitraum wieder und ist nicht Ergebnis einer einzelnen punktuellen Anstrengung bzw. Leistungserbringung. Klausurergebnisse sind eher das Ergebnis einer maximalen kurzfristigen Leistungserbringung in einer zeitlich eingegrenzten Situation unter punktueller Anstrengung. Einzelne Klausurnoten können zudem durch einen schlechten Tag, Krankheit oder Schwierigkeiten mit relevanten Themeninhalten negativ beeinflusst werden. Genauso können Noten auch durch einzelne Ereignisse positiv beeinflusst werden. Daher sind Durchschnittsleistungen, die sich aus Einzelleistungen mehrerer Jahre hinweg zusammensetzen, aussagekräftiger als punktuelle Einzelleistungen wie z. B. Klausurnoten.

Fleiß, Selbstdisziplin und effektives Lernen beeinflussen zusätzlich zu dem Potenzial eines Schülers oder Schülerin deren Schulnoten. Schulnoten sind somit nicht nur ein Indikator für Fertigkeiten, Wissen und Fähigkeiten der Schüler. Zudem sind einige Schüler und Schülerinnen besser und geschickter darin, zu erkennen, was die Lehrer und Lehrerinnen hören oder lesen wollen, um gute Noten zu erzielen als andere Menschen. Das können einige Menschen besser erkennen und für sich nutzen als andere. Gute Schulnoten können als Hinweis für ein gut ausgeprägtes Potenzial bzw. Begabung gewertet werden, sie deuten aber auch auf Fleiß, Gewissenhaftigkeit und möglicherweise auf Angepasstheit hin.

Vorsicht ist jedoch beim Umkehrschluss geboten. Schlechte Schulnoten bedeuten nicht zwangsläufig ein unterdurchschnittliches Potenzial bzw. eine geringere Intelligenz. Überdurchschnittlich begabte junge Menschen können sich beispielsweise in der Schule langweilen, sind nicht leistungsmotiviert oder fleißig genug, um für den Zeitpunkt der jeweiligen Leistungsmessung genau das Thema zu lernen, das die Lehrer und Lehrerinnen erwarten. Dennoch können sie eine überdurchschnittliche Begabung haben und sich ggf. fundiertes Wissen in ganz anderen Bereichen angeeignet haben, die nicht bewertungsrelevant in der Schule sind. Schulnoten unterliegen zudem auch einem gewissen subjektiven Einfluss der Lehrkraft. So unterscheiden sich die Lehrerinnen und Lehrer in der Art zu erklären, sie haben z.T. andere Bewertungsmaßstäbe, setzten unterschiedliche Schwerpunkte der Lerninhalte und nicht zuletzt sind auch Lehrkräfte Menschen und nicht ganz frei von subjektiver Bewertung der Schülerinnen und Schüler, beispielsweise durch das persönliche Empfinden wie Sympathie. So verfügen mehrere Schülerinnen und Schüler, die z. B. im Abiturzeugnis des Schulfachs Mathematik eine Note 2 erzielen, dennoch über unterschiedliche Mathematikkenntnissen.

Kognitive und Orientierungstests

Kognitive Leistungstests sind eine weitere, über die Schulnoten hinausgehende Möglichkeit, die Fähigkeiten und fachliche Vorkenntnisse der Studieninteressierten einschätzen zu können, weswegen sie Teil mancher Studienorientierungstests, Auswahlverfahren oder Teil der Zulassungsverfahren zulassungsbeschränkter Studiengänge sind. Diese Testverfahren werden häufig verständlicher Weise als anstrengend empfunden. Die Ergebnisrückmeldungen sind jedoch sehr wertvoll im Prozess der Selbstreflektion sowie der realistischen Selbsteinschätzung und liefern somit wertvolle Selbsterkenntnisse für die weitere Studienorientierung.

Viele Hochschulen bieten eigene Orientierungstests an. Diese zielen jeweils auf unterschiedliche Dinge ab. Sie sollen den Orientierungssuchenden helfen zu erkennen, ob ein Studiengang zu ihnen passt, was beispielsweise über einen Interessensabgleich, Fähigkeiten, notwendiges Vorwissen oder die Beschreibung des Studienalltags erfolgen kann. Der Orientierungstest »was studiere ich.de« fragt gezielt berufliche

Interessen in verschiedenen Bereichen ab und fügt diese zu einem persönlichen Interessenprofil zusammen. Der Test gleicht dann die persönlichen Interessen mit den Mindestvorgaben für bestimmte Berufsgruppen ab, so dass entschieden werden kann, ob eine Tätigkeit zu den vorliegenden Interessen passt. Zu den einzelnen Berufen gibt es dann aufgelistete Studiengänge: Um beispielsweise im Personal zu arbeiten, kann man Wirtschaft oder Psychologie studieren. In dem Test werden zunächst nur Interessen abgefragt, man kann auf dieser Seite jedoch auch einen Fähigkeitentest durchführen, der die kognitiven Voraussetzungen für einen Studiengang ebenfalls berücksichtigt.

Die Reflektion der eigenen Interessen, insbesondere der Studien- und beruflichen Interessen, ist ein wichtiger Teil der Selbstreflektion und ein entscheidender Schritt, um eine passende Studienwahl in der Berufsorientierung zu treffen. Das RIASEC-Modell nach Holland (1997), der auch einen Interessenstest entwickelt hat, bietet die Möglichkeit dieser Selbstreflektion und der Erkundung der eigenen Interessen. Das Modell von Holland unterscheidet sechs Interessenstypen:

1. Realistic (R): Personen mit praktischen, technischen und handwerklichen Interessen.
2. Investigative (I): Personen, die sich für analytische, intellektuelle und wissenschaftliche Tätigkeiten interessieren.
3. Artistic (A): Personen mit kreativen, künstlerischen Interessen.
4. Social (S): Personen mit einem Fokus auf soziale Interaktionen und helfende Tätigkeiten.
5. Enterprising (E): Personen die Führungs- und organisatorische Aufgaben bevorzugen.
6. Conventional (C): Personen, die sich in strukturierter und datenbezogener Arbeit wohlfühlen.

Tests wie der bekannte Big-Five-Personality-Test können darüber hinaus Einblicke in die Persönlichkeitsmerkmale geben, die für das Studium relevant sind. Diese Selbstreflektionstests geben Anhaltspunkte zu den eignen Stärken oder Hinweise, welche Studienrichtungen oder Berufe zu dem eignen Profil passen könnten. Ehrliche, unverfälschte Antworten sind jedoch die Voraussetzung, damit die Testergebnisse stimmen und passende Berufe bzw. Studiengänge vorgeschlagen werden können.

Praktika oder Probestudium

Praktische Erfahrungen und Einblicke in den Berufs- und Studienalltag können Studieninteressierten bei der Entscheidung helfen, ob ein Beruf bzw. das zugehörige Hochschulstudium, das für diesen Beruf qualifiziert, zu ihnen passt. Durch Praktika oder Probestudium können sie erkennen, welche Stärken und Schwächen sie in dem jeweiligen Umfeld haben und inwiefern ihre Vorstellung und Erwartungen erfüllt wurden bzw. ob Interesse geweckt wurde. Wenn die Anzahl der in Frage kommenden

Studiengänge eingegrenzt wird, können die Hochschulen vor Ort besucht werden, um einen realistischen Eindruck vom Campus-Alltag zu bekommen. Wichtige Informationen können Gespräche mit Studierenden und etwa die Antworten auf folgende Fragen liefern:

- Wie sieht ein typischer Arbeits- bzw. Vorlesungstag aus?
- Wie lange dauern die Arbeits- bzw. Vorlesungstage?
- Was hat man sich vor Arbeits-/ Studienbeginn anders vorgestellt?
- Was gefällt ihnen besonders gut, was gefällt ihnen gar nicht?
- In welchen Fächern oder Tätigkeitsbereichen entstehen Schwierigkeiten?
- Wie hoch ist der Lernaufwand während des laufenden Semesters?

Indem Studieninteressierte mit bereits Studierenden oder Arbeitenden diese Fragen reflektieren, entwickeln sie ein realistisches Bild vom späteren Studien- bzw. Berufsalltag und den Herausforderungen im Studium.

Erreichbare Ziele setzen

Als letzter Ansatz zur Selbsterkenntnis kann es sinnvoll sein, sich eigene Ziele zu setzen und die Erreichung dieser Ziele diszipliniert zu verfolgen. So kann man sich zur Studienvorbereitung konkret erreichbare Ziele setzen wie etwa: »Ich möchte die Zugangsvoraussetzungen für ein Studium der Psychologie erfüllen« oder »Ich möchte meine Mathematikkenntnisse verbessern, um ein Ingenieurstudium aufnehmen zu können«.

Im Anschluss sollte man in regelmäßigen Abständen prüfen, ob diese persönlich gesetzten Ziele erreicht wurden. Dies hilft, sich mit den (Studien-)Inhalten zu beschäftigen, den eigenen Wissensfortschritt zu verfolgen und gezielt an eigenen Schwächen zu arbeiten. Gleichzeitig erkennen Studieninteressierte, ob sie in der Lage sind, die erkannten Defizite und (Wissens-)Lücken aufzuarbeiten oder ob sie mit den Inhalten überfordert sind bzw. diese schlichtweg nicht den eigenen Interessen entsprechen.

Durch eine Kombination aus Selbstreflektion, Feedback von anderen, praktischen Erfahrungen und der Recherche kann ein umfassendes Bild von eigenen persönlichen Stärken und Schwächen sowie Potenzialen für ein Hochschulstudium gewonnen werden. Diese Erkenntnisse helfen, sich gezielt vorzubereiten und das Studium zu finden, das am besten passt.

Studienorientierung: Unterstützungsangebote und Informationsquellen

Da es ein stetig steigendes Angebot an Hochschulen und Studiengängen und damit auch eine große Anzahl an Orientierungstests und Zulassungsverfahren gibt, verlieren Studieninteressierte schnell den Überblick und die Fähigkeit, sich bewusst für ein bestimmtes, für sie passendes Studienangebot zu entscheiden. Hier ist ein systematisches Vorgehen wichtig. Dabei ist nicht zu unterschätzen, wieviel Zeit diese Orientierungsphase in Anspruch nimmt – doch man wird nicht alleingelassen, sondern kann sich durch verschiedene Unterstützungsangebote und Informationsquellen dabei helfen lassen.

Internetrecherche und Online Self-Assessments (OSA)

Die Internetrecherche ist ein erster Schritt zur Orientierung. Aufgrund der Angebotsvielfalt empfiehlt sich zunächst ein zentraler Orientierungstest wie »Was-studiere-ich.de«, um passende Studiengänge zunächst etwas eingrenzen zu können. Dieser Test wird oben bereits erwähnt. Online Self-Assessments (OSA) sind digitale Werkzeuge, die Studieninteressierten helfen, ihre eigenen Interessen und Fähigkeiten besser zu verstehen und diese mit den Anforderungen eines bestimmten Studiengangs abzugleichen. OSA können durch Rückmeldungen zur Passung zwischen den Erwartungen der Studierenden und den realen Anforderungen eines Studienfachs beitragen und damit die Studienwahlabsicht zu festigen. Die Rückmeldung kann die Einstellung der Studieninteressierten beeinflussen und Selbstselektionsprozesse anstoßen, was langfristig zu einer besseren Passung zwischen Studierenden und Studiengängen führt. Dadurch können auch Studienabbrüche reduziert werden, da die Studierenden eine realistischere Vorstellung vom gewählten Fach gewinnen. OSA verbessern daher nicht nur die Informiertheit über, sondern erhöhen auch die Sicherheit bei der Studienwahl.

Länderspezifische Übersichten von Studienangeboten von staatlichen und privaten Hochschulen (z. B. für Baden-Württemberg sind unter www.studieren-in-bw.de/studiengangsuche) zu finden. Viele Hochschulen bieten auch eigene Orientierungstests an, die sehr unterschiedlich aufgebaut sind und auch auf unterschiedliche Schwerpunkte abzielen. Einige zeigen darin den typischen Studienalltag, anderen prüfen die erfolgsrelevanten Interessen, wieder anderen zielen auf die erforderlichen Fähigkeiten ab, um die jeweilige individuelle Übereinstimmung zu den erwarteten Studienanforderungen einschätzen zu können. Anschließend können Unterstützungsangebote z. B. der Arbeitsagentur für Arbeit wie Berufenet (https://web.arbeitsagentur.de/berufenet/) oder ein persönliches Gespräch in einer Berufs- oder Studienberatung gemeinsam und im Hinblick auf eine gute Entscheidung reflektiert werden.

Berufs- und Studienberatung

Berufsberater helfen zudem dabei, die Interessen und Fähigkeiten der Studieninteressierten systematisch zu ermitteln und Informationen über mögliche Studiengänge, Hochschulen und berufliche Perspektiven zu vermitteln. Sie können auf Datenbanken mit umfassenden Informationen über Studiengänge und Hochschulen zugreifen und für Studieninteressierte bereitstellen. Darüber hinaus könnte die Nutzung weiterer einschlägiger Self-Assessment-Tools oder die Teilnahme an Hochschulinformationstagen am Wunschstudienort hilfreiche Orientierung bieten. Einschlägige Überblicksseiten zu Studieninformationstagen oder Hochschulmessen (z. B. https://www.studieninformationstag.de/) helfen bei der Suche nach spezifischen Angeboten. Vor Ort und im direkten Gespräch mit Berater, Dozenten und Studierenden lassen die Erwartungen und Ziele präzisieren und persönliche Prioritäten herausarbeiten.

Studienberater können den Zugang zu Praktika, Schnuppertagen oder Gespräche mit Berufstätigen vermitteln. Diese praktischen Erfahrungen sind, wie bereits oben beschrieben, besonders wertvoll, um einen realistischen Eindruck von der täglichen Arbeit in bestimmten Berufsfeldern zu erhalten und um die Passung, der eigenen Interessen und Fähigkeiten mit dem angestrebten Berufsfeld zu überprüfen. Zudem können auch online, telefonische oder persönliche Termine mit Studienberatern der Hochschulen vereinbart werden, um konkrete Fragen zu den Zulassungsvoraussetzungen, den Studieninhalten oder organisatorischer Art zu klären. Der Zugang zu Alumni-Netzwerken kann Studieninteressierten ermöglichen, sich aus erster Hand über die Erfahrungen ehemaliger Studierender zu informieren, die ähnliche Studienentscheidungen getroffen haben. Solche Gespräche können wertvolle Einblicke in den Berufsalltag und mögliche Karrierewege bieten. Studien- und Berufsberater bieten also – das ist oft nicht bekannt oder wird übersehen – eine wertvolle Unterstützung bei der Orientierung in der Studienwahl, indem sie helfen, die eigenen Interessen und Fähigkeiten zu klären, Informationen bereitzustellen und durch strukturierte Reflexionsprozesse die Entscheidungsfindung zu unterstützen. Ihre Unterstützung ist besonders sinnvoll, um fundierte Entscheidungen zu treffen und den Übergang von der Schule zur Hochschule erfolgreich zu gestalten.

Zudem bieten allgemeinbildende oder berufliche Gymnasien auch Angebote zur Berufs- und Studienorientierung wie z. B. Vorträge von Berufsinhabern oder das zweitägige Entscheidungstraining BEST (https://www.bw-best.de/) an.

Umgang mit einem Studienabbruch

Eine gute Studienorientierung führt zu einer sicheren Studienwahl und einer besseren Passung der eigenen Interessen und Fähigkeiten zu den Anforderungen des Studienfachs. Eine bessere Passung sollte zu geringeren Studienabbruchquoten führen. Die Gründe für Studienabbrüche sind vielfältig und individuell, doch die Hauptgründe lassen sich leicht identifizieren (Heublein et al., 2010, 2018): An erster Stelle steht die fachliche Überforderung. Dies betrifft vor allem Studierende in natur- und ingenieurwissenschaftlichen Studiengängen. Auch stellen viele Studierende fest, dass der gewählte Studiengang nicht ihren Erwartungen oder Interessen entspricht, was zu Motivationsverlust und anschließendem Studienabbruch führt. Ein weiterer wesentlicher Grund sind finanzielle Schwierigkeiten, die es den Studierenden erschweren, das Studium fortzuführen. Studierende geben zudem als Abbruchgrund auch mangelhafte Studienbedingungen wie unzureichende Betreuungsrelationen, überfüllte

Veranstaltungen, unzureichende Infrastruktur oder eine schlechte Organisation des Studiengangs an. Persönliche Probleme und familiäre Verpflichtungen werden ebenfalls als Gründe genannt. Oft gehen damit der Wechsel in eine Ausbildung oder ein anderes Studium einher.

Ein Studienabbruch wird von vielen Studierenden zunächst als ein Scheitern im akademischen Kontext betrachtet. Dies wiederum hat einen negativen Einfluss auf das Selbstwertgefühl und rüttelt an der Überzeugung, erfolgreich studieren zu können. Dabei kann und sollte man den Studienabbruch als eine wertvolle Lernerfahrung und Chance sehen, weniger als ein Misserfolgserlebnis betrachtet werden. Ein konstruktiver Umgang mit dem Abbruch und das Nachdenken über die eigene Zukunft kann und sollte zu positiven Konsequenzen führen:

- Selbsterkenntnis und Klarheit über die eigenen Interessen und Fähigkeiten: Durch einen Abbruch erhalten Studierenden die Möglichkeit, sich besser kennenzulernen und zu verstehen, welche beruflichen und akademischen Wege zu ihren Interessen und Fähigkeiten passen. Sie lernen die eigenen Grenzen besser kennen und verstehen, welche Anforderungen sie aktuell nicht erfüllen können, so dass daraus wichtige Erkenntnisse für die Zukunft gewonnen werden. Ein Studienabbruch muss nicht zwangsläufig das Ende der akademischen Laufbahn bedeuten, vielmehr kann er als Neuausrichtung betrachtet werden.
- Erfahrungen im Umgang mit Herausforderungen: Der konstruktive Umgang mit einem Studienabbruch zeigt, dass man auch schwierige Situationen meistern und Entscheidungen treffen und einen eingeschlagenen falschen Weg auch wieder durch Neuorientierung korrigieren kann. Dies ist eine wichtige Erfahrung, die im späteren Berufsleben von Nutzen sein kann.
- Stärkung der Resilienz: Das bewusste Erleben von Rückschlägen und der Umgang mit Enttäuschungen können die psychische Widerstandskraft stärken. Dadurch entwickeln Betroffene die Fähigkeit, mit zukünftigen Herausforderungen gelassener umzugehen.
- Reflektion und persönliche Weiterentwicklung: Durch die Auseinandersetzung mit den Abbruchgründen und das Erkennen der eigenen Bedürfnisse können Studierende lernen, bessere Entscheidungen zu treffen, da sie ein realistischeres Bild ihrer Fähigkeiten entwickeln.
- Neuorientierung und Karriereplanung: Ein Studienabbruch bietet die Gelegenheit, alternative Bildungswege zu erkunden. Das kann ein anderes Studienfach, eine andere Hochschulform, eine Berufsausbildung sein. Eine anschließende Studien- oder Berufswahl kann aufgrund der Erfahrungen fundierter erfolgen und zu einem erfolgreicheren und glücklicheren Leben führen.

Ein positiver Blick auf und somit ein konstruktiver Umgang mit einem Studienabbruch bedeutet, ihn nicht als endgültiges Scheitern zu bewerten, sondern als eine (mutige) Entscheidung, die letztlich zu einem individuell besser passenden Bildungsweg führen kann. Dies fördert eine Haltung der Offenheit und Flexibilität gegenüber den eigenen Lebenswegen und kann zu einem erfüllteren und glücklicheren Leben führen.

Fazit

Eine tiefgründige Studienorientierung für eine fundierte Studienwahl nimmt viel Zeit in Anspruch, die nicht zu unterschätzen ist. Gerade Schüler und Schülerinnen, die sich wegen der anstehenden Abiturprüfungen im Lernstress befinden, nehmen sich diese meist nicht ausreichend. Empfehlenswert ist es, die Studienorientierung bereits in der vorletzten Jahrgangsstufe der Schule zu beginnen. So haben Schülerinnen und Schüler ausreichend Zeit für ihre Studienorientierung und können vorgegebene Fristen einhalten. Zudem empfinden Schülerinnen und Schüler ihre Schulzeit zunehmend häufig als stressig, sie geben an wenig Freizeit zu haben und damit auch zu wenig Zeit, sich selbst kennenzulernen, über sich selbst nachzudenken und damit ihre eigenen Stärken und Schwächen realistisch einzuschätzen. Selbstreflektion kann vor allem in einer stressfreien, entspannten Umgebung erfolgen, mit ausreichend Zeit sich auszuprobieren. Für die Schülerinnen und Schüler steigen subjektiv der Umfang des Lernstoffs und die Anzahl der Unterrichtsstunden, was weniger Zeit für eine tiefgründige Studienorientierung zulässt. Auf der anderen Seite geben Professoren und Lehrende von Hochschulen an, dass Studierende mit immer größeren Lücken im Schulstoff ihr Studium beginnen und Schwierigkeiten haben, die Lerninhalte zu verstehen und ihr Studium gut zu meistern. Gerade in den MINT-Fächern werden immer größere Defizite festgestellt und zwar nicht nur in der Oberstufen-, sondern bereits bei den Mittelstufeninhalten, die letztlich die Grundlage für eine fundierte Hochschulausbildung darstellen.

Ein erfolgreiches Studium erfordert eine fundierte Studienorientierung, die ein komplexes Zusammenspiel aus individuellen Fähigkeiten, passenden Rahmenbedingungen und einer bewussten Auseinandersetzung mit den eigenen Zielen und Bedürfnissen ist. Durch eine fundierte Selbstreflektion und die Nutzung geeigneter Orientierungshilfen können Studierende ihre Erfolgschancen erheblich steigern. Dabei ist es wichtig, sich der eigenen Stärken und Schwächen bewusst zu sein und realistische Erwartungen an das Studium und den späteren Beruf zu entwickeln. Misserfolge sollten nicht als das Ende, sondern als Teil des Lernprozesses betrachtet werden, der zu einem tieferen Verständnis der eigenen Fähigkeiten und Ziele führt.

Literatur

Bauer, K. W., Baumeister, M. (2014). Studienerfolg und Studienzufriedenheit: Bedingungen und Auswirkungen. In: H. Reinders (Hrsg.). Bildungsprozesse und ihre Förderung. Springer, S. 173-190.

Cable, D. M., DeRue, D. S. (2002). The convergent and discriminant validity of subjective fit perceptions. In: Journal of Applied Psychology, 87(5), S. 875-884.

Deary, I. J., Johnson, W., Houlihan, L. M. (2010). Genetic foundations of human intelligence. In: Human Genetics, 126(1), S. 215-232.

Deci, E. L., Ryan, R. M. (2000). The «what" and «why" of goal pursuits: Human needs and the self-determination of behavior. In: Psychological Inquiry, 11(4), S. 227-268.

Eccles, J. S., Wigfield, A. (2002). Motivational beliefs, values, and goals. In: Annual Review of Psychology, 53(1), S. 109-132.

Entwistle, N., Peterson, E. R. (2004). Conceptions of learning and knowledge in higher education: Relationships with study behaviour and influences of learning environments. In: International Journal of Educational Research, 41(6), S. 407-428.

Gardner, H. (1983). Frames of Mind: The Theory of Multiple Intelligences. Basic Books.

Gottfredson, L. S., Deary, I. J. (2004). Intelligence predicts health and longevity, but why? In: Current Directions in Psychological Science, 13(1), S. 1-4.

Graf, L. (2013). The hybridization of vocational training and higher education in Austria, Germany, and Switzerland. Budrich UniPress Ltd.

Heublein, U., Hutzsch, C., Schreiber, J., Sommer, D. Besuch, G. (2010). Ursachen des Studienabbruchs in Bachelor- und in herkömmlichen Studiengängen. Hannover: HIS: Forum Hochschule.

Heublein, U., Schmelzer, R. (2018). Die Entwicklung der Studienabbruchquote in Deutschland. In: DZHW-Brief 01/2018.

Heublein, U., Schmelzer, R., Sommer, D. (2010). Die Entwicklung der Abbrecherquote an den deutschen Hochschulen. HIS.

Holland, J. L. (1997). Making vocational choices: A theory of vocational personalities and work environments (3rd ed.). Psychological Assessment Resources.

Jäger, A. O., Süß H.-M., Beauducel, A. (1997). Berliner Intelligenzstruktur-Test. Form 4. Handanweisung. Hogrefe Verlag.

KMK (Kultusministerkonferenz). (2020). Das Bildungswesen in der Bundesrepublik Deutschland 2018/2019.

Kristof-Brown, A. L., Zimmerman, R. D., Johnson, E. C. (2005). Consequences of individuals' fit at work: A meta-analysis of person-job, person-organization, person-group, and person-supervisor fit. In: Personnel Psychology, 58(2), S. 281-342.

Kuh, G. D., Kinzie, J., Buckley, J. A., Bridges, B. K., Hayek, J. C. (2006). What matters to student success: A review of the literature. National Postsecondary Education Cooperative.

McGrew, K. S. (2009). The Cattell-Horn-Carroll Theory of Cognitive Abilities: Past, Present, and Future. In: D. P. Flanagan, Harrison, P. L. (Hrsg.). Contemporary Intellectual Assessment (3rd ed.). The Guilford Press, S. 136-181.

Plomin, R., Deary, I. J. (2015). Genetics and intelligence differences: Five special findings. In: Molecular Psychiatry, 20(1), S. 98-108.

Schiefele, U. (2009). Situational and individual interest. In: K. R. Wentzel, A. Wigfield (Hrsg.), Handbook of Motivation at School. Routledge, S. 197-222.

Schlag, T. (2012). Theologische Ausbildung in Deutschland. Gütersloher Verlagshaus.

Schmidt, F. L., Hunter, J. E. (1998). The validity and utility of selection methods in personnel psychology: Practical and theoretical implications of 85 years of research findings. Psychological Bulletin, 124(2), S. 262-274.

Schmitt, M., Coyle, E. F., Ioannou, A. (2012). Student engagement in traditional and online learning environments: Lessons learned and implications for practice. In Higher Education: Handbook of Theory and Research. Springer. S. 195-246.

Schneider, U. (2008). Kunsthochschulen in Deutschland: Eine Einführung. Verlag für moderne Kunst.

Schneider, W. J., McGrew, K. S. (2018). The Cattell-Horn-Carroll model of intelligence. In: D. P. Flanagan, E. M. McDonough (Hrsg.), Contemporary Intellectual Assessment (4th ed.). The Guilford Press. S. 73-163.

Smart, J. C., Feldman, K. A., & Ethington, C. A. (2000). Academic disciplines: Holland's theory and the study of college students and faculty. Vanderbilt University Press.

Sternberg, R. J., Detterman, D. K. (1986). What is Intelligence? Contemporary Viewpoints on Its Nature and Definition. Ablex Publishing Corporation.

Strenze, T. (2007). Intelligence and socioeconomic success: A meta-analytic review of longitudinal research. In: Intelligence, 35(5), S. 401-426.

Super, D. E. (1990). A life-span, life-space approach to career development. In D. Brown, L. Brooks & Associates (Hrsg.), Career Choice and Development (2nd ed.). Jossey-Bass, S. 197-261.

Tinto, V. (1993). Leaving college: Rethinking the causes and cures of student attrition (2nd ed.). University of Chicago Press.

Trautwein, U., Lüdtke, O., Köller, O. (2007). Studienerfolg: Definition, Einflussfaktoren und Maßnahmen zur Förderung. In: Handbuch Bildung. Springer, S. 573-589.

Visser, B. A., Ashton, M. C., Vernon, P. A. (2006). Beyond g: Putting multiple intelligences theory to the test. In: Intelligence, 34(5), S. 487-502.

III Beruf und Schlüsselkompetenzen

Andreas Creutzmann und Georg Nagler

Einleitung

Das Interesse am Erfolg sollte jeder schon zu Beginn seines Studiums entwickeln – die Schlüsselfrage dazu lautet: »Warum schaffen es manche Menschen und warum andere nicht?« Dabei sind besonders diejenigen von Interesse, die aus eigener Leistung erfolgreich wurden und nicht auf einem vererbten Vermächtnis aufbauten. Da Erfolg viele Facetten hat, ist es zweckmäßig, sich auch mit verschiedenen Themen in diesem Zusammenhang zu befassen: Persönlichkeitsentwicklung, (Selbst-)Marketing, Rhetorik, Psychologie sowie Selbstmanagement und persönliche Produktivität sind nur einige Themen, die unmittelbar mit Erfolg oder Nichterfolg von Menschen verknüpft sind.

Für viele Menschen ist Erfolg gleichbedeutend mit beruflichem und letztlich finanziellem Erfolg. Diese Sichtweise ist zu eindimensional. Ein erfolgreiches Leben umfasst sowohl ein erfolgreiches Berufs- als auch ein erfolgreiches Privatleben. In einer vernetzten Welt, in der jeder Mensch fast immer und überall auf der Welt mit einem Smartphone erreichbar ist, gibt es keine klare Trennung zwischen Berufsleben und Privatleben. Die beiden Lebensbereiche sind eng miteinander verbunden. Wer kein stabiles Privatleben hat, wird kaum beruflich erfolgreich sein. Wer nur dem beruflichen Erfolg nachjagt, darf sich nicht wundern, wenn sein Privatleben leidet. Die sog. Soft Skills eines Menschen sind entscheidend für seinen persönlichen Erfolg.

Selbstverantwortung und positives Denken

Die Selbstverantwortung ist ein wichtiger Grundsatz im Leben eines jeden Menschen, der in einer Zeit, in der oft andere die Schuld bekommen, nicht vernachlässigt werden sollte. Sowohl beruflich als auch privat kommt es oft vor, dass andere für Fehler verantwortlich gemacht werden. In jeder Firma gibt es eine oder mehrere Personen, die die Verantwortung tragen. Für Unternehmer und Manager sollte es klar sein, dass sie für jedes Ergebnis verantwortlich sind. Doch je größer die Firmen, desto eher kann es passieren, dass es bei gescheiterten Projekten nur noch darum geht, sich selbst zu schützen. Der hierarchisch Höhergestellte schiebt seinen unterstellten Mitarbeitern den schwarzen Peter zu, ohne zu sehen, dass er das falsche Team ausgewählt oder die Aufgaben nicht angemessen verteilt oder die Projektüberwachung vernachlässigt hat. Noch unerträglicher sind aber zumeist die reflexhaften Klagen über die eigene

Ohnmacht. Wer sagt »Ich kann nicht«, der will nicht, denn im Grunde können wir alles tun. Nur hat in diesem Fall auch alles Konsequenzen. Sie können täglich neu wählen! Und sich nicht zu entscheiden, ist auch eine Wahl. Der Punkt, an dem man heute steht, resultiert aus früheren Entscheidungen und abgelehnten Alternativen. Alles, was im Augenblick geschieht, ist die Folge von Entscheidungen in der Vergangenheit. Und alles, was Sie tun, tun Sie freiwillig. Jedoch hat alles seinen Preis und nicht jeder ist bereit, diesen Preis, also die Konsequenzen der eigenen Entscheidungen aus der Vergangenheit zu bezahlen.

Zu Beginn, nach dem Studium empfängt man üblicherweise die meiste Zeit Anweisungen von anderen. Mit fortlaufender Berufstätigkeit und Berufskarriere wird man dann mehr und mehr vom Anweisungsempfänger selbst zum Manager, der anderen Anweisungen erteilt. Wer in der Geschäftsleitung eines Unternehmens ist, erteilt nur noch Anweisungen und empfängt keine Weisungen mehr. Die meisten Menschen durchlaufen die verschiedenen Berufsphasen nicht mit dem Bewusstsein, das notwendig wäre, um sich und andere erfolgreich zu führen. Zu oft werden unbewusst Verhaltensmuster und Rollenbilder von Vorgesetzten übernommen und dabei übersehen, dass man an der Spitze der beruflichen Laufbahn häufig nur ein Abbild seiner ehemaligen Vorgesetzten ist. Deshalb ist die psychologische Kenntnis der nachfolgenden Gesetzmäßigkeiten sehr wichtig. Um es vorwegzunehmen: Es geht hier nicht um Esoterik. Jedoch ebnen die folgenden Gesetzmäßigkeiten den Boden für das positive Denken, das in einem engen Zusammenhang mit dem Grundsatz der Selbstverantwortung steht.

Gesetz von Ursache und Wirkung

Nichts passiert ohne Grund und jede Wirkung geht auf eine bestimmte Ursache zurück. Aristoteles glaubte, dass wir in einer geordneten Welt leben, die von Regeln und nicht vom Zufall gelenkt wird. Er argumentierte, dass alles einen Grund habe, ob wir ihn wüssten oder nicht. Es gibt für jede Wirkung eine oder mehrere Ursachen. Jede Ursache oder Aktion hat irgendeinen Effekt. Nicht immer können wir die Ursache erkennen. Erfolg ist also kein Zufall! Erfolg hat auch nichts mit Glück zu tun. Alles hat einen Grund. Dieser Grund ist jedoch nicht immer für jeden offensichtlich. »Was der Mensch sät, das wird er auch ernten«, ist ein bekannter Spruch aus der Bibel. Das dritte Newtonsche Gesetz, das auch Prinzip der Gegenwirkung genannt wird, besagt, dass für jede Aktion eine gleich große und entgegengesetzte Reaktion existiert.

Gedanken sind Ursachen und Situationen sind Wirkungen. Wenn Sie Ihre Denkweise ändern, ändern Sie Ihr Leben. Dazu brauchen Sie nur eine Entscheidung zu treffen. Sie werden das, woran Sie am meisten denken. Wie Sie sich fühlen und wie Sie handeln, hängt nicht davon ab, was passiert, sondern davon, wie Sie darüber denken. Es ist Ihre innere Welt, die für die Umstände Ihres Lebens verantwortlich ist. Sie selbst bestimmen Ihre Emotionen und Verhaltensweisen durch die Art und Weise, wie Sie Ihre Umgebung wahrnehmen und wie Sie über die Dinge denken, die Ihnen geschehen. Kein Ereignis hat irgendeine Macht über mich, außer der, die ich ihm in meinen Gedanken gebe!

Gesetz des Glaubens

Was Sie tief in Ihrem Herzen glauben, wird Wirklichkeit. Ihre tiefsten Überzeugungen werden zur Realität. Sie sehen nicht, was wirklich ist, sondern das, was Sie ohnehin schon für wahr halten. Sie lehnen Informationen ab, die Ihrer festen Meinung widersprechen, egal ob Ihre Überzeugungen – oder auch Vorurteile – auf Fakten oder Fantasie basieren. Jeder von uns hat bestimmte Glaubens- oder Überzeugungssysteme, die eng mit unseren persönlichen Werten verknüpft sind. Diese Glaubenssysteme bestehen dabei regelmäßig aus mehreren Glaubenssätzen. Ein Glaubenssatz ist, was wir über uns, die Realität oder die Welt denken. Er bestimmt unsere Erwartungen und zeigt das, was wir für wahr halten und was wir glauben erreichen zu können. Es sind unsere inneren Überzeugungen.

Viele unserer Gedanken sind solche Überzeugungs- oder Glaubenssätze. Wenn wir Selbstgespräche führen, verwenden wir oft Überzeugungssätze. Oft sind wir uns dessen nicht bewusst. Häufig entspringt das, was wir über uns selbst denken oder über das Leben glauben, unseren routinemäßigen Denkmustern. Wir werden aber nicht mit diesen Überzeugungssätzen und Denkmustern geboren. Diese Glaubenssätze entwickeln sich meist in der Kindheit und bleiben uns ein Leben lang erhalten, wenn wir sie nicht durch andere ersetzen. Es kann sich dabei sowohl um positive als auch negative Glaubenssätze handeln. Negative Glaubenssätze können uns aber oft einschränken, uns an uns zweifeln lassen und Erfolg verhindern. Positive Glaubenssätze hingegen können Ihnen Kraft und Motivation geben. Sie können Ihnen helfen, Herausforderungen zu bewältigen und ihre Ziele zu verwirklichen. Glaubenssätze entstehen durch Erziehung sowie durch unsere Beobachtungen und Erfahrungen.

Gesetz der Erwartungen

Was immer Sie mit Bestimmtheit erwarten, wird zur sich selbst erfüllenden Prophezeiung. Sie haben in Ihrem Leben immer die Funktion eines Wahrsagers. Die Dinge werden so, wie Sie über Sie denken und sprechen. Wenn Sie überzeugt sind, dass gute Dinge passieren werden, wird dies im Normalfall auch so sein. Wenn Sie aber mit Negativem rechnen, ist die Wahrscheinlichkeit groß, dass Sie auch in diesem Fall Recht behalten werden. Sie beeinflussen jedoch mit Ihren Erwartungen nicht nur sich, sondern auch Ihre Mitmenschen in Ihrer Umgebung. Ihre Einstellung zu Menschen und zu bestimmten Situationen ist wesentlich davon geprägt, was Sie erwarten.

Gesetz der Anziehung

Sie sind ein lebender Magnet. Das bedeutet, dass Ihre Gedanken die Menschen, Situationen und Umstände bestimmen, mit denen Sie konfrontiert werden. Was Sie in Ihrem Leben erleben, hängt von Ihrer Denkweise und Ihrer Persönlichkeit ab. Sie können Ihr Leben verbessern, indem Sie Ihre Gedanken verändern. Wahrscheinlich ist Ihnen der Spruch bekannt: »Gleich und gleich gesellt sich gern.« Das Gesetz der Anziehung wirkt aber auch auf andere Weise. Ist es Ihnen schon einmal passiert, dass Sie an jemanden gedacht haben und kurz darauf hat diese Person Kontakt zu Ihnen aufgenommen oder Sie sind ihr begegnet? Oder haben Sie schon mal mitgegähnt, wenn jemand anderes gegähnt hat? Oder haben Sie das Lächeln einer Person erwidert, ohne darüber nachzudenken? Gedanken sind Kräfte. Sie ziehen das in Ihr Leben, worüber Sie die meiste Zeit nachdenken. Wenn Sie erfolgreich werden wollen, umgeben Sie sich am besten mit erfolgreichen Menschen.

Gesetz der Entsprechung

Die äußere Welt, die Art wie wir diese wahrnehmen, ist ein Spiegelbild unserer inneren Welt und entspricht damit unseren Denkmustern. Da unsere äußere Welt in jeder Weise ein Spiegelbild unserer inneren Welt ist, stößt uns oft nur das zu, was unseren innersten Überzeugungen entspricht. Die Wahrnehmung Ihrer Außenwelt ist nur ein Spiegelbild Ihrer Innenwelt.

Wenn wir uns ändern wollen, müssen wir im Inneren unseres Denkens beginnen. Unsere Beziehungen spiegeln stets die Persönlichkeit wider, die wir in unserem Inneren sind. Unsere Einstellungen, unsere Gesundheit, unsere materiellen Bedingungen sind ein Abbild unserer Denkweise in diesen Bereichen. »Nichts ändert sich, außer ich ändere mich«, sagte Nikolaus B. Enkelmann in seinen Seminaren. Es gibt nur eine einzige Sache auf der Welt, die Sie wirklich kontrollieren können: Das ist Ihr eigenes Denken. Indem Sie die Kontrolle über Ihr Denken übernehmen, bekommen Sie auch alle anderen Aspekte Ihres Lebens unter Kontrolle. In dem Sie nur über die Dinge nachdenken und nur von den Dingen sprechen, die Sie wollen, und indem Sie sich weigern, über Dinge zu sprechen oder nachzudenken, die Sie nicht wollen, werden Sie zum Architekten Ihres eigenen Schicksals.

Es gibt zwei zentrale Lebensentscheidungen eines jeden Menschen. Es sind meines Erachtens die wichtigsten Entscheidungen, die Sie in Ihrem Leben treffen werden: die Wahl des Berufs und die Wahl des Lebenspartners. Beide Entscheidungen werden Ihr Leben nachhaltig beeinflussen. Sie sind reversibel, aber oft mit hohen materiellen und ideellen Verlusten verbunden. Der Grundsatz der Selbstverantwortung soll Ihnen auch bewusst machen, dass nahezu mit jeder Entscheidung auch Entscheidungen zugunsten anderer Alternativen möglich gewesen wären. Wenn Sie sich also für etwas entschieden haben, haben Sie damit auch immanent die alternativen Optionen abgelehnt.

Grundsatz des positiven Denkens

Positives Denken ist immer dann im Leben wichtig, wenn es nicht so gut läuft. Jeder Mensch kennt Lebenssituationen, in denen er mit Niederlagen und Misserfolgen konfrontiert ist. Immer dann ist positives Denken gefragt. Wenn die Sonne scheint, ist positives Denken leicht. Reflektieren Sie, was Ihre Familie oder Ihre soziale Umgebung über das positive Denken vermittelt hat. Haben Ihre engsten Bezugspersonen stärker positiv oder eher negativ gedacht? Wenn sie positiv gedacht haben, dann ist es ziemlich wahrscheinlich, dass Sie auch zu den Menschen gehören, die positiv denken. Das heißt aber auch umgekehrt, dass Sie sich selbst das positive Denken aneignen können, selbst wenn Sie in einem negativen Umfeld aufgewachsen sind oder von Natur aus eher negativ denken. Um positiv denken zu können, müssen wir lernen, unsere Überzeugungen und Glaubenssätze umzuprogrammieren. Dabei muss man wissen, dass viele unbewusste Überzeugungen uns daran hindern, positiv zu denken. Darstellung 1 verdeutlicht den Zusammenhang zwischen dem Bewussten, dem Unbewussten und dem sog. Überbewusstsein.

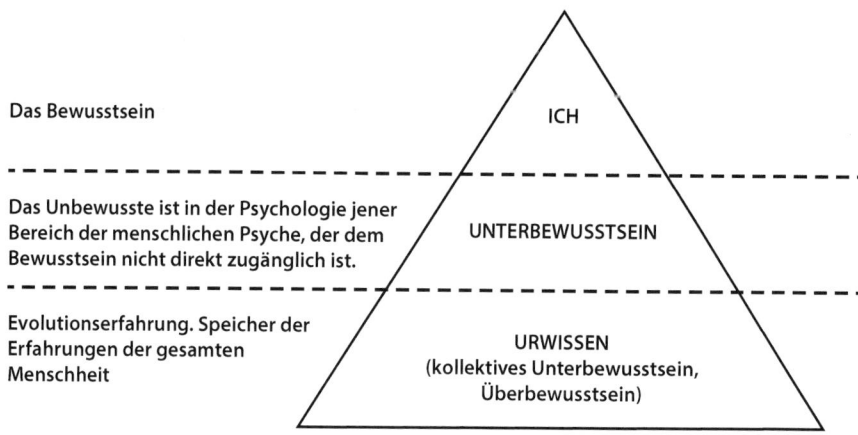

Dar. 1: Bewusstsein – Unterbewusstsein – Urwissen

Die meisten Menschen kennen das Bild vom Eisberg, der nur zu einem Drittel über dem Wasser sichtbar ist und zu zwei Dritteln unter der Wasseroberfläche verborgen bleibt. Das gilt auch für unser Bewusstsein im Verhältnis zum Unterbewusstsein bzw. Urwissen:

- Unser Bewusstsein umfasst alles, was wir gerade wahrnehmen und aufmerksam verfolgen. Das können Gedanken, Sinnesempfindungen, Gefühle, Erinnerungen, Fantasien, Pläne, Bewertungen usw. sein.
- Darunter liegt das Unterbewusstsein, das nicht unmittelbar ins Bewusstsein gelangt. Es kann nur durch Träume, Trance oder Hypnose teilweise erschlossen wer-

den. Im Unterbewusstsein sind alle Erfahrungen gespeichert, das Unterbewusstsein beginnt schon vor der Geburt. Es ist wie eine leere Festplatte, die nach und nach mit allen Gefühlen und Erlebnissen beschrieben wird. Auch Informationen, die uns bewusst gar nicht auffallen, werden im Unterbewusstsein festgehalten. Deshalb können wir dort auch alles abrufen, was wir unbemerkt »aufgeschnappt« haben. Somit enthält das Unterbewusstsein eines Menschen alles Gute und Schlechte, was er erlebt hat. Das Unterbewusstsein ist ein ausführendes Organ. Es urteilt nicht. Es ist ihm egal, wer ihm einen Befehl gibt. Es setzt lediglich jeden Befehl ordnungsgemäß um. Deshalb ist es entscheidend für einen Mensch in seinem Leben, welche geistige und seelische »Nahrung« er zu sich nimmt und von wem diese »Nahrung« kommt. Da das Unterbewusstsein alle positiven und negativen Informationen gleichwertig aufnimmt, ist es für das positive Denken besonders wichtig, dass Sie möglichst viele positive Informationen täglich aufnehmen.

- Das Urwissen, das auch kollektives Unterbewusstsein genannt wird, ist aus der Geschichte der Menschheit entstanden und wegen seiner evolutionären Bedeutung gespeichert. Deshalb wird es auch als Evolutionserfahrung bezeichnet. Das kollektive Unterbewusstsein entwickelt sich nicht individuell, sondern wird vererbt. Es handelt sich demnach um alle Erfahrungen, alles Wissen der gesamten Menschheit aus allen Zeiten. Bei Tieren sprechen wir oft von Instinkt. Menschen nennen oft Entscheidungen, die sie aus dem Bauch heraus treffen, Intuition. Dabei handelt es sich oft um Entscheidungen, die sie nicht erklären können. Ihr Verstand liefert ihnen keine logische Begründung.

Wer positives Denken lernen will, sollte sich intensiv mit dem Werkzeug des mentalen Trainings beschäftigen. Das mentale Training besteht aus drei Komponenten: Meditationen, Autosuggestionen und Visualisierungen. Im Zustand der Entspannung, in dem das Gehirn Alphawellen produziert, können negative Glaubenssätze durch Meditationen und Autosuggestionen neu programmiert werden. In dieser Phase sind wir zwar geistig wach, aber völlig entspannt. Alphawellen treten etwa bei Tagträumen und Phantasien auf.

Dieser Zustand ist die Brücke zwischen Bewusstsein und Unterbewusstsein. Wenn Alphawellen fehlen, ist die Verbindung zum Unterbewusstsein unterbrochen. Unsere Gedanken sind ruhig, wir atmen tief und gleichmäßig und fühlen uns wohl. In diesem Zustand können wir gut Probleme lösen. Wir sehen aus verschiedenen Perspektiven und können ganzheitliche und umfassende Lösungen entwickeln. Auch im Alpha-Zustand ist unsere Intuition aktiv und wir können assoziativ und kreativ sein. In diesem Zustand fällt positives Denken deutlich leichter. Das Tor zum Unterbewusstsein und zum kollektiven Unterbewusstsein ist offen.

Wer den Grundsatz der Selbstbeantwortung und des positiven Denkens zu einem integralen Bestandteil seines Lebens macht, hat eine wesentliche Basis für ein glückliches und erfolgreiches Leben geschaffen. Dazu gehört jedoch auch, dass Sie Ihre Ziele erreichen.

Ziele und Lebensrollen

Die einfachste Definition für Erfolg erfolgt durch das Erreichen von privaten und beruflichen Zielen. Ein wichtiger Bestandteil von effektivem Selbstmanagement ist es, klare Ziele zu haben. Zielklarheit ist eine grundlegende Bedingung für Erfolg im Berufs- und Privatleben. Dabei neigen viele Menschen dazu, zu viel in einem Jahr schaffen zu wollen, und zu wenig in einer längeren Perspektive. Die Ziele sollten im Übrigen SMART formuliert sein: Das bedeutet, dass sie **s**pezifisch, **m**essbar, **a**ktionsorientiert, **r**ealistisch und **t**erminierbar sein sollten.

Heutzutage haben die meisten Autos ein Navigationssystem. Auf jedem Smartphone kann man Google Maps nutzen. Deshalb ist es für die meisten Menschen heute normal, dass sie, um irgendwohin zu kommen, die genaue Adresse in das Navigationssystem eingeben. Wer kein klares Ziel hat, wird es auch nicht erreichen. Wenn ein Schiff oder ein Flugzeug nur leicht die Richtung ändert, landet es je nach Distanz an einem ganz anderen Ort. Diese Einsichten mögen auf den ersten Blick banal sein. Sie sind aber direkt auf ihr Berufs- und Privatleben anwendbar.

Berufliche und private Ziele sind immer persönliche Ziele eines Menschen. Sie sind so individuell, wie der Fingerabdruck eines Menschen. Wirksame Manager und Professionals beschränken sich auf die wenigen wesentlichen und wichtigen Ziele. Außergewöhnliche Erfolge sind dann möglich, wenn Sie Ihren Lebenssinn oder Lebenszweck kennen, klare Prioritäten setzen und produktiv leben. Das produktive Leben eines erfolgreichen Menschen wird von dem bestimmt, was nicht sichtbar ist. Es ist wie die Spitze eines Eisbergs. Der Ausgangspunkt ist Ihr Lebenszweck bzw. Lebenssinn (▶ Dar. 2).

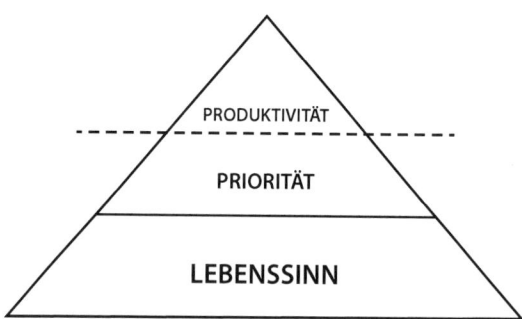

Dar. 2: Zusammenhang zwischen Lebenssinn, Prioritäten und Produktivität

Ihr Lebenssinn und Ihre Prioritäten lenken Ihre Produktivität. Was Sie sind und was Sie anstreben, beeinflusst, was Sie tun und was Sie schaffen. Wenn Sie Ihren Lebenssinn kennen, fällt es Ihnen leichter, Entscheidungen zu treffen. Sie fühlen sich glücklich und zufrieden, wenn Sie Ihre Ziele und Ihren Lebenssinn verfolgen. Ein Lebenssinn ist der schnellste Weg zu *mehr Macht* und die beste Quelle für persönliche Stärke, Überzeugungskraft und Ausdauer. Ein Lebenssinn ohne klare Prioritäten ist wirkungslos. Wer behauptet, dass er keine Zeit hat, meint eigentlich, dass er etwas nicht machen will. Denn letztendlich geht es immer um Prioritäten. Und wenn Sie etwas nicht machen, dann nur, weil Ihnen etwas anderes wichtiger ist. Den Ausgangspunkt bilden die langfristigen Ziele, die unser tägliches Handeln bestimmen.

Der Schlüssel zu einem erfolgreichen (Berufs-)Leben und zur Zielerreichung ist es, genau zu wissen, was man will, und jeden Tag genau das tun, das zu den jeweiligen Zielen führt. Jeder Mensch hat verschiedene Lebensbereiche und Lebensrollen, die in einem engen Zusammenhang mit seinen jeweiligen Zielen stehen. Beim Begriff Rolle denken vermutlich viele unmittelbar an den Beruf des Schauspielers. Ein Schauspieler spielt eine Rolle in einem Film oder auf einer Theaterbühne. Vielleicht mag sich der eine oder andere von Ihnen in seinen verschiedenen Lebensrollen wie ein Schauspieler vorkommen? Dann spielt er tatsächlich eine Rolle. Er ist demnach mitnichten authentisch! Es geht bei dem Begriff der Lebensrolle darum, dass Sie in jedem der einzelnen Lebensbereiche eine Rolle einnehmen, mit der regelmäßig bestimmte Aufgaben und Pflichten verbunden sind. Sie spielen in diesem Fall also keine Rolle, sondern nehmen verantwortungsvoll die Aufgabe respektive Rolle in diesem bestimmten Lebensbereich ein. In der Mindmap aus Darstellung 3 sehen Sie beispielhaft die verschiedenen Lebensrollen. Sie können diese Mindmap als Ausgangspunkt für die Definition Ihrer eigenen Lebensrollen nehmen.

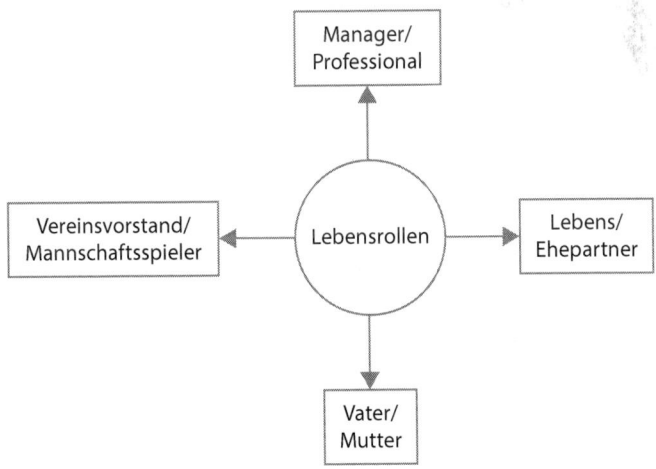

Dar. 3: Lebensrollen

Es ist einleuchtend, dass Menschen unterschiedlich viele Lebensrollen haben. Das können mehr oder weniger als in der Mindmap dargestellt sein. Wer sich jedoch mit seinen verschiedenen Lebensrollen beschäftigt, merkt bald, wie wichtig es ist, Zielklarheit in den einzelnen Lebensrollen zu haben. Je nachdem, wie relevant diese Lebensrollen für ihr Leben sind, kommen schnell viele verschiedene Dinge zusammen, die sie alle mehr oder weniger beachten müssen. Wenn Sie sich in den verschiedenen

Lebensbereichen – bezogen auf Ihre Ziele – auf wenige Dinge konzentrieren, müssen Sie sich zwangsläufig eine wichtige Frage stellen: Was möchte ich und muss ich in Zukunft nicht mehr machen? Denn durch ihre Fokussierung müssen sie unweigerlich viele andere Aktivitäten aufgeben.

Eine sinnvolle Vorgehensweise ist es, für jede Lebensrolle ein eigenes Mission Statement (Leitbild) zu erstellen. Damit wird eine klare Richtung im Alltag vorgegeben und dies erleichtert die Priorisierung. Diese Leitbilder sind in der Gegenwartsform verfasst und beschreiben einen optimalen Zustand. Wir müssen uns aber bewusst sein, dass wir als Menschen nicht perfekt sind und nicht immer unseren idealen Vorstellungen einer Rolle gerecht werden können. Dennoch dienen diese einzelnen Mission Statements als zentrale Orientierungshilfe für unser Verhalten und wir können leicht feststellen, ob wir in bestimmten Situationen unseren eigenen Ansprüchen und Ideen entsprechen oder nicht.

Berufliche und private Ziele kann man sehr gut in verschiedenen Mindmaps schriftlich festhalten. Die Schriftlichkeit ist dabei ein wichtiger Faktor. Es wurde nachgewiesen, dass Menschen, die ihre Ziele aufschreiben, erfolgreicher sind als andere, die dies nicht tun. Das Prinzip der Schriftlichkeit wird bei der Zielsetzung oft vernachlässigt. Erst wenn Ziele und Teilziele schriftlich festgelegt sind, sind sie nicht nur in ihrem Kopf, sondern sie werden greifbar.

Selbstmanagement und Life-Balanced-Scorecard

Sie selbst sind der Ausgangspunkt eines wirksamen und erfolgreichen Managements. Wer sich selbst nicht managen kann, wird auch andere nicht managen können. Deshalb ist die persönliche Arbeitsmethodik und deren Verbesserung ein lebenslanger Lernprozess. Die bewusste Planung und ein effektives und effizientes Selbstmanagement bilden den Anfang eines erfolgreichen und glücklichen Lebens. Wer berufliche und private Ziele erreichen will, findet durch Anwendung des Lebensprinzips »The ONE Thing«, den Weg, wie die Ziele erreicht werden können.

Es ist ein Irrglaube, dass man ein ausgeglichenes Leben bzw. eine ausgeglichene Life-Balance braucht, um erfolgreich zu sein. Der Begriff Work-Life-Balance ist im heutigen Zeitalter nicht mehr zeitgemäß, weil eine Trennung zwischen Arbeits- und Privatleben aufgrund von Homeoffices und Smartphones nicht mehr möglich ist. Lebensziele und Lebenssinn sind die Faktoren, die ein erfülltes Leben auszeichnen. Wer seine Lebensaufgabe und seinen Lebenssinn kennt, wird die Dinge anstreben, die mit seiner Lebensaufgabe und seinem Lebenssinn übereinstimmen. Außergewöhnliche Ergebnisse verlangen konzentrierte Zeit und Aufmerksamkeit. Wenn man Zeit für bestimmte Ziele aufbringt, hat man keine Zeit für etwas anderes. In diesen Fällen ist Balance zwischen Berufs- und Privatleben eine Illusion. Wer Prüfungen auf dem Weg zum Bachelor oder Master bestehen will, weiß, dass das nur möglich ist, wenn man sich darauf konzentriert. In der Vorbereitungszeit wird es selten möglich sein, ein ausgeglichenes Leben zu führen. Das gilt besonders, wenn man daneben noch im Berufsalltag eingebunden ist. Auch in der späteren Karriere wird es immer wieder Zeiten geben, in denen es schwer ist, eine Balance zu anderen Lebensbereichen zu halten, wenn der berufliche Erfolg im Vordergrund steht. In diesen Zeiten widmet man sich hauptsächlich beruflichen Aktivitäten. Erfolgreiche Menschen müssen immer wieder Zeiten durchlaufen, in denen eine Life-Balance zwischen Berufs- und Privatleben nicht machbar ist. Wer im Beruf erfolgreich sein will, muss immer wieder bereit sein, auch auf Ausgewogenheit in seinem Leben zu verzichten. Das bedeutet nicht, dass man sich nur und immer auf das Berufsleben konzentrieren soll. Man braucht das Privatleben für eine Erholung. Man lebt glücklich, wenn das Leben im Einklang mit der Lebensaufgabe und dem Lebenssinn steht. Wer aber sein Privatleben dauerhaft vernachlässigt, sollte sich nicht wundern, wenn ihm der nötige Ausgleich und die Kraft für das Erreichen seiner Lebensaufgaben fehlt.

Ein gutes Selbstmanagement bedeutet, dass man die richtigen Aktivitäten für seine verschiedenen Lebensbereiche auswählt, die zu einem erfolgreicheren und glücklicheren Leben führen. Außergewöhnliche Erfolge erfordern gute Entscheidungen und notwendige Aktivitäten, um die Ziele zu erreichen. Das ist nicht immer einfach. Die Frage nach der einen Sache hilft, das große Ziel (»Big Picture«) im Blick zu behalten. Um jeden Tag konzentriert zu bleiben, kann man sich fragen: »Was ist die eine Sache, die ich jetzt gerade tun kann, damit alles andere leichter oder unnötig wird.« Die Formulierung »jetzt gerade« sorgt dafür, dass man sich immer auf die wichtigste Aufgabe in der Gegenwart fokussiert.

Um außergewöhnliche Erfolge zu erzielen, muss man sehr produktiv sein. Sehr produktiv ist man, wenn man das Instrument des Selbstmanagements beherrscht. Eine hohe persönliche Produktivität geht also mit einem guten Selbstmanagement einher. Ein gutes Selbstmanagement dient aber nicht nur sich selbst. Es ist eine Voraussetzung für ein erfolgreiches und glückliches Leben. Deshalb sollte man wissen, warum man produktiv sein will. Der Ausgangspunkt ist also, dass man den Sinn seines Lebens kennt. Hier zeigt sich die Verbindung zwischen dem Instrument des Selbstmanagements und der Aufgabe, Ziele zu setzen.

Ihr persönlicher Lebenssinn ist die Grundlage für Ihre Produktivität. Er definiert, wer Sie sind, was Sie anstreben und beeinflusst, was Sie tun und was Sie erreichen möchten. Deshalb sollten Sie Ihren Lebenssinn kennen, bevor Sie sich Ziele setzen. Nur so können Sie Ihre Ziele mit Sinn erfüllen. Die Frage nach dem Warum muss also beantwortet sein. Wenn Sie das Warum wissen, können Sie sich dem Wie und den Prioritäten zuwenden. Prioritäten leiten sich aus Ihren Zielen ab. Beim Selbstmanagement geht es darum, wie Sie Ihre persönliche Produktivität steigern und die Faktoren, die sie behindern, minimieren können.

Besonders erfolgreiche Fach- und Führungskräfte sind auch besonders produktive Menschen. Wenn es stimmt, dass Zeit Geld ist, dann ist es vielleicht der beste Weg, die Qualität Ihres Zeitmanagementsystems danach zu beurteilen, wie viel Geld Sie damit verdienen. Besonders produktive Menschen erledigen mehr als andere. Sie erzielen bessere Ergebnisse und verdienen weitaus mehr als der Rest, weil sie die maximale Zeit darauf verwenden, ihre höchste Priorität, ihre eine Sache mit maximaler Produktivität zu erledigen.

Zeitblöcke für Auszeiten

Die Erholung ist genauso wichtig wie die Arbeit. Wer hohe Ziele anstreben und Spitzenleistungen vollbringen will, braucht Pausen, Erholungszeiten und Regenerationszeiten, in denen neue Energie geschöpft werden kann. Deshalb sollte man zuerst einen Zeitblock für Pausen bzw. Auszeiten reservieren. Dazu zählen Freizeit, Urlaub und Erholungszeiten. Spitzensportler können nur dann im Wettkampf ihr Bestes geben, wenn sie zwischen den Wettkämpfen genug Zeit für eine Regeneration haben. Dies gilt auch für erfolgreiche Menschen in anderen Berufsfeldern. Besonders erfolgreiche Menschen planen ihr neues Kalenderjahr so, dass sie ihre Pausen und Auszeiten im Voraus festlegen.

Oliver Kahn schreibt, dass er es nicht verstehen kann, dass Top-Manager stolz darauf sind, an 7 Tagen in der Woche möglichst viele Stunden zu arbeiten. Profifußballer könnten nur dann absolut hervorragende Leistungen erbringen, wenn sie die Zeiten zwischen den Spielen optimal für die Regeneration nutzen würden. Manager dagegen glauben, dass sie immer leistungsfähig sind. Je mehr Stress jedoch ein Manager hat, desto wahrscheinlicher wird es, dass er Fehler macht und wichtige Aufgaben vernachlässigt. Manager sollten Pausen und Auszeiten zur Regeneration einplanen. Die Einplanung von Pausen an erster Stelle wird wohl bei einigen Managern auf Ablehnung stoßen, zumal für viele der Beruf auch eine Leidenschaft ist und gerne gemacht wird. Wenn Manager jedoch ihren Beruf auch besonders gut machen wollen, brauchen sie ausreichende Erholung.

Zeitblöcke für die eine Sache

Nachdem Sie feste Zeiten für Pausen und Auszeiten festgelegt haben, reservieren Sie in Ihrem Kalender Termine mit sich selbst für Ihre eine Sache. Diese hat Priorität vor Ihrer sonstigen Arbeit. »Effizienz bedeutet, die Dinge richtig zu machen. Effektivität bedeutet, die richtigen Dinge zu machen.« (Peter F. Drucker) Die besonders erfolgreichen Menschen beherzigen das und strukturieren ihren Tag um ihre eine Sache herum, wobei sie vormittags wie ein Unternehmer kreativ sind und nachmittags wie ein Manager kontrollieren und delegieren. Der wichtigste Termin an jedem Tag ist der Termin mit sich selbst. Die produktivsten Manager arbeiten zielorientiert. Sie machen weiter, bis die eine Sache fertig ist.

Viele Manager werden jetzt sagen, dass sie jeden Arbeitstag viele verschiedene Aufgaben zu bewältigen haben. Vor allem jüngere Fach- und Führungskräfte haben nicht die Rolle eines Managers und können keine Aufgaben abgeben. Sie machen nur die Aufgaben, die ihnen zugewiesen werden. Wer aber das Prinzip der einen Sache begriffen hat, wendet es auch auf seine Aufgaben an. Das Prinzip gilt also unabhängig davon, ob eine man eine Managementaufgabe hat oder nicht. Denn fast jede Aufgabe kann man in mehrere kleinere Aufgabenpakete unterteilen. Und immer sollte man sich auf die eine Sache fokussieren, die den größten Beitrag zur Erfüllung der jeweiligen Aufgabe leistet.

Zeitblöcke für Zeitplanung

Drittens sollten Sie jede Woche einen Zeitblock für Ihre Zeitplanung selbst einzuplanen. Vereinbaren Sie einen festen Termin mit sich selbst, um Ihre Ziele auf Wochen-, Monats- und Jahresbasis zu überprüfen und Ihren Fortschritt zu bewerten. Bestimmen Sie die Aktivitäten, die Ihnen helfen, Ihre wichtigste Aufgabe zu erledigen, die alles andere einfacher oder unwichtig macht. In dieser Zeit prüfen Sie, ob Sie auf dem richtigen Kurs oder vom Ziel abgewichen sind. Schauen Sie sich Ihre Ziele an und fragen Sie sich, ob Sie auf dem richtigen Weg sind. Nehmen Sie sich jede Woche eine Stunde Zeit, um Ihre Ziele schriftlich zu evaluieren und Ihre Planung für die nächste Woche zu erstellen. Eine gute Wochenplanung ist die Grundlage für Ihren Erfolg im Beruf und im Privatleben. Eine Wochenplanung ermöglicht es Ihnen auch, die Balance in Ihrem Leben zu beurteilen (▶ Dar. 4).

Die Wochenplanung anhand einer Mindmap dient gleichzeitig als Kontrollinstrument. Durch die Visualisierung ist leicht erkennbar, ob die Aktivitäten schwerpunktmäßig bei beruflichen Dingen liegen oder im privaten Bereich. Es zeigt sich außerdem, ob Zeit für Erholung und gesundheitliche Aktivitäten eingeplant wurde. Wer außergewöhnlich erfolgreich sein will, muss sich mit seiner ganzen Zeit und Energie auf die Dinge konzentrieren, die zum Erfolg führen. Ein Leben, das im Gleichgewicht sein muss, um erfolgreich zu sein, ist ein Irrglaube.

Wer seine Lebensaufgabe und seinen Lebenssinn kennt, wird die Dinge verfolgen, die im Einklang mit seiner Lebensaufgabe und seinen Lebenssinn stehen. Besonders große Ziele und außerordentliche Ergebnisse erfordern fokussierte Aufmerksamkeit und Zeit. Zeit für eine bestimmte Sache zu haben, bedeutet keine Zeit für eine andere Sache zu haben. Und das macht Ausgewogenheit zu einem Ding der Unmöglichkeit. Wer erfolgreich sein will, wird immer wieder Phasen in seinem Leben haben, die eine Balance zu anderen Lebensbereichen unmöglich machen. Wer außergewöhnlich erfolgreich sein will, wird noch mehr Phasen in seinem Leben haben, die eine Balance zu anderen Lebensbereichen unmöglich machen.

Wer jedoch glücklich in seinem Leben sein will, der braucht Balance in den einzelnen Lebensbereichen. Deshalb sollten Sie sich nicht dauerhaft ausschließlich auf Ihr Berufsleben konzentrieren. Nutzen Sie Ihr Privatleben für einen Ausgleich. Sie führen ein glückliches Leben, wenn Ihr Leben im Einklang mit Ihrer Lebensaufgabe und Ihrem Lebenssinn steht. Wer jedoch sein Privatleben dauerhaft vernachlässigt, darf sich nicht wundern, wenn ihm der nötige Ausgleich und die Energie für das Erreichen seiner Lebensaufgaben fehlen. Mit zunehmendem Lebensalter ist die Wahrscheinlichkeit groß, dass eine innere Leere auftritt. Sie sind beruflich besonders erfolgreich, aber nicht glücklich, weil Sie es versäumt haben, zu anderen Menschen in Ihrem Privatleben positive Beziehungen aufzubauen. Gescheiterte Ehen oder Lebenspartnerschaften, Kinder, die sich von Ihnen abwenden und keine Freunde im privaten Umfeld sind das Resultat einer ausschließlichen Fokussierung des Lebens eines Managers oder Professionals auf seinen Beruf.

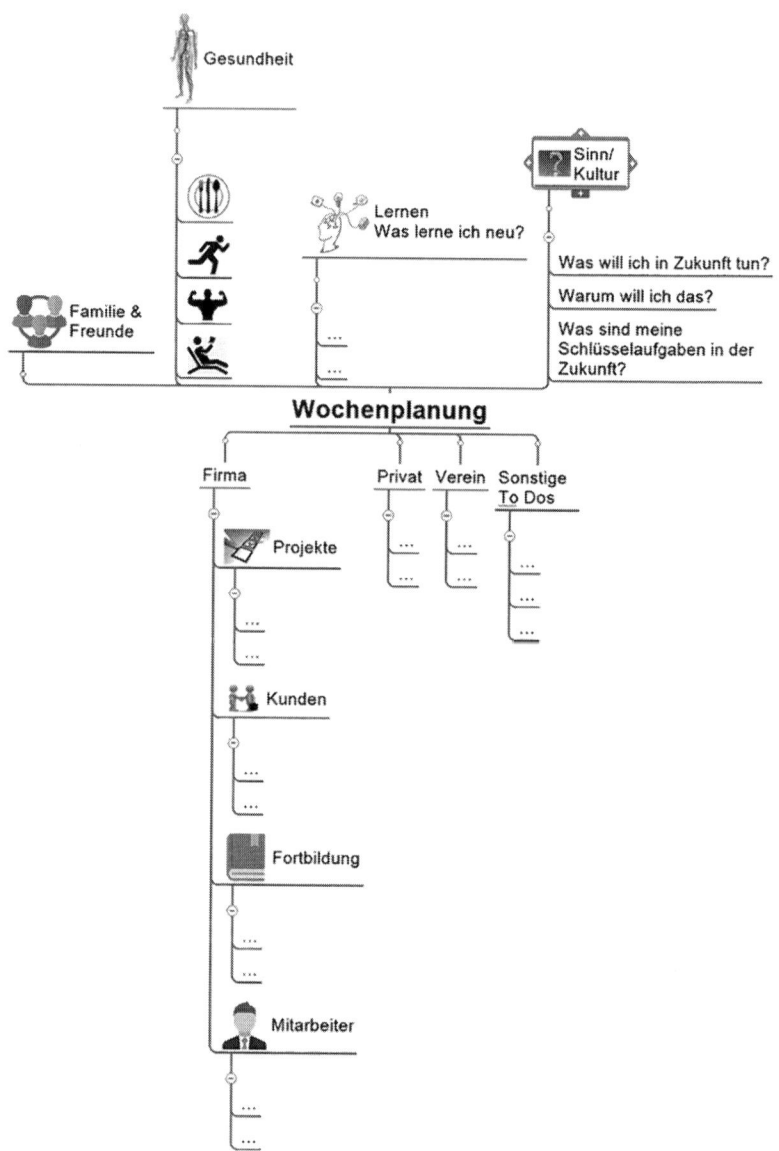

Dar. 4: Beispiel für eine Wochenplanung in Form einer Mindmap

Die zuvor dargestellte Wochenplanung beinhaltet bereits die von Seiwert und Peseschkian identifizierten vier Lebensbereiche, die als zentral für ein ausgewogenes Leben betrachtet werden. Die beiden haben das folgende Lebensbalance-Modell entwickelt (▶ Dar. 5).

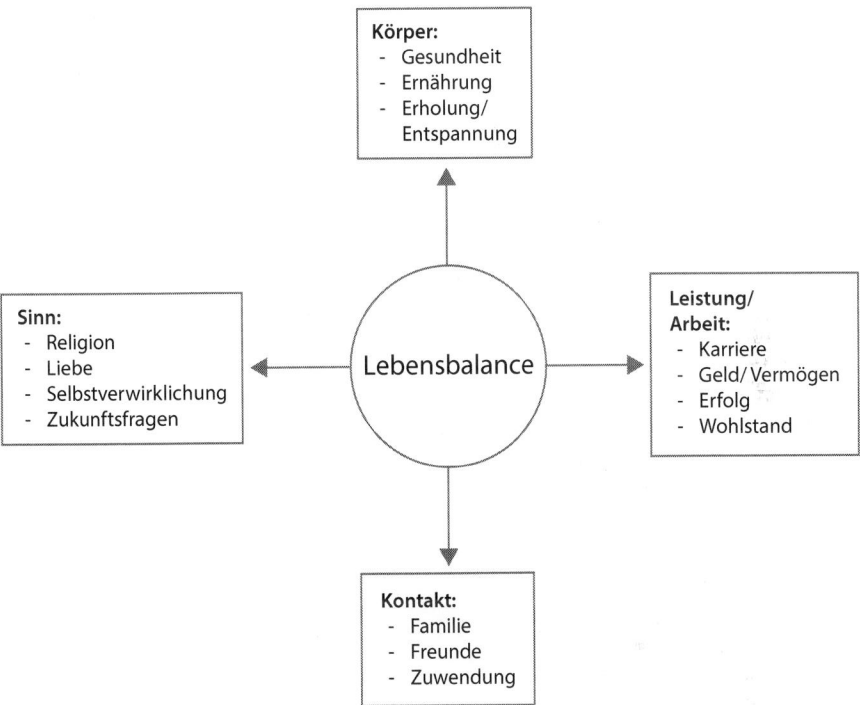

Dar. 5: Lebensbalance-Modell

Dabei gibt es keine allgemeinverbindliche Vorgabe, wieviel Zeit Sie in einem der vier Lebensbereiche verbringen sollten. Genauso individuell wie ein Mensch Stress empfindet, empfindet er die Zeit-Balance in den verschiedenen Lebensbereichen. Jeder muss hier selbst sein individuelles Zeit-Balance-Gefühl ermitteln. Analysieren Sie für sich die in der Darstellung abgebildeten vier Lebensbereiche. Hieraus lassen sich folgende Bereiche für eine Life-Balanced-Scorecard ableiten, die wie zuvor gezeigt gut in eine Wochenplanung überführt werden können. Die Life-Balanced-Scorecard verbindet beide Gedanken und hilft Tag für Tag, umsetzungsorientiert Balance in das eigene Leben zu bringen und die wesentlichen und wichtigen Ziele nicht aus dem Auge zu verlieren (▶ Dar. 6).

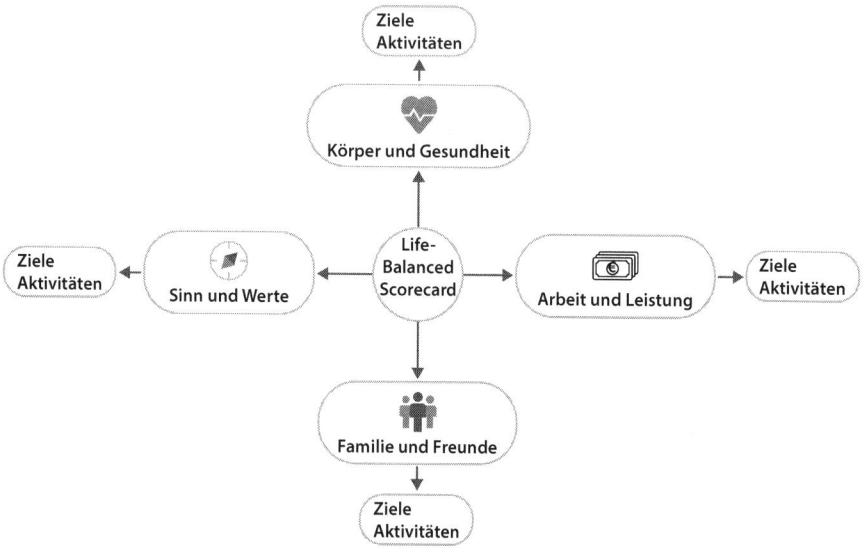

Dar. 6: Life-Balanced-Scorecard

Es gibt keinen allgemeinen Weg, wie viel Zeit man für die vier Lebensbereiche aufwenden soll. Jeder muss das für sich selbst herausfinden. Wichtig ist, dass man sich bewusst damit beschäftigt und eine Planung erstellt, die für Wochen, Monate und Jahre vorsieht, dass man in allen vier Bereichen aktiv ist. Das ist die Grundlage für ein ausgeglichenes Leben als erfolgreicher und glücklicher Mensch. Die Life-Balanced-Scorecard hilft Ihnen nicht nur, Ihr Leben ins Gleichgewicht zu bringen, sondern auch sicherzustellen, dass Sie Ihre Ziele in den einzelnen Bereichen nur erreichen können, wenn Sie konkrete Maßnahmen ergreifen, die Sie auch umsetzen.

Die vier Aspekte des Zeit-Balance-Modells zeigen, dass ein ausgewogenes Leben mehr als nur Leistung und Arbeit bedeutet. Die Bereiche Körper und Gesundheit, Familie und Freunde sowie Sinn und Werte sind ebenso wichtig für ein glückliches Leben. Vor allem die Frage nach dem Warum und die Zukunftsperspektiven kommen bei vielen Menschen zu kurz.

Voraussetzung für eine erfolgreiche Anwendung ist jedoch Zielklarheit. Sowohl im Berufsleben als auch im Privatleben wird derjenige erfolgreicher sein, der genau weiß, was er will. Allein die Erstellung einer Life-Balanced-Scorecard setzt die intensive Auseinandersetzung zwischen beruflichen und privaten Zielen voraus. Die Life-Balanced-Scorecard kann außerdem sehr gut zur Wochenplanung genutzt werden, wie zuvor gezeigt.

Literatur

Achor, S.: The Happiness Advantage: The Seven Principles that Fuel Success and Performance at Work, 2010.
Covey, S.: Die 7 Wege zur Effektivität: Prinzipien für persönlichen und beruflichen Erfolg, 51. Aufl., Offenbach am Main 2018.
Creutzmann, A.: Soft Skills for the Professional Services Industry: Principles, Tasks, and Tools for Success, Weinheim 2022.
Creutzmann, A.: Wertvolle Soft Skills für Wirtschaftsprüfer und Steuerberater: Grundsätze, Aufgaben und Werkzeuge erfolgreicher Professionals, Düsseldorf 2019.
Creutzmann, A.: The ONE Thing: Die überraschend einfache Wahrheit über außergewöhnlichen Erfolg, in: Create your Life, Heidenheim 2017.
Creutzmann, A.: Selbstmanagement: Mit klaren Zielen ins neue Jahr, in: BewertungsPraktiker, Oktober-Dezember 2008, S. 41-42.
Creutzmann, A.: Bewertungsprojekte effektiv und effizient managen, in: BewertungsPraktiker, Januar-März 2008, S. 24-27.
Creutzmann, A.: Die Work-Life-Balanced Scorecard, in: BewertungsPraktiker, Juli-September 2007, S. 19-23.
Drucker, P. F.: Die Kunst des Managements, Düsseldorf 2000.
Enkelmann, N. B.: Mentaltraining – Der Weg zur Freiheit, Offenbach am Main 2001.
Kahn, O.: Ich. Erfolg kommt von innen, München 2008.
Malik, F.: Führen, Leisten, Leben, Neuausgabe, Frankfurt am Main 2019.
Seiwert, L.: Wenn du es eilig hast, gehe langsam: Wenn du es noch eiliger hast, mache einen Umweg, Weinheim 2018 (Kindle-Version).
Seiwert, L.: Das 1x1 des Zeitmanagement: Zeiteinteilung, Selbstbestimmung, Lebensbalance, Weinheim 2014.
Sprenger, R. K.: Das Prinzip Selbstverantwortung, 13. Aufl., Weinheim 2015.
Sprenger, R. K.: Die Entscheidung liegt bei Dir! Wege aus der alltäglichen Unzufriedenheit, 15. Aufl., Weinheim 2016.
Tracy, B.: Die ewigen Gesetze des Erfolgs: 100 goldene Regeln, Landsberg am Lech 2000.
Tracy, B.: Ziele setzen, verfolgen, erreichen, 2. Aufl., Weinheim 2018.

IV Fehler und Schlüsselkompetenzen

Georg Nagler

»Ein Fehltritt stürzt vom Gipfel dich herab« (J. W. v. Goethe)

Karrieregefährdende Fehler

Die Literatur zu den Erfolgsprinzipien des Lebens und des Managements ist kaum zählbar und das kontinuierliche Anwachsen der Ratgeber zum erfolgreichen Leben ist kaum erfassbar. Dabei zeigt allein das geflügelte Wort des deutschen Dichterfürsten, dass Lebenserfolg durch negative Entwicklungen, durch Fehler und Krisen in Mitleidenschaft gezogen werden kann und – noch schlimmer: Ein relevanter Fehler kann ganze Karriereverläufe dauerhaft negativ beeinflussen oder sogar vernichten.

Ein Klassiker in diesem Zusammenhang ist das wissenschaftlich unredliche (unehrliche) Verhalten, insbesondere bei der Erstellung von Abschlussarbeiten oder Dissertationen. Als Konsequenz sehen die jeweiligen Landeshochschulgesetze einhellig die Nichtverleihung bzw. Aberkennung des entsprechenden akademischen Grades vor. Für angehende Akademiker, die eine öffentlich beachtete Karriere anstreben, ist ein solches Verdikt existenzgefährdend – auch prominentes politisches Spitzenpersonal stürzte deswegen. Dennoch gilt es dabei zu bedenken: Der Mensch wird immer Fehler begehen – diese Wahrheit ist so alt wie die Geschichte des Homo sapiens selbst. Nicht zuletzt deswegen beschäftigen sich die Weltreligionen mit diesem Phänomen unter dem Oberbegriff der Sünde.

Fehlerkategorien

Ein Fehler ist allgemein eine Abweichung von einer vorgegebenen Norm oder einer bekannten Erwartung. Es kann sich um eine fehlerhafte Handlung oder Entscheidung handeln, die negative Konsequenzen nach sich zieht – dies kann objektiv festgestellt werden und ist subjektiv von dem Fehlenden zu verantworten. Die typischen Fehler, die im Lauf eines akademischen, beruflichen und privaten Lebens auftreten, lassen sich folgendermaßen kategorisieren:

- Unredliches Verhalten: Eine absichtliche Falschaussage oder Fehlhandlung, die darauf abzielt, jemanden zu täuschen, z. B. Lüge oder Plagiat (vgl. Nagler, 2022, S. 103).
- Kognitive Fehler: Verschiedene Fehleinschätzungen oder Denkfehler, die durch begrenzte Information oder kognitive Verzerrungen entstehen, z. B. das Ankern in Verhandlungssituationen (vgl. Kahneman, 2014, S. 137ff.).

- Technische Fehler: Durch Fehlverhalten missachtete Vorgaben in technischen Systemen können Schäden verursachen, z. B. die Missachtung der Brandschutzvorgaben.
- Straftaten und Ordnungswidrigkeiten: Gesetzlich vorgegebene Gebote oder Verbote werden (vorsätzlich oder fahrlässig) verletzt, z. B. Körperverletzung, Betrug, Korruption.

Für die Auswirkung von Fehlern auf die Lebensgestaltung spielt zunächst die Schwere des begangenen Fehlers eine gewichtige Rolle. Häufig bleiben Fehler »unter dem Radarschirm« und haben kaum oder nur geringe negative Konsequenzen. Einige Fehler werden verziehen und dem Fehlenden nachgesehen, man spricht vom sog. »Kavaliersdelikt«, so zählen manche das Schwarzfahren im öffentlichen Personennahverkehr (§ 265b StGB) dazu. Hierzu ist neuerdings eine Eigentümlichkeit zu beobachten, denn durch politisch motivierte Neubewertung kann sogar aus einem bisher strafrechtlich relevanten Vergehen eine bloße Ordnungswidrigkeit werden, die gesellschaftlich als kaum relevant eingestuft wird (siehe dazu auch die Legalisierung des Cannabiskonsums). Allerdings muss man hier vorsichtig sein: So genießt Steuerhinterziehung leider den Ruf eines Kavaliersdeliktes – im Wirtschaftsleben kann aber daraus schnell eine massive Bestrafung durch die Strafgerichte werden, die klar existenzvernichtend ist. Auch im Bereich von sexueller Belästigung und Missbrauch (sog. #MeToo-Delikte) hat sich ein überfälliger Wertewandel vollzogen. Damit sind wir bei einem ersten wichtigen Grundsatz, wenn es um die Schlüsselkompetenz der Fehlervermeidung geht: Wer weiß, dass er vorsätzlich einen Fehler begeht oder nur fahrlässig darauf hofft, dass es gutgeht, der sollte stets überlegen, welchen Risiken er sich damit aussetzt.

Fehlerursachen

Die Fähigkeit zur Vermeidung von Fehlern ist – wie wir Schritt für Schritt erarbeiten – eine komplexe Schlüsselkompetenz. Es ist dabei einleuchtend, wenn wir uns fragen, welche Gründe es dafür gibt und warum Fehler typischerweise begangen werden:

- Unwissenheit und mangelnde Information führen am häufigsten zu Fehlern.
- Kognitive Verzerrungen beeinflussen die Wahrnehmung von Sachverhalten und die Entscheidungsfindung so, dass sie fehlerhaft ausfallen. Mittlerweile sind mehr als 180 Sachverhaltskonstellationen bekannt, in denen das menschliche Verhalten heuristisch anfällig für Täuschungen (bias) und Fehlentscheidungen (fallacy) ist (vgl. Nagler, 2022, S. 38ff.).
- Gefühle und Emotionen wirken als Fehlerquelle (Kahneman, 2014, S. 34): Der größte Teil dessen, was wir bewusst denken und tun, geht aus dem unbewussten Denken, Fühlen und Handeln hervor. Emotionen können daher die Entscheidungsfindung enorm beeinflussen, obwohl der Mensch selbst glaubt, rational gehandelt zu haben.

- Fehlende Aufmerksamkeit: Wenn die Aufmerksamkeit geteilt ist (man denke hier an die vermeintliche Fähigkeit zum Multitasking), reduziert sich die Konzentration dramatisch – es besteht dann die signifikant erhöhte Wahrscheinlichkeit, dass relevante Details nicht wahrgenommen werden.
- Komplexität der Aufgaben: Nicht selten in der modernen Arbeitswelt ist mit vielen Variablen und Unsicherheitsfaktoren zu arbeiten, welche die Fehleranfälligkeit der erarbeiteten Lösung erhöhen. Ein nüchtern denkender Akademiker mag sich nicht beliebt machen (»Bedenkenträger«) – er begeht aber keine massiven Fehler, wenn er sich bemüht Komplexitäten so gut wie möglich zu reduzieren.

Die wenigsten Akademiker beschäftigen sich je mit den »allgemeinen Grundlagen der Fehlerkunde«. Die Tatsache, dass jedem Menschen eine Vielzahl von Fehlern unterlaufen kann, sollte uns unbedingt für die Ausbildung einer Fehlervermeidungskompetenz sensibilisieren. Dobelli (2015, S. 5ff.) weist in diesem Zusammenhang auf den sog. Survivorship Bias, den Überlebensirrtum, hin: Da Erfolge eine größere Sichtbarkeit in der Wahrnehmung erzeugen als Misserfolge, überschätzt der Mensch systematisch die Aussicht auf Erfolg. Bedenken wir also bei aller Erfolgsfixierung, dass auf einen erfolgreichen Unternehmer eine Vielzahl von gescheiterten Unternehmen kommen. Dobelli empfiehlt zu Fehlerwahrnehmung den Besuch des »Friedhofes der gescheiterten Projekte, Investments und Karrieren«. Es sei zwar ein trauriger Spaziergang – aber ein gesunder auf dem Weg, um Fehler und ihre Konsequenzen zu reduzieren.

Die (fehlende) Fehlervermeidungskompetenz

Warum ist also die Beschäftigung mit möglichen Fehlerquellen bei der Planung und Gestaltung des eigenen Karriere- und Lebenswegs so selten? Eines steht jedenfalls fest: Wenn ein fehlerhafter Prozess beginnt, die Sensationslust und die Neugierde von Vorgesetzten, Umfeld oder sogar den Ermittlungsbehörden zu erregen, ist es wohl zu spät (dann ist die nächste Schlüsselkompetenz gefragt, der Umgang mit Krisen). Damit sind folgende zentrale Fragen verbunden, die wir im Folgenden beantworten:

- Warum begehen wir Fehler und was sind die wesentlichen Verdrängungsmechanismen?
- Welche Fehler sind in der beruflichen und persönlichen Praxis relevant?
- Welche Fehlervermeidungsmechanismen sollten wir – neben dem Erfahrungssatz »aus Fehlern wird man klug« – erlernen?

Es gibt es mehrere Ansätze, die erklären, warum Menschen einen Fehler begehen und sich damit gegen das durch Gesetze, gesellschaftliche oder religiöse Normen vorgegebene Verhalten entscheiden:
Die erste Erklärung bildet der fundamentale Zielkonflikt zwischen eigenen Interessen und den normativ vorgegebenen Fremdinteressen der Rechts-, Gesellschafts-

oder Glaubensordnung. Dabei wird die Entscheidung zugunsten eigener Interessen, durch die bereits im Unterbewusstsein verankerten Bewertungsheuristiken beeinflusst. Der Grund für die unbewusst vorgeprägte Entscheidung ist nachvollziehbar, denn das evolutionär entwickelte, unbewusste Denken ist darauf programmiert, zuerst die eigenen Überlebens- und Vorteilschancen zu verwirklichen (Kahneman, 2014, S. 133f.).

Die Verhaltenspsychologie erklärt eine weitere Möglichkeit der Fehlerunterdrückung, die als Feature-positive effect bezeichnet wird: So wird die positive Bestätigung von Hypothesen mit Publikationen und Preisen gefeiert – die Falsifikation einer Hypothese aber kaum weiter behandelt. (Dobelli, 2015, S. 135). Da Fehler aus verschiedenen Gründen eher verschwiegen werden, sind sie damit »Nichtereignisse« ohne größere Aufmerksamkeit und bestätigen diejenigen, die Fehler begangen haben, in der Regel – ungewollt: Was totgeschwiegen oder vertuscht werden kann, das entschwindet der allgemeinen Aufmerksamkeit.

Die dritte Erklärung ergibt sich aus einer seltsamen Verhaltensweise: Nicht selten bewirkt die Angst vor Reue (Fear of regret), dass wir uns kaum entscheiden können, dass wir eine gewählte wohlerwogene Handlungsalternative kurzfristig verlassen und gerade deswegen das Falsche tun (vgl. Dobelli, 2015, S. 133). Die Möglichkeit einer falschen Entscheidung, also eines drohenden Verlustes, wird im menschlichen Unterbewusstsein enorm negativ gewichtet. Die unbewusste aktive Verlustaversion als nachweisliches Phänomen führt zu erheblichem Unbehagen – also dem massiven Unwillen sich auf etwas Derartiges einzulassen (vgl. Kahneman, 2014, S. 350 ff.). Damit liegen Verdrängungseffekte nahe, die der bzw. die Fehlende praktizieren.

Insbesondere im Berufsleben haben Fehler eine weitere äußerst unangenehme Dimension: Man muss, wenn man für diese verantwortlich ist, auch haften: Jeder haftet grundsätzlich für sein vorsätzliches und fahrlässiges Verhalten (§ 276 BGB) und zwar in voller Höhe (§ 249 BGB). Fehler können also massive wirtschaftliche Konsequenzen haben. Muss es dann verwundern, dass Generationen von Rechtsanwälten ihr Leben damit verdienen, dem Schuldigen beizustehen und seine Fehler zu relativieren oder sogar ganz aus der Welt zu schaffen? Die Versicherungsbranche hat dies als lohnende Einkommensquelle erkannt und bietet gerne dafür die Berufshaftpflichtversicherung – speziell auch für leitende Angestellte in Form der sog. D&O-Versicherung an. Vor diesem Hintergrund ist es Heuchelei, eine Fehlerkultur im Unternehmen zu postulieren und dazu zu animieren, begangene Fehler einzugestehen. Gerade auf der Führungsebene verhalten sich die Unternehmen nämlich absolut fehleravers: Ein Vorstandsmitglied in einer Kapitalgesellschaft, von dem man sich trennen will, muss immer damit rechnen, dass seitens des Unternehmens alles getan wird, um seine Abfindung zu reduzieren und in seinem Arbeitsleben »herumzuschnüffeln«. Ein klassisches Beispiel ist die Suche nach Abrechnungsfehlern bei Reisekosten.

Ein weiteres Phänomen, das jeder kennt, der im Begriff ist, einen Fehler zu begehen, ist die sog. Risikoheuristik. Jeder hat sich bereits die Frage gestellt, mit welcher geschätzten Wahrscheinlichkeit er dabei erwischt wird, bewusst einen Fehler zu begehen – und setzt darauf, nicht erwischt zu werden (getreu dem sog. 11. Gebot: Du sollst dich nicht erwischen lassen).

Hierzu liefert die neue Erwartungstheorie die Erklärungsmuster, die begründen, warum und mit welcher Wahrscheinlichkeit wir Risiken als Verluste in Kauf nehmen und dennoch mit der Hoffnung auf den erwarteten Eigennutz einen augenscheinlichen Fehler akzeptieren (vgl. Kahneman, 2014, S. 389 ff.). Die Lösung hängt dabei mit einer entscheidenden Schwäche unseres Unbewusstseins zusammen: Es kann keine Wahrscheinlichkeiten und statistischen Werte korrekt berechnen oder gewichten – und dem folgt in der Regel das (bei den meisten Menschen nicht statistisch geschulte) Bewusstsein blind! Dies folgt zu einer bemerkenswerten Entscheidungsmatrix, aus der man die »Fehlerbegehungsneigung« entnehmen kann; als realitätsnahes Beispiel ist dabei für Sie als Akademiker in den Klammern ein zentraler Fehler im Studium angegeben: die Bereitschaft zum Spicken (▶ Dar. 7).

Dar. 7: Entscheidungsmatrix am Beispiel der Bereitschaft zum Spicken

Hohe Wahrscheinlichkeit, ohne Fehler ein positives Resultat (Ziel) zu erreichen	Hohe Wahrscheinlichkeit, ohne Fehler ein negatives Resultat zu erzielen
Man begeht keinen Fehler (Sicherheitseffekt) – **man spickt nicht**	Bereitschaft zur Fehlerbegehung vorhanden – **man spickt**
Geringe Wahrscheinlichkeit, ohne Fehler das Ziel zu erreichen	Geringe Wahrscheinlichkeit, ohne Fehler ein negatives Resultat zu erzielen
Bereitschaft, einen Fehler zu begehen (Möglichkeitseffekt) – **man spickt**	Bereitschaft, den Fehler zu vermeiden – **man spickt nicht**

Für die Fehlervermeidungskompetenz als Schlüsselkompetenz bedeuten die vorstehenden Erkenntnisse: Fehler zu begehen, ist eine dem Menschen geradezu immanente Funktion. Dabei wird er allerdings nicht selten von einem Unbewusstsein getriggert, das nicht »vernünftig« Wahrscheinlichkeiten gewichten kann. Die Wahrscheinlichkeit eines Ereignisses und das ihm vom Menschen zugemessene sog. Entscheidungsgewicht klaffen also auseinander. Es ist daher elementar, sich mit der sog. Risikoheuristik zu beschäftigen, um zumindest bei gefühlt wichtigen Entscheidungen so vorzugehen, wie es die Vernunft rechtfertigt: also nüchtern nachdenken und nicht »aus dem Bauch« entscheiden.

Praxisrelevante (Denk-)Fehler

Neben der Frage, warum wir als Menschen eigentlich Fehler begehen, wurden durch die Wissenschaft eine Reihe von gerade für die berufliche Praxis typischen Fehlern herausgearbeitet. Der Beginn der Fehlervermeidungstherapie ist aber auch hier eine schonungslose Diagnose, der wir uns unterziehen müssen.

Die Prokrastination, das Übel des Aufschiebens, ist ein komplexes und weit verbreitetes Fehlverhalten. Es ist wichtig, die psychischen und organisatorischen Ursachen wahrzunehmen und das Fehlverhalten aktiv anzugehen. Dies dürfte bei der Schlüsselkompetenz der Fehlervermeidung eine große und auch unangenehme Aufgabe sein, denn der »innere Schweinehund« ist ein Tier, auf das erfahrungsgemäß große Rücksicht genommen wird. Wer sich trotz Prokrastination dennoch für ein Genie hält, muss sich nicht wundern, wenn andere durch akkurate, solide fristgerechte Arbeit vorbeiziehen. Ein wenig Methodenkompetenz (vom Tagesplan über gute Merkzettel bis hin zur ausgefeilten Projektkladde) – warum eigentlich nicht?

Wie bereits dargestellt sind auch und gerade Akademiker nicht davor gefeit, die Umwelt unzureichend wahrzunehmen, daraus fehlerhafte Schlussfolgerungen zu ziehen und falsche Entscheidung zu treffen – mit fatalen Konsequenzen, auf die nun einzugehen ist:

- Verfügbarkeitsfehler: Der Mensch neigt dazu, seine konkrete Sicht auf die Welt von subjektiven Beispielen deutlich beeinflussen zu lassen, die er zu bestimmten Themen und ihrer subjektiven Intensität schnell erinnert, etwa weil sie aktueller, auffälliger oder emotional intensiver sind. Dies hält er dann subjektiv tatsächlich als wahrscheinlicher oder repräsentativer – das gilt insbesondere auch für aktuelle Informationen in den Medien (vgl. Kahneman, 2014, S. 174 ff.). Die Umgehung der Verfügbarkeitsheuristik als Element der Fehlervermeidungskompetenz ist an sich einfach: Man sollte sich der Begrenztheit der eigenen Informationen immer bewusst sein – und ständig nach mehr und detaillierteren, quantitativ fundierten Informationen suchen, selbst wenn man sich »völlig sicher« ist. Die Nutzung von umfassenden Datenanalysen und die Bereitschaft, bei einer wichtigen Entscheidung vielfältigere Perspektiven einzubeziehen ist ein relevantes Element der Fehlervermeidungskompetenz.
- Bestätigungsfehler: Zu der sog. Verfügbarkeitsheuristik als wichtige Fehlerquelle gesellt sich eine weitere weitere fatale Fehlerneigung des Menschen, der sog. Bestätigungsfehler oder Confirmation bias: Menschen neigen dazu, solche Informationen zu suchen und diese so interpretieren, dass sie mit den bestehenden subjektiven Informationen, Überzeugungen und Theorien kompatibel sind (vgl. Dobelli, 2015, S. 29 ff.). Und noch schlimmer: Es werden gleichzeitig Informationen ignoriert, ausgefiltert oder abgewertet, die diesen vorhandenen Überzeugungen widersprechen. Die Folgen sind bedenklich: Personen können ein verzerrtes Bild der Realität entwickeln, das ihre vorgefassten Meinungen stützt, aber wenig mit der Realität zu tun hat. Es ist daher offensichtlich, dass die Vermeidung des Confirmation bias zu den zentralen Elementen der Fehlervermeidung zählt. Hierzu ist es wichtig, eine offene und kritische Denkweise zu fördern und regelmäßig die vorhandene Strategie zu hinterfragen. Dazu gehört es, etwa ein Feedback von verschiedenen Quellen einzuholen und regelmäßige Überprüfungen und Analysen von Entscheidungen und Strategien durchzuführen. In der Wirtschaft können strukturelle Maßnahmen wie das Einführen des Advocatus diaboli, des notorischen Zweiflers, nützlich sein, um die eigenen Überzeugungen zu relativieren.
- »Selbstüberschätzungsfehler« (Dunning-Kruger-Effekt): Menschen mit geringerem Wissen oder Können in einem Bereich überschätzen oft ihre Fähigkeiten,

während kompetente Personen ihre Fähigkeiten unterschätzen. Dies führt zu einem erstaunlichen Selbstvertrauen bei inkompetenten Personen, während Experten dagegen zu Selbstzweifeln neigen (Kahneman, 2014, S. 263 ff.). Die damit ausgelösten Fehler liegen auf der Hand.

Mit dem vorbezeichneten Phänomen hängt der sog. Self-serving bias, die selbstwertdienliche Verzerrung, zusammen. Der Mensch neigt dazu, Erfolge auf eigene Fähigkeiten und Anstrengungen zurückzuführen, während Misserfolge externen Faktoren oder Pech zugeschrieben werden. Letztlich führt der Self-serving Bias dazu, dass man – weil man sich selbst überschätzt – auch weniger bereit ist, aus Fehlern zu lernen und daher »weiter so« handeln könnte. Spätestens dann wird klar, welche Fehlerquellen sich daraus ergeben.

- »Optimismusfehler«: Ein weiterer Denkfehler in diesem Zusammenhang ist der Optimism bias. Er beschreibt die messbare Tendenz, die Wahrscheinlichkeit positiver Ereignisse zu überschätzen und die Wahrscheinlichkeit negativer Ereignisse zu unterschätzen. Wenn eine Größe geschätzt wird, dann stützen wir uns auf Informationen, die uns – durch das Unbewusstsein – spontan einfallen und konstruieren eine kohärente Geschichte dazu, in der dieser Schätzwert sinnvoll erscheint. Informationen zu berücksichtigen, die einem nicht einfallen – weil man sie nie wusste – ist nicht möglich. (Wysiati-Regel, vgl. Kahneman, 2014, S. 323 ff.). Dies kann dazu führen, dass Menschen Risiken eingehen, ohne angemessen vorbereitet zu sein, oder dass sie wichtige Vorsichtsmaßnahmen vernachlässigen. Bemühen Sie sich im Rahmen der Fehlervermeidung daher nach Möglichkeit um konstruktives und ehrliches Feedback. Die Bereitschaft sich durch kompetente Dritte Instanzen bewerten zu lassen, ist entscheidend für persönliches und berufliches Wachstum.
- Rechenfehler: Die Unfähigkeit des menschlichen Unterbewusstseins zum statistischen Denken, die Vernachlässigung der Wahrscheinlichkeit (Neglect of probability) führt immer wieder zu irrationalen und suboptimalen Entscheidungen. Verzerrende Emotionen, fehlendes Beurteilungswissen und die Schwierigkeit, mehrere involvierte Faktoren adäquat zu gewichten, führen hier zu Fehleinschätzungen. Zusammenfassend muss daher festgestellt werden, dass eine der wichtigsten – und am meisten unterschätzten Fehlerquellen, die Vernachlässigung einer vernünftigen und professionellen Wahrscheinlichkeitsberechnung ist. Diese massive kognitive Verzerrung kann nur durch Schulung – gerade bei Managern bekämpft werden. Hinzu muss eine permanente Sensibilisierung für statistische Konzepte und Risiken kommen: Berechnen ist besser als schätzen, eine zentrale Erkenntnis für die Fehlervermeidung.

Zusammenfassung

Die dargestellten Fehlerquellen und Fehlerphänomene zeigen deutlich, dass folgende Annahme Gültigkeit hat: Die Ausbildung von Akademikern dient in erster Linie dazu, Fachkräfte mit positivem Leistungsanspruch zu gewinnen. Fehler werden, wenn überhaupt, nur in Bezug auf die gestellten Lern- und Prüfungsinhalte behandelt und ihre Vermeidung punktuell geschult. Das Diplomzeugnis enthält daher die trügerische Verheißung, das wesentliche Rüstzeug für den studierten Beruf und damit die Berufskarriere zu haben, wenn die allgemeinen positiven Schlüsselkompetenzen ebenfalls erlernt wurden und gelebt werden.

In vielen Fällen, in denen Karrieren eines Akademikers durch Vorfälle beschädigt werden oder glatt scheitern, fehlt es allerdings an einer wichtigen Schlüsselkompetenz, der Fehlervermeidungskompetenz, und damit an der ganzheitlichen Beschäftigung mit der Frage, wo und wie Fehler begangen werden können, auf die ein Studium nicht vorbereitet. Sicherlich gilt für uns alle der Grundsatz »aus Fehlern wird man klug« – ein Prinzip, das ja auch die Evolution lehrt. Dann kann es aber – siehe die Friedhöfe – schon zu spät sein.

Literatur

Dobelli, R.: Die Kunst des klaren Denkens. 52 Denkfehler, die Sie besser anderen überlassen, 13. Aufl., München 2015.
Kahneman, D.: Schnelles Denken, langsames Denken, 4. Aufl., München 2014.
Nagler, G.: Verhandlungswissenschaft. Grundlagen – Strategie – Taktik, Stuttgart 2022.

V Digitalisierung und Schlüsselkompetenzen

Gerald Lembke

Einleitung

Die digitale Transformation revolutioniert die Arbeitswelt und stellt neue Anforderungen an Fach- und Führungskräfte. Digitale Kompetenzen sind keine bloße Ergänzung, sondern eine Grundvoraussetzung für effektives und zukunftsorientiertes Leadership. Hochschulen kommt dabei die entscheidende Aufgabe zu, angehende Führungskräfte nicht nur mit technischem Wissen auszustatten, sondern auch die sozialen Fähigkeiten für die digitale Ära zu vermitteln.

Diese Kernkompetenzen ermöglichen es Führungskräften, Innovationen voranzutreiben, Produktivität zu steigern und eine Kultur der Zusammenarbeit und des lebenslangen Lernens zu etablieren. Dabei ist ein ausgewogener Ansatz gefragt, der technische Fertigkeiten mit ethischen Überlegungen und zwischenmenschlichen Qualitäten verbindet.

Der Beitrag beleuchtet vor diesem Hintergrund die Bedeutung digitaler Kompetenzen für künftige Fach- und Führungskräfte und zeigt Wege auf, wie Hochschulen diese ganzheitlich fördern können. Dabei sind die zentralen Thesen folgende:

- Digitale Kompetenzen umfassen technisches Wissen, kritisches Denken, Kreativität, Kommunikation und ethisches Bewusstsein.
- Eine einseitige Fokussierung auf Technologie vernachlässigt die Persönlichkeitsentwicklung und sozialen Fähigkeiten.
- Kooperative Lernformen stärken Lernerautonomie, Zusammenarbeit und kritische Reflexion digitaler Medien.
- Hochschulen müssen digitale Bildung, Medienkompetenzen und Lebenskompetenzen integrieren.

Nur durch die Vermittlung umfassender digitaler Kompetenzen können Führungskräfte die Chancen der Digitalisierung nutzen und deren Herausforderungen konstruktiv begegnen. Wir starten mit einem fiktiven Zukunftsszenario, das die Bedeutung digitaler Kompetenzen in einer Hochschule der Zukunft verdeutlicht.

Die Hochschule der Zukunft – Ein Blick ins Jahr 2040

Blicken wir in die berühmte Glaskugel. Die fiktive Hochschule Futuria bildete ihre Studierenden nicht nur mit fundierten Fachkenntnissen aus, sondern stattete sie auch mit den sog. Future Skills für die digitale Arbeitswelt aus: Technologiekompetenz, Kreativität, unternehmerisches Denken und die Fähigkeit zur interdisziplinären Zusammenarbeit über Fachgrenzen hinweg. Der Alltag eines Studierenden im Jahr 2040 könnte sich dann so oder so ähnlich gestalten. Die Studierende Maria betritt die virtuell-immersive Campusumgebung der Hochschule Futuria. Als sie die hochmoderne VR-Brille aufsetzt, findet sie sich inmitten einer lebendigen digitalen Nachbildung des Hauptgebäudes wieder.

Studenten aus aller Welt sind als fotorealistische Avatare präsent, manche sitzen in Hörsälen und verfolgten Vorlesungen, andere arbeiten in virtuellen Laboren oder Projekträumen zusammen. Maria winkt einer Kommilitonin aus Indien zu, die gerade eine 3D-Simulation bestaunt. Ihr erster Veranstaltungstermin ist ein Seminar zur Ethik künstlicher Intelligenz. Der Dozent – ein weltbekannter Experte aus den USA – erscheint als lebensgroßer Avatar und begrüßte die internationale Runde. Mithilfe von AR-Oberflächen und virtuellen Whiteboards erläutert er die neuesten Entwicklungen und Herausforderungen der KI-Regulierung. Die Studierenden diskutierten angeregt ethische Dilemmata und entwickeln im Team gemeinsam Vorschläge für einen verantwortungsvollen Einsatz von KI in verschiedenen Branchen. Dank der immersiven Umgebung und modernster Kollaborationstools können sie Ideen austauschen und gemeinsam an digitalen Prototypen arbeiten. Nach der Veranstaltung trifft sich Maria mit ihrem Lerncoach, einer KI-Assistentin, die ihren individuellen Lernprozess unterstützt. Basierend auf Marias Stärken und der Analyse ihres Lernverhaltens schlägt die KI einen personalisierten Lernpfad vor, der ihre digitalen und sozialen Kompetenzen gezielt fördert.

Am Nachmittag nimmt Maria an einem virtuellen Planspiel zur Entwicklung einer neuen Blockchain-Technologie teil. In internationalen Teams simulierten die Studierenden einen ganzheitlichen Innovationsprozess – von der Ideengenerierung über Prototyping bis hin zu Finanzierung und Marketing. Unterstützt von KI-Tools und Expertensystemen lernen sie dabei, agil und interdisziplinär zusammenzuarbeiten. Nach einem Besuch der digitalen Bibliothek mit Millionen von Wissensressourcen trifft sich Maria mit ihrem Mentor, einem erfolgreichen Start-up-Gründer aus dem Silicon Valley. Dank modernster Telepräsenztechnik kann er sie persönlich von der anderen Seite der Welt aus coachen und auf ihre Karriere nach dem Studium vorbereiten. Bevor Maria für heute die VR-Brille absetzt, stöbert sie noch durch die virtuellen Karrieremessen verschiedener Technologieunternehmen. Dank immersiver 360-Grad-Erlebnisse kann sie sich dabei einen authentischen Eindruck von den Arbeitsumgebungen und Unternehmenskulturen verschaffen.

Es ist möglich, dass sich vielen bei diesem Zukunftsszenario die Haare sträuben. Doch es entspricht der Aktualität über den Einsatz von Virtual Realitäty in den nächsten Jahren. Was wie eine Utopie klingt, könnte bereits in einigen Jahren vor dem

Hintergrund der fortgesetzten Internationalisierung und Formierung eines globalen Bildungswesens eine bedeutende Rolle im Hochschulmanagement spielen.

Leben in der Digitalität – die Herausforderungen

Das Konzept der Digitalität ist noch relativ jung. Digitalität wird oft mit Digitalisierung verwechselt und synonym gebraucht. Bei näherer Betrachtung ist der Begriff Digitalität jedoch eine Verschmelzung von Digitalisierung und Realität. Damit soll betont werden, dass wir nicht nur über technologische Fortschritte sprechen, wie es bei der Digitalisierung der Fall ist. Indem wir uns auf die Digitalisierung konzentrieren, wollen wir den sozialen Aspekt der durch die Digitalisierung hervorgerufenen Veränderungen berücksichtigen. Skeptiker könnten diesen Fortschritt als eine Verlagerung hin zu einer Technologie betrachten, die die menschliche Präsenz überschattet. Dies ist jedoch nicht der Fall, da die menschliche Beteiligung integraler und unveränderlicher Bestandteil bleibt.

Die Kunst des Lebens in der Digitalität ist theoretisch ganz einfach. Man nutzt die Möglichkeiten der Partizipation im Internet, der kreativen Nutzung und des Wissenserwerbs – wenn da nicht die Risiken wären, die uns seit Mitte der 1990er Jahre mit dem Aufkommen des Internets in Deutschland davon abhalten. Derartige gesellschaftliche Entwicklungen wie eine große neue Technologie für jeden (Internet, Smartphone, KI) wirken sich in unvorhersehbaren Abständen auf die Bildungs- und Managementprozesse in Hochschulen aus und haben dort einen erheblichen Einfluss auf die Entwicklung des Einzelnen – in den Hörsälen unserer Republik.

Unternehmen und Hochschulen stehen sogleich vor latenten Herausforderungen für die Kompetenzvermittlung ihrer Schützlinge. In dieser originären Aufgabe lassen sich spätestens seit ChatGPT als Symbol der künstlichen Intelligenz im Alltag die digitalen Kompetenzen nicht mehr ausklammern. Eine mentale Verortung ist gefragt, die in diesem Beitrag lautet: Soft Skills sind die neuen Hard Skills.

Das Menschliche wird bei zunehmender Digitalität immer wichtiger. Doch kann man diese erlernen oder haben die jüngsten Generationskohorten der Generation Z diese bereits in ihre Wiege gelegt bekommen, wie so viele aus Wirtschaft und Gesellschaft postulieren? Diesen beiden Fragen wird in diesem Beitrag ebenfalls nachgegangen. Es geht aber auch um nachhaltige digitale Strategien für das persönliche Wachstum. Und dies geschieht nicht automatisch und schon gar nicht selbstverständlich nur durch Anwesenheit von Technologie. Eine wichtige Voraussetzung ist die Entwicklung und Pflege eines bewussten und zielgerichteten Umgangs mit digitalen Technologien. Auch dies bedarf den aktiven Erwerb digitaler Kompetenzen. Orientierungshilfen sollen helfen, um Chancen und Risiken von technologischer Realität in jeglicher Anwendungsform – beruflich wie privat – besser einordnen zu können. Diese sind notwendig, um m. E. längst überfällige Implikationen für die Führungskräfteausbildungen an Hochschulen und Onboarding-Prozesse von jungen Menschen in Unternehmen vorzustellen.

Definition von digitalen Kompetenzen

Digitalen Kompetenzen wird in der heutigen Bildungs- und Arbeitswelt herausragende Bedeutung zugemessen. Es ist zunächst notwendig, den Begriff digitale Kompetenzen zu definieren, um ihn besser einzuordnen. Digitale Kompetenzen, auch bekannt als digitale Fähigkeiten, umfassen nämlich eine Vielzahl von Fähigkeiten und Kenntnissen, die für eine effektive Navigation in der digitalen Welt unerlässlich sind. Auszugsweise seien hier fünf theoretische Zugänge genannt:

> Laut der Europäischen Kommission (2017) sind digitale Kompetenzen definiert als »die Gesamtheit von Wissen, Fähigkeiten, Einstellungen, Strategien und Bewusstsein, die erforderlich sind, wenn digitale Geräte (wie Smartphones, Tablets, Laptops und Desktop-PCs) und Kommunikationsnetzwerke für den Zugriff auf und die Verwaltung von Informationen verwendet werden«.
>
> Die International Society for Technology in Education/ ISTE (2018) beschreibt digitale Kompetenzen als »die Fähigkeit, digitale Technologien, Kommunikationsinstrumente und Netzwerke zu nutzen, um auf Informationen zuzugreifen, diese zu verwalten, zu integrieren, zu bewerten, zu erstellen und zu kommunizieren, um in einer wissensbasierten Wirtschaft zu funktionieren«.
>
> Das Weltwirtschaftsforum (2020) definiert digitale Kompetenzen als »eine Kombination aus digitaler, kognitiver und emotionaler Intelligenz, die es Einzelpersonen ermöglicht, sich erfolgreich in der digitalen Welt zurechtzufinden, Werte zu schaffen und in der digitalen Wirtschaft erfolgreich zu sein«.
>
> Die Organisation für wirtschaftliche Zusammenarbeit und Entwicklung/ OECD (2018) beschreibt digitale Kompetenzen als »die Fähigkeiten und Kenntnisse, die erforderlich sind, um sich kritisch mit digitalen Technologien auseinanderzusetzen, Probleme zu lösen und fundierte Entscheidungen in verschiedenen Kontexten zu treffen, einschließlich Arbeit, Bildung und Alltag«.

Digitale Kompetenzen sind dabei nicht nur technische Fähigkeiten, sondern beinhalten zugleich soziale und ethische Überlegungen (Lembke, 2019). Er betont, wie wichtig es ist, einen bewussten und zielgerichteten Ansatz zur Nutzung digitaler Technologien für das persönliche Wachstum zu entwickeln. Zusammenfassend kann gesagt werden, dass digitale Kompetenzen vielfältige und dynamische Fähigkeiten umfassen, die für den Erfolg im digitalen Zeitalter unerlässlich sind:

- Technologische Kompetenz: Verständnis und effektive Nutzung digitaler Tools und Plattformen sowie kontinuierliche Weiterbildung und Anpassung an neue Technologien und Arbeitsmethoden.
- Kritisches Denken: Fähigkeit zur Analyse und Bewertung von digitalen Inhalten und digitalen Arbeitsprozessen im Hinblick auf den Erfolg des Unternehmens.
- Kreativität: Kontinuierliche Weiterbildung und Anpassung an neue Technologien und Arbeitsmethoden.

- Kommunikationsfähigkeit: Effektive digitale Kommunikation, die Transparenz und Zusammenarbeit in virtuellen Teams stärkt.
- Digitale Ethik und Datenschutz: Verantwortungsvoller Umgang mit Daten und Beachtung ethischer Grundsätze im digitalen Raum.

Einordnung in den beruflichen Kontext

Die Entwicklung und Verbesserung dieser Kompetenzen ist auf individueller Ebene von entscheidender Bedeutung, um in der sich schnell entwickelnden digitalen Landschaft von heute erfolgreich zu sein. Im beruflichen Kontext, im Besonderen für die Entwicklung von jungen Führungskräften werden digitale Kompetenzen als ein Komplex von Fähigkeiten definiert, die es Fach- und Führungskräften ermöglichen, erfolgreich mit den Herausforderungen und Chancen der digitalen Arbeitswelt umzugehen.

Es geht dabei nicht nur um die Beherrschung digitaler Tools, sondern auch um ein tiefgreifendes Verständnis für die Veränderungen in der Arbeitskultur und -organisation, die durch die Digitalisierung vorangetrieben werden. Digitale Kompetenzen umfassen demnach sowohl technische als auch soziale Kompetenzen, die es Führungskräften ermöglichen, ihre Teams effektiv zu leiten, zu motivieren und für eine kontinuierliche Entwicklung und Anpassungsfähigkeit zu sorgen. Daher kommen Kompetenzen eine wachsende Bedeutung zu, die den Menschen in der Ausübung zur Förderung einer flexiblen, anpassungsfähigen und innovationsorientierten Arbeitskultur unterstützen. In der Managementliteratur werden diese Kompetenzen gern unter dem Begriff Agiles Leadership subsumiert.

Einordnung in den Hochschulkontext

Im Hochschulkontext spielt die Entwicklung digitaler Kompetenzen eine entscheidende Rolle für angehende Führungskräfte. Die Vermittlung dieser Fähigkeiten bereitet Studierende darauf vor, die Herausforderungen der digital transformierten Arbeitswelt zu meistern und führende Rollen in diesem dynamischen Umfeld zu übernehmen. Dabei geht es um mehr als die reine Anwendung von Technologien. Vielmehr müssen künftige Führungskräfte lernen, wie sie digitale Tools strategisch einsetzen, um Innovationen voranzutreiben, die Effizienz zu steigern und eine Kultur der Offenheit und Agilität zu fördern.

Die Risiken digitaler Mediennutzung

Gedanken und Erfahrungen zur Digitalität können für diejenigen, die sich immer noch mit der Integration digitaler Technologien in ihren Alltag auseinandersetzen, eine ziemliche Herausforderung sein. Um diese neue Ära des technologischen Fortschritts zu verstehen und sich in dieser neuen Ära des technologischen Fortschritts zurechtzufinden, ist es jedoch von entscheidender Bedeutung, diese Veränderungen anzunehmen und die eigenen Bedenken über soziale und wirtschaftliche Megatrends wie die Digitalisierung zu artikulieren. Dazu gehören die Risiken der digitalen Mediennutzung für den Einzelnen.

Einblicke in die Risiken

Menschen gehen mit digitalen Ängsten um, indem sie verschiedene Arten digitaler Bedrohungen erkennen und kategorisieren. Aufgrund des wachsenden Spektrums sozialer Ängste, die durch digitale Technologien ausgelöst werden, erleben sie möglicherweise häufiger und intensiver Angst. Zu den identifizierten digitalen Ängsten junger Menschen gehören Bedenken in Bezug auf Auswirkungen und Kontrolle, Kriminalität und Sicherheit, Kommunikation und Aktivität, Technologie und Innovation sowie soziale Ungleichheit. Hier hat sich seit 2015 eine eindeutige Studienlage entwickelt, die ein konstantes Risikofeld nicht für alle Menschen in der gleichen Bedrohungstiefe aufzeigt.

In ihrem Beitrag arbeiten Bedious und Wac (2023) die wechselseitigen Zusammenhänge zwischen Mediennutzung und Gesundheit durch Kognition heraus. Die kritischen Fähigkeiten zur exekutiven Kontrolle, die für einen gesunden und adaptiven Umgang mit Technologie erforderlich sind, sind nicht nur bei den meisten jungen Menschen bis 20 Lebensjahren unterentwickelt und nicht voll ausgereift, sondern zeigen auch eine erhöhte Plastizität (Lernen) und eine erhöhte Empfindlichkeit gegenüber Umwelteinflüssen (Stress).

In drei großen Umfragen unter Jugendlichen in zwei Ländern berichteten die Wissenschaftler Jean et al. (2019) bereits vor der Corona-Pandemie, dass Personen mit geringerer Nutzung digitaler Medien über ein wesentlich höheres psychisches Wohlbefinden als Personen mit intensiverer Nutzung (mehr als 5 Stunden am Tag) verfügen. Datensätze, die ursprünglich als Unterstützung entgegengesetzter Schlussfolgerungen präsentiert wurden, ergaben ähnliche Effektstärken, wenn sie mit derselben Strategie analysiert wurden. Die Autoren betonen einerseits die Vorteile des Einsatzes digitaler Medien gerade im Bildungswesen in Form des verbesserten Zugangs zu Informationen, kollaborativer Zusammenarbeit und einer erleichterten Interaktion mit Studierenden. Doch diesen Vorteilen stehen auch Risiken gegenüber, die mit dem Einsatz von Medieninstrumenten in Vorlesungen verbunden sind, darunter das Ablenkungspotenzial, die Informationsüberflutung und die Notwendigkeit einer kritischen Bewertung von Online-Inhalten. Die Risiken erstrecken sich auch auf den missbräuchlichen Gebrauch sozialer Netzwerke durch Cybermobbing und die Verbreitung von Fehlinformationen. Diese Herausforderungen bestehen im Grunde seit mehr als 20 Jahren, dennoch wurden seither zwei Generationskohorten nicht darauf vorbereitet. Diese mitgeschleiften Probleme müssen bis heute immer noch am Arbeitsplatz und im eigenen Lebensumfeld bearbeitet werden.

Konsequenzen für den Bildungsauftrag

Für den pädagogischen Alltag tragen vordergründig die Ablenkung und Informationsüberflutung dazu bei, die Fähigkeit zur Konzentration und zum Verständnis von Lerninhalten zu entwickeln. Dies geht sogleich einher mit der Entwicklung der Fähigkeit, Onlineinhalte kritisch zu bewerten. Beides ist von entscheidender Bedeutung, um die Verbreitung von Fehlinformationen und falschen Nachrichten zu verhindern und den eigenen Lernerfolg zu gewährleisten.

Dutt (2023) untersuchte in ihrer Studie wie Nutzer ihr Wohlbefinden angesichts der Risiken, die mit der Nutzung digitaler Medien in Norwegen verbunden sind, wahrnehmen und welche Strategien im Umgang angewendet werden. Beides ist notwendig, um das »digitale Wohlbefinden« von Universitätsstudierenden zu erhöhen. Die Lösungsvorschläge zur Bewältigung der Risiken sammelte sie gemeinsam mit Studierenden. Darin sei die Notwendigkeit betont, die Auswirkungen digitaler Risiken auf das Wohlbefinden der Nutzer und deren Sicherheitsbedenken zunächst zu verstehen und anschließend effektive Lösungen für den Umgang mit diesen Risiken in digitalisierten Gesellschaften zu formulieren. Dazu gehöre, dass sich Studierende aufgrund der erzwungenen Digitalisierung alltäglicher Dienste hilflos fühlen, sich auf digitale Prozesse einzulassen.

Die Studie und die Auswertung der Daten zeigen deutlich, dass eine erzwungene Digitalisierung bei der digitalen Nutzung eher zu einem Gefühl des Zwangs als der Wahl führen kann. Dies kann für Studierende, die nicht digital versiert sind oder nicht möchten, dass ihre Daten auf öffentlichen Plattformen geteilt werden, problematisch werden.

Ausgewogener Medieneinsatz

Während die Kritikpunkte am Einsatz digitaler Medien in der Bildung ernst zu nehmen sind, gibt es vielversprechende Ansätze, um deren Potenziale bestmöglich zu nutzen und gleichzeitig die Persönlichkeitsentwicklung und sozialen Fähigkeiten zu fördern. Ein ausgewogener und didaktisch sinnvoller Einsatz digitaler Medien im Unterricht kann kognitive und soziale Lernprozesse effektiv unterstützen. Digitale Tools sollten jedoch das analoge Lernen und die persönliche Interaktion nicht vollständig ersetzen, sondern diese sinnvoll ergänzen. Folgende Best-Practice-Beispiele zeigen, wie digitale und analoge Lernformen miteinander verzahnt werden können.

- Kooperative Lernformen: Durch Gruppen- und Projektarbeit oder Lernzirkel etwa können die Lernenden ihre sozialen Kompetenzen wie Kommunikation, Teamfähigkeit und Konfliktlösung gezielt weiterentwickeln. Digitale Medien können hier als Werkzeuge für die Zusammenarbeit und den Wissensaustausch dienen.
- Digitale Medienkompetenzförderung: Ein zentraler Lösungsansatz ist die gezielte Förderung von digitaler Medienkompetenz, also der kritischen, selbstbestimmten und verantwortungsvollen Nutzung digitaler Medien und Technologien. Durch

Integration digitaler Medien und Technologien in die eigene Didaktik können Lernende befähigt werden, digitale Technologien kompetent und reflektiert zu nutzen.
- Persönlichkeitsbildung im Fokus: Best-Practice-Beispiele zeigen, wie digitale Bildungsangebote die Persönlichkeitsentwicklung und Identitätsbildung der Lernenden gezielt unterstützen können. Indem Werte wie Selbstreflexion, Empathie und Achtsamkeit gefördert und in den Leistungsnachweisen geprüft werden, lässt sich der Erwerb sozialer und emotionaler Kompetenzen mit dem Einsatz digitaler Medien verbinden.
- Lehrer als Mediatoren: Die Lehrkräfte spielen eine Schlüsselrolle, um die Potenziale digitaler Medien bestmöglich zu nutzen. Durch geeignetes Mentoring und Expertenzirkel können sie befähigt werden und sich selbst befähigen, als Mediatoren zwischen analoger und digitaler Welt zu agieren und den Lernprozess lernendenzentriert zu gestalten.

Insgesamt zeigt sich, dass eine ganzheitliche Sichtweise auf die Digitalisierung in der Bildung erforderlich ist. Nur durch einen ausgewogenen Einsatz digitaler und analoger Lernformen, die gezielte Förderung von Medienkompetenz und die Einbindung der Lehrkräfte als Mediatoren lassen sich die Chancen nutzen, Risiken verringern und gleichzeitig die Persönlichkeitsentwicklung und sozialen Fähigkeiten stärken.

Technologie und persönliche Entwicklung

Angesichts dessen wird es immer wichtiger, die Digitalisierung nicht nur als schnelle Lösung für das moderne Leben zu interpretieren. Aktionismus wie »Technologie sofort und überall«, wird mit Sicherheit hinter den Erwartungen und den gewünschten Ergebnissen zurückbleiben. Stattdessen ist es unerlässlich, dass die individuellen Merkmale und Bedürfnisse jedes einzelnen Lernenden als Kompass für die angemessene und effektive Integration digitaler Ressourcen in den Lernprozess dienen. Nach den Ergebnissen von Mikhail und Kollegen (2019) sollte die Integration von Medienkompetenz und digitaler Kompetenzerziehung im Rahmen der Hochschulbildung darauf ausgerichtet sein, die Absolventen mit den notwendigen Kompetenzen auszustatten, um im digitalen Zeitalter erfolgreich zu sein und gleichzeitig die vielfältigen Bildungsperspektiven, die soziale Netzwerkplattformen bieten, kritisch zu untersuchen.

Obwohl junge Menschen mit digitalen Medien aufwachsen, sind sie oft nicht in der Lage, diese überlegt, sinnvoll und zielgerichtet für ihre eigene Arbeit einzusetzen. Diese Lücke unterstreicht, wie wichtig es ist, nachhaltige digitale Praktiken für das persönliche Wachstum zu entwickeln. Da die Notwendigkeit eines bewussten und zielgerichteten Einsatzes digitaler Technologien betont wird, können Methoden eingeführt werden, um digitale Tools zu nutzen, um Lernen, Kreativität und persönliche Effizienz zu fördern, ohne die Lebensqualität zu beeinträchtigen. Ferner ist es von entscheidender Bedeutung, sich mit den Auswirkungen auf die Ausbildung von Führungskräften an deutschen Universitäten zu befassen und sicherzustellen, dass die einzelnen Personen mit den notwendigen digitalen Kompetenzen ausgestattet sind, um das digitale Zeitalter erfolgreich zu meistern. Dazu zählen nicht nur grundlegende berufliche Fachkenntnisse, sondern die sogenannten weichen Faktoren. Individuelle und soziale Fähigkeiten rücken bei zunehmender Digitalisierung der Arbeit und des Lebens immer stärker in den Fokus.

Soft Skills werden die neuen Hard Skills

Im Zusammenhang mit zukünftigen Fähigkeiten ist es offensichtlich, dass soziale Fähigkeiten in den meisten Wertschöpfungsprozessen innerhalb einer Wirtschaft eine größere Bedeutung haben als digitale Fähigkeiten. Die zunehmende Bedeutung weicher Faktoren ist in erster Linie auf die inhärente Herausforderung zurückzuführen, diese sozialen Fähigkeiten technisch abzubilden und zu reproduzieren. Im weiteren Verlauf der Zukunft wird die Bedeutung von Soft Skills weiter zunehmen, was die entscheidende Rolle unterstreicht, die sie für Erfolg und Innovation in verschiedenen Wirtschaftssektoren spielen.

Auswirkungen auf die Führungskräfteentwicklung

Seit Anfang 2010 wird der Einsatz von digitalen Medien und Technologie in Bildungskontexten kontrovers diskutiert. Während die Profession der Medienpädagogen (z. B. Baacke, 1997) nicht müde wird, die Chancen des Einsatzes digitaler Medien für die persönliche Entwicklung von Lernenden zu betonen, verweisen deren Kritiker auf Bedenken hinsichtlich der Auswirkungen auf die Entwicklung von Persönlichkeit und sozialen Fähigkeiten. Ihre Kritikpunkte im Hinblick auf die Entwicklung der Persönlichkeit und sozialer Fähigkeiten sind folgend zusammengefasst.

- Mangel an sozialer Interaktion: Digitale Medien können zwar die kognitive Entwicklung fördern, jedoch ersetzen sie nicht die soziale Interaktion, die für die Entwicklung der Persönlichkeit und sozialer Fähigkeiten unerlässlich ist (vgl. DJI, 2020). Der übermäßige Einsatz digitaler Medien in der Bildung kann zu sozialer Isolation führen. Laut einer Studie von Bedious und Wac (2023) von der Universität Genf in der Schweiz können digitale Technologien zu sozialen Ängsten und zur Isolation von Menschen beitragen.
- Ablenkung und Konzentrationsschwierigkeiten: Übermäßiges Vertrauen in Technologie kann mit einer übermäßigen Abhängigkeit von digitalen Tools einhergehen und kritisches Denken und Kreativität einschränken. Die ständige Verfügbarkeit digitaler Medien kann im Lernprozess zu einer Reizüberflutung führen und die Konzentration auf andere Aktivitäten erschweren (vgl. Kitz, 2023). Das Weltwirtschaftsforum (2020) unterstreicht die Notwendigkeit eines Gleichgewichts

zwischen digitaler und kognitiver Intelligenz, um den Erfolg in der digitalen Welt zu fördern.
- Suchtgefahr und exzessive Nutzung: Die exzessive Nutzung digitaler Medien kann zu einer Abhängigkeit führen und die Entwicklung gesunder Beziehungen und Aktivitäten beeinträchtigen (vgl. Bundestag, 2016).
- Fehlende soziale Interaktion und Verdrängung analoger Aktivitäten: Der starke Einsatz digitaler Kommunikationsmittel im Bildungswesen kann die Entwicklung effektiver Kommunikationsfähigkeiten behindern. Die Organisation für wirtschaftliche Zusammenarbeit und Entwicklung (OECD, 2018) betont die Bedeutung der persönlichen Kommunikation für die ganzheitliche Kompetenzentwicklung. Deshalb sollten digitale Medien analoge Aktivitäten wie Lesen, Spielen und Sport nicht ersetzen, sondern sinnvoll ergänzen (vgl. MPFS, 2021). Der Einsatz digitaler Medien kann die Möglichkeiten für persönliche Interaktionen einschränken, die für die Entwicklung sozialer Fähigkeiten unerlässlich sind. Untersuchungen von Jean et al. (2019) ergaben, dass Personen mit intensiver Nutzung digitaler Medien über ein geringeres psychisches Wohlbefinden berichteten, was auf eine mögliche Auswirkung auf die sozialen Fähigkeiten hindeutet.
- Verlust von Medienkompetenz und kritischem Denken: Es ist wichtig, dass Kinder und Jugendliche lernen, digitale Medien kritisch zu hinterfragen und ihre eigene Medienkompetenz zu entwickeln (vgl. klicksafe, 2023). Es wird befürchtet, dass eine einseitige Fokussierung auf digitale Infrastruktur und Kompetenzvermittlung die ganzheitliche Persönlichkeitsentwicklung vernachlässigen könnte (Biffar, 2024). Eine »Reduktion unmittelbarer, leiblicher Erfahrung« kann zu einer »Entfremdung« der Lernenden durch den zunehmenden Einsatz digitaler Medien führen (Schulz, 2023). Die Einbeziehung ethischer Überlegungen in digitale Kompetenzen sind daher notwendig, um einen verantwortungsvollen Umgang mit Technologie sicherzustellen (Lembke, 2019).

Neben den kritischen Perspektiven gibt es auch positive Antworten auf die Frage, ob digitale Medien und Technologien die Entwicklung von Soft Skills von jungen Menschen fördern können. Mohamad et al. (2023) bestätigen die Stärkung der sozialen Kompetenzen von Schülern durch digitale Medien. Sie betonen, dass effektive Kommunikationsfähigkeiten – und dazu zählen auch die digitalen Medien – das Potenzial haben, soziale Beziehungen zu verbessern. Zu diesen Fähigkeiten gehören aktives Zuhören, der klare Ausdruck von Gedanken und Gefühlen sowie Empathie gegenüber anderen. Ferner kann auch der Aufbau von Vertrauen und Ehrlichkeit in Beziehungen zu ihrer Stärke beitragen. Indem Einzelpersonen im Umgang mit anderen offen, transparent und zuverlässig sind, können sie stärkere soziale Verbindungen aufbauen.

Ferner kann die Kultivierung emotionaler Intelligenz, die das Verstehen und Steuern der eigenen Emotionen sowie das Erkennen und Reagieren auf die Emotionen anderer beinhaltet, soziale Beziehungen positiv beeinflussen. Die Teilnahme an Aktivitäten, die Teamarbeit und Zusammenarbeit fördern, kann auch dazu beitragen, die sozialen Bindungen zu stärken. Durch kollektive Anstrengungen zur Erreichung eines gemeinsamen Ziels werden Kameradschaft und gegenseitige Unterstützung gefördert. Ebenso kann die Nutzung digitaler Medienplattformen als Mittel für Einzelpersonen dienen, sich mit anderen zu verbinden und mit ihnen in Kontakt zu treten, wodurch soziale Beziehungen gestärkt werden. Online-Communities, soziale Netzwerke und virtuelle Kommunikationstools bieten bequeme Mittel, um soziale Verbindungen aufzubauen und aufrechtzuerhalten.

Aktivitäten, die Teamwork und Zusammenarbeit fördern, können auch zur Stärkung der sozialen Bindungen beitragen. Indem man gemeinsam auf ein Ziel hinarbeitet, werden Kameradschaft und gegenseitige Unterstützung gestärkt. In ähnlicher Weise kann die Nutzung digitaler Medienplattformen dazu dienen, Kontakte zu knüpfen und mit anderen zu interagieren und so die sozialen Beziehungen zu verbessern. Online-Communities, soziale Netzwerke und virtuelle Kommunikationstools bieten bequeme Möglichkeiten zum Aufbau und zur Pflege sozialer Beziehungen.

Konzepte für eine kooperative Pädagogik

Die Förderung von digitalen (Medien-)Kompetenzen ist von zentraler Bedeutung. Um diese Herausforderungen im Sinne einer positiven Lebensentwicklung in der Phase junger Menschen zu gestalten, sollte ein ausgewogener Ansatz gewählt werden, der leibliche Erfahrungen, digitale Medienbildung und kritische Reflexion einbezieht (Biffar, 2024). Die Vermittlung von digitaler Medienkompetenz sollte daher nicht auf reine Wissensvermittlung beschränkt bleiben, sondern Lernende zu einem aufgeklärten und kritischen Umgang mit digitalen Medien befähigen (Schulz, 2023). Dabei ist es wichtig, dass neben den technischen Fertigkeiten eben weiche Faktoren wie soziale und ethische Aspekte berücksichtigt werden (Tulodziecki, 2011). Doch wie können diese Forderungen aus der Theorie praktisch erreicht werden?

Es beginnt mit der Entwicklung einer zukunftsorientierten geistigen Haltung. Die Summe der Forderungen können Impulse für diese (neue) geistige Haltung für eine (neue) Zusammenarbeit mit jungen Menschen inspirieren. Diese sollte darauf ausgerichtet werden, Entwicklung aus der Digitalität aktuell zu adaptieren und sie in die tägliche Arbeit gezielt und kritisch hinterfragend einzusetzen. Die Forderungen aus der Theorie erfordern die Abkehr von instruktionistischen Pädagogikformen, die durch die alleinige Expertise der Lehrenden und ein Abhängigkeitsverhältnis zwischen Experten und Novizen geprägt sind. Stattdessen bieten Konzepte einer kooperativen Pädagogik theoretisch-konzeptionelle Alternativen:

- Konstruktivismus: Der Konstruktivismus geht davon aus, dass Wissen nicht passiv übertragen, sondern aktiv vom Lernenden selbst konstruiert wird. In der kooperativen Pädagogik entwickeln Lernende durch Zusammenarbeit und Austausch ihre eigenen Wissenskonstruktionen.
- Soziales Lernen: Menschen lernen durch Beobachtung und Interaktion mit anderen. Lernende in kooperativen Settings lernen voneinander, indem sie zusammenarbeiten, Aufgaben lösen und Probleme diskutieren.

- Dialogizität: Der Dialog zwischen Lehrenden, Lernenden und den Lernenden untereinander ist zentral für das Lernen in der kooperativen Pädagogik.
- Zone der proximalen Entwicklung: In diesem Bereich kann ein Lernender mit Unterstützung etwas lernen, was er allein noch nicht kann. Lernende unterstützen sich in kooperativen Settings gegenseitig.

Die kooperative Pädagogik bietet damit die Möglichkeit, Lernende unabhängig von individuellen Voraussetzungen einzubinden und neue Technologien in die Lösung praktischer Problemstellungen zu integrieren. Durch die Verbindung von Lernautonomie und Lebensbewältigung kann sie zu einem guten Leben in der Digitalität beitragen. Sie bezieht neue Technologien und digitale Entwicklungen in die Lösung von praktischen Problemstellungen ein. Lernautonomie wird mit Lebensbewältigung gepaart und liefert so ein wunderbares didaktisches Pärchen für ein gutes Leben in der Digitalität. Doch ein gutes Leben in der Digitalität muss auch gestaltet werden, es geschieht nicht automatisch oder durch gesetzliche Regelungen allein. Daher sollen für den Kontext dieses Buches einige persönliche Gedanken des Autors zu den Perspektiven für ein gutes Leben in der Digitalität diesen Beitrag statt einer klassischen Zusammenfassung abschließen.

Ausblick für ein erfülltes Leben in der digitalen Ära

Die digitale Revolution hat unser Leben in einer Weise umgestaltet, die noch vor wenigen Jahrzehnten unvorstellbar gewesen wäre. Diese Transformation ist jedoch nicht ohne Herausforderungen. Die digitale Welt konfrontiert uns mit globalen Ungleichheiten, stellt die Resilienz unserer Demokratien auf die Probe, erzeugt Spannungen zwischen wirtschaftlichen und politischen Sphären und bringt neue ethische Dilemmata, insbesondere im Kontext von Automatisierung und KI, hervor. Zudem verlangen die Veränderungen in der Arbeitswelt nach einer Neuausrichtung unserer Bildungssysteme und der Schaffung adaptiver Lernumgebungen, die lebenslanges Lernen fördern. Dies bedingt eine Neugestaltung unserer beruflichen wie privaten Lebensweise, um den digitalen Anforderungen gerecht zu werden und ein Gleichgewicht zwischen Arbeit und Freizeit zu finden.

Der Umgang junger Menschen mit digitalen Medien ist vielschichtig. Während einige digitale Technologien als Plattform für Selbstausdruck und persönliches Wachstum nutzen, empfinden andere sie als Quelle der Ablenkung und Zeitverschwendung. Soziale Netzwerke dienen als wichtige Kommunikationskanäle und Informationsquellen, die junge Menschen nutzen, um sich über ihre alltägliche Umgebung hinaus zu engagieren. Es ist entscheidend, die vielfältigen Perspektiven junger Menschen anzuerkennen und ein pauschales Urteil über ihre digitale Mediennutzung zu vermeiden.

Um den Sorgen zu begegnen, die mit der Digitalisierung einhergehen, sind praktische Schritte erforderlich. Dies umfasst Maßnahmen wie die Begrenzung der Bildschirmzeit, die Förderung echter sozialer Interaktionen und die Entwicklung von

Strategien zum Umgang mit digital induziertem Stress. Wissenschaftliche Ansätze wie die Digitalisation Anxiety Scale können dabei helfen, digitale Ängste zu quantifizieren und gezielte Interventionen zu entwickeln.

Der digitale Humanismus bietet einen Ausblick für die Integration in die Hochschulwelt, um über die Implikationen der Technologie auf unser gesellschaftliches Zusammenleben und unsere Wertvorstellungen zu reflektieren. Dieser Ansatz fördert ein tieferes Verständnis für die ethischen und moralischen Fragen, die mit der digitalen Transformation einhergehen, und plädiert für einen verantwortungsvollen Umgang mit Technologie.

Wir haben die Gelegenheit, die digitale Welt als Chance zu begreifen, um über uns hinauszuwachsen. Indem wir unsere Stärken erkennen, Herausforderungen als Chancen sehen und aus Misserfolgen lernen, können wir eine Resilienz entwickeln, die uns im digitalen Zeitalter stärkt. Es geht darum, den Mut zu haben, das Ungewisse zu erkunden und aus jeder Erfahrung zu lernen. Ein gutes Leben in der digitalen Ära erfordert eine bewusste Auseinandersetzung mit den Herausforderungen und Möglichkeiten, die die Technologie bietet. Durch die Integration kooperativer und gegenseitiger Wissensvermittlung zwischen den Bildungsakteuren, die Stärkung ethischer Prinzipien im Umgang mit Technologie und die Förderung persönlicher Entwicklung können wir ein erfülltes Leben führen und die Vorteile der Digitalisierung maximieren, um ihren Herausforderungen effektiv zu begegnen.

Literatur

Baacke, D. (1997): Medienpädagogik. Tübingen: Niemeyer.

Bediou, B. und K. Wac (2023). The role of cognition in mediating the relationship between media use and health in a media saturated world. In: Encyclopedia of Child and Adolescent Health, 3, S. 299-313. doi: 10.1016/b978-0-12-818872-9.00190-4.

Biffar, J. (2024): Digitale Schulen: Stiftungsvorstand äußert Kritik. eGovernment Computing. https://www.egovernment.de/digitale-schulen-stiftungsvorstand-aeussert-kritik-a-e41e2c92a70ed680bce00d8315436fa1.

Blandína, Š. und A. Hamranová (2022). Psychological and social risks of digitalization in adolescents. In: E3S Web Conf., 291. doi: 10.36315/2022v1end059

Capogna, S., A. Figus und S. Mustica. (2018). The Challenges for Digital Society: Education and E-Leadership. doi: 10.18775/IJIED.1849-7551-7020.2015.43.2002.

Deutscher Bundestag: (2016): Risiken und Chancen der Digitalisierung für die Bildung. https://www.bundestag.de/webarchiv/textarchiv/2016/kw23-pa-bildung-technikfolgen-diskussion-426826.

DJI: (2020): DJI-Kinder- und Jugendmigrationsreport 2020. Datenanalyse zur Situation junger Menschen in Deutschland. https://www.dji.de/fileadmin/user_upload/dasdji/themen/Jugend/DJI_Migrationsreport_2020.pdf.

Dutt, B. (2023). Wellbeing Amid Digital Risks: Implications of Digital Risks, Threats, and Scams on Users' Wellbeing. Media and Communication. In: Media and Communication,11(2), S. 355-366. doi: 10.17645/mac.v11i2.6480.

Elena, Z. und T. Markova. (2021). New paradigms and challenges of social life in the information and digital era. doi: 10.1051/E3SCONF/202129104009.

Europäische Kommission (2017): Digitale Kompetenzen: Definition und Rahmenbedingungen. https://digital-strategy.ec.europa.eu/de/policies/digital-skills.
Gadeib, A. (2019): Die Zukunft ist menschlich. Manifest für einen intelligenten Umgang mit dem digitalen Wandel in unserer Gesellschaft. Offenbach a. M.: Gabal.
International Society for Technology in Education/ ISTE (2018): Standards for Students. https://iste.org/standards/students.
Isaeva, K. (2022). Digital challenges and Threats to Social Governance: A Sociological reflection. Alma mater. Vestnik Vysshey Shkoly. doi: 10.20339/am.08-22.030.
Jean, M., Twenge., W. und K. Campbell (2019). Media Use Is Linked to Lower Psychological Well-Being: Evidence from Three Datasets. In: Psychiatric Quarterly,90(2), S. 311-331. doi: 10.1007/S11126-019-09630-7.
Kitz, V. (2023): Konzentration: Warum wir uns so schlecht konzentrieren können – und was wir dagegen tun können. https://www.zeit.de/arbeit/2023-01/volker-kitz-konzentration-buch-arbeit-digitalisierung.
klicksafe: (2023). Initiative für mehr Sicherheit im Netz. https://www.klicksafe.de/.
Lembke, G. (2019): Digitale Kompetenzen: Schlüsselqualifikation für die Zukunft. In: Zeitschrift für Berufsbildung, 71(2), S. 142-155.
Mikhail, D., Schelkunov, E., Mikhailovna, N. und P. S. Kotliar. (2019) Modern university in the new media (digital) environment. In: ESPACIOS, 40(15), S. 12.
Mohamad, C., Faizin, A., Qur'ani, P., Aisyah, A., Muzakki, D., Elvaretta, A. (2023). Penguatan Soft Skill Mahasiswa Via Media Digital sebagai Kecakapan. Abad 21 Perspektif Ilmu Pendidikan Islam. In: Journal on Education, 5(2), 2311-2316. doi: 10.31004/joe.v5i2.886
Montag, C. und S. Diefenbach. (2018). Towards Homo Digitalis: Important Research Issues for Psychology and the Neurosciences at the Dawn of the Internet of Things and the Digital Society. Sustainability, 10(2), S. 415, doi: 10.3390/SU10020415.
MPFS: (2021): Medienpädagogischer Forschungsverbund Südwest. https://www.mpfs.de/.
Organisation für wirtschaftliche Zusammenarbeit und Entwicklung/ OECD (2018): The Future of Education and Skills: Education 2030. https://www.oecd.org/education/2030-project/.
Schulz, N. B. (2023): Kritik und Verantwortung. Kids-ulm. https://www.kids-ulm.de/kritik-und-verantwortung-nils-b-schulz/.
Stuart, M., Rosedale, N., Jesson, R. N., Hoda, R. und L. S. Teng (2018). How digital environments in schools might be used to boost social skills: Developing a conditional augmentation hypothesis. In: Computers & Education, 126, S. 311-323, https://doi.org/10.1016/j.compedu.2018.07.018.
Stuart, M., Zhu, T., Rosedale, N., Jesson, R., Oldehaver, J. und R. Williamson (2021). In school and out of school digital use and the development of children's self-regulation and social skills. In: British Journal of Educational Psychology, 92(1), S. 236-257. doi: 10.1111/BJEP.12447.
Tulodziecki, G. (2011): Zur Entstehung und Entwicklung zentraler Begriffe der Medienpädagogik. In: Medienpädagogik, 2, S. 11-39. https://doi.org/10.21240/mpaed/02/2011.01.30.X.
Yurduseven, E. V. (2022). An Evaluation on The Problem of Digital Addiction in Youth. In: Journal of Social Sciences And Education, 5(1), S. 115-134. https://doi.org/10.53047/josse.1092958.
Weltwirtschaftsforum (2020): The Future of Jobs Report 2020. https://www.weforum.org/publications/the-future-of-jobs-report-2020/.

VI   Beziehungen und Schlüsselkompetenzen

Georg Nagler

Die Beziehungskompetenz

Gerade im akademischen Umfeld besteht erfahrungsgemäß die Gefahr der Beziehungsarmut. Aufgrund intensiver Arbeitsanforderungen und des hohen Engagements für die Aus- und Weiterbildung bleibt schlicht weniger Zeit und Energie übrig, um sozusagen in soziale Beziehungen zu investieren. Dies kann zur Isolation führen, die auch selbst so wahrgenommen wird, und sowohl die psychische Gesundheit als auch die Arbeitsleistung beeinträchtigt. Um dem entgegenzuwirken, ist es wichtig, proaktiv mehr Zeit für die Pflege sozialer Aktivitäten einzuplanen, an der Netzwerkpflege und bewusst daran zu arbeiten, ein Gleichgewicht zwischen Arbeit und Privatleben zu finden. Das kann helfen, ein erfüllteres und ausgeglicheneres Leben zu führen.

Die Beziehungskompetenz als zentrale soziale Kompetenz scheint für eine gelingende Lebensgestaltung von enormer Bedeutung zu sein – nur ist selbst eine oberflächliche Beschäftigung mit dieser Kompetenz an den Hochschulen oder im akademischen Umfeld nicht festzustellen. Erstaunlicherweise ist die Beziehungskompetenz auch wissenschaftlich nicht vollständig definiert, so fehlt etwa pars pro toto das Stichwort in Wikipedia. Eines steht jedenfalls unumstößlich fest: Die Beziehungskompetenz ist bereits grundsätzlich für den Menschen von elementarer Bedeutung. Als soziales Wesen ist der Mensch auf Beziehungen angewiesen, um zu gedeihen und nicht wie Kaspar Hauser zu verkümmern. Gute Beziehungen sind in multipler Hinsicht positiv, denn sie bieten emotionale Unterstützung, helfen uns, Stress zu bewältigen, fördern unsere psychische Gesundheit und tragen zu einem erfüllten und glücklichen Leben bei. Gute Beziehungen sind dabei nicht nur im engen privaten Bereich der Freundschaften relevant, vielmehr schaffen soziale Beziehungen im Berufs- und Gesellschaftsleben den Kontext für ein vielfältiges, abwechslungsreiches und erfüllendes Beziehungsleben. Dies gilt auch und gerade für Liebes- und Partnerbeziehungen – diese spielt eine zentrale Rolle für eine gelingende Lebensgestaltung und für den hierzu nötigen, nicht nur materiell definierten Erfolg im Beruf (vgl. Bartens, 2020).

Allgemeine Grundlagen für Aufbau und Pflege von Beziehungen

Die Erfordernisse für das Zustandekommen einer (guten) Beziehung sind an sich einfach und sind auch für andere Schlüsselkompetenzen relevant: Aus diesem Grund müsste die Prognose doch positiver ausfallen – zumindest was das Vorhandensein wesentlicher Elemente der Beziehungskompetenz bei Fach- und Führungskräften anbelangt:

- Kommunikation: Die Bereitschaft und Fähigkeit zu offener und ehrlicher Kommunikation ist das Fundament jeder Beziehung – aber auch von anderen Schlüsselkompetenzen, wie etwa der Führungskompetenz. Diese Kernfähigkeit hat daher massiven Einfluss gerade auf die Gestaltungen von Beziehungen sowohl am Arbeitsplatz als auch beim privaten Leben. Beziehungskompetenz beginnt daher mit der Grundeinstellung, Beziehungen zu wagen. In der Beziehungsgestaltung ist es wichtig, Gedanken und Gefühle klar auszudrücken und auch aktiv zuzuhören. Dabei wird einer weiteren Fähigkeit eine wichtige Rolle beigemessen: Die Fähigkeit, verträglich zu sein, also freundlich, kooperativ und rücksichtsvoll zu sein.
- Empathie und emotionale Intelligenz: Die Fähigkeit den anderen wertzuschätzen setzt voraus, dass man sich in die Lage des anderen versetzen und dabei Respekt sowie Mitgefühl für die emotionale Befindlichkeit eines Beziehungspartners empfinden kann. Es geht hier also um Empathie und damit um die Fähigkeit, sich in die Gefühle, Gedanken und Perspektiven anderer Menschen hineinzuversetzen. Es geht darum, nicht nur die äußeren Umstände einer anderen Person zu verstehen, sondern auch deren emotionale Erlebnisse nachzuempfinden. Empathie hat damit zwei Hauptelemente: Die kognitive Empathie bezieht sich auf die Fähigkeit, die Gedanken und Perspektiven anderer zu verstehen. Dazu tritt die emotionale Empathie, also die Fähigkeit, die Gefühle einer anderen Person nachzuempfinden. Der Psychologe Daniel Goleman hat auf dieser Grundlage das Konzept der emotionalen Intelligenz (EQ) entwickelt (Goleman, 2021). Es bezeichnet die Fähigkeit, ganzheitlich sowohl die eigenen Emotionen als auch die Emotionen anderer zu erkennen, zu verstehen, zu kontrollieren und sinnvoll einzusetzen. Empathie und emotionale Intelligenz sind entscheidende Fähigkeiten für den Aufbau und die Pflege von Beziehungen.
- Zeit: Unsere Beziehungen und ihr Aufbau erfordern Zeit und Aufmerksamkeit. Regelmäßiger Kontakt und gemeinsame Erlebnisse sind wichtig, um eine Verbindung vertrauensvoll aufrechtzuerhalten. Gerne wird zur bildhaften Beschreibung der damit verbundenen Beziehungsarbeit das Bild des sog. Beziehungskontos verwendet: Vergleichbar einer finanziellen Transaktion zahlt man auf das Beziehungskonto ein, wenn man sich positiv in eine Beziehung einbringt (z. B. Einladung, gemeinsames Essen), die Abhebung erfolgt durch die Inanspruchnahme des Beziehungspartners. Diese Leistungen können unterschiedliche »Werte« haben – entscheidend für das Bild ist im Ergebnis, dass beide Beziehungspartner sich darum bemühen sollten, das Beziehungskonto »ausgeglichen« zu gestalten.

- Reziprozität und Zuverlässigkeit: Für die menschliche Gesellschaft hat die Verpflichtung zur Gegenseitigkeit oder Reziprozität, etwa bei gegenseitiger Hilfe, bei Geschenken oder im Bereich der Gastfreundschaft, eine grundsätzliche Bedeutung: Für gelingende Beziehungen ist es wichtig, das Prinzip der Reziprozität aktiv anzuwenden. Mit der Reziprozität eng verbunden ist die Eigenschaft von Glaubwürdigkeit und Zuverlässigkeit. Hält man Zusagen oder Versprechungen ein oder gilt man als unzuverlässig? Witt weist mit Recht darauf hin, dass eine Enttäuschung nach einer gebrochenen Zusage wohl doppelt so schwer auf dem Beziehungskonto wiegt wie ein gehaltenes Versprechen. Die im Einzelfall angewendete Zuverlässigkeit kann im Gesamtverhalten im Attribut der Loyalität kulminieren – die auch eine Prognose für künftiges Verhalten erlaubt: Man kann sich auf Sie verlassen.

Hormonelle Faktoren im Beziehungscockpit

Die bisherigen Ausführungen könnten den Schluss nahelegen, dass eine verstandesmäßige Steuerung von Beziehungen erlernt werden kann, vorausgesetzt man ist bereit, auch die unbewussten Elemente der Beziehungsanbahnung wahrzunehmen. Das greift aber zu kurz! Es gibt da noch eine weitere Ebene: Die immense Bedeutung von Beziehungen beim Menschen wird durch weitere evolutionär entwickelte Faktoren beeinflusst, die hormonellen Wirkstoffe: Sie steuern bereits auf der neurochemischen Ebene Prozesse, die zur Aufrechterhaltung von Beziehungen führen. Sie haben in der Evolutionsgeschichte des Menschen wesentlich zur psychosozialen Prägung seines Beziehungsverhaltens beigetragen, das auch wesentlich für das erfolgreiche Überleben des Menschen in der Evolution war.

Unbewusste Kommunikationsprozesse

Vieles, was in Beziehungen passiert, wird unbewusst gesteuert. Dazu zählt natürlich auch die Körpersprache zwischen Beziehungspartnern. Jeder Mensch versteht sie im Wesentlichen – nicht nur die sog. Hauptausdrücke (Freude, Überraschung, Trauer, Angst, Ekel). Mimik, Gestik, Körperhaltung und andere nonverbale Signale spielen eine enorme Rolle darin, wie wir von anderen wahrgenommen werden und wie wir andere wahrnehmen – und in unsere emotionale/ empathische Gedankenwelt übernehmen. Dabei steht fest, dass die Körpersprache hauptsächlich der Steuerung des (unbewussten) Systems 1 unterliegt. Die Körpersprache spielt immer dann eine Rolle, wenn der Beziehungspartner sie auf Glaubwürdigkeit und Authentizität »checkt«. Das berühmte Analysegesetz von Mehrabian ist dabei unverändert gültig: Wenn es um Dissonanzen in der Wahrnehmung geht, spielt zu 55 % die Körpersprache, zu 38 % der stimmliche Ausdruck und nur zu 7 % der sprachliche Inhalt eine Rolle, dies herauszufinden (vgl. Nagler, 2022, S. 287ff.).

Eine Fülle von seriösen Untersuchungen weist darauf hin, dass gut und erfüllt gelebte Beziehungen signifikant positive Wirkung für den psychischen und physischen Gesundheitszustand haben. Umgekehrt gibt es einen eindeutigen kausalen Zusammenhang zwischen Einsamkeit und psychischen Erkrankungen (vgl. Witt, 2024, S. 35). Im Umkehrschluss zeigen Studien, dass Menschen mit starken sozialen Netzwerken länger leben und ein geringeres Risiko für chronische Krankheiten haben. Bartens (2020) weist sogar auf eine gültige Faustregel hin, wonach eine funktionierende Partnerbeziehung dazu führt, dass man länger lebe; zudem werde das Immunsystem durch die stete Gemeinsamkeit gesenkt, Stress besser verkraftet und das Schmerzempfinden gesenkt.

Beziehungen bieten einen Schutz gegen psychische Belastungen wie Depressionen und Angstzustände. Durch Beziehungen erhalten Menschen emotionale Unterstützung in schwierigen Zeiten. Freunde, Partner und Familie können Trost spenden, Ratschläge geben und helfen, schwierige Situationen zu meistern. Ausgehend und aufbauend auf dieser Kernbeziehung ist die Bedeutung von Beziehung und Beziehungspraxis auch psychosozial multipel: Sie fördern das persönliche Selbstbewusstsein und die Selbstbestimmung. Sie entwickeln durch permanente Übung und Praxis die – wie mehrfach dargestellte – Fähigkeit zur Empathie, und schulen letztlich darin, unterschiedliche Perspektiven zu verstehen und zu praktizieren.

Zustandekommen von Liebesbeziehungen

Es gibt kaum Menschen, die sich nicht Gedanken darüber machen würden, wie eine auf Liebe basierende Partnerschaft gelingen kann. Es steht jedenfalls fest, dass Liebesbeziehungen außerordentlich komplexe und vielschichtige Verbindungen sind. Ihrem Verlauf, Erfolg und Misserfolg kann man sich allenfalls vorsichtig statistisch nähern, so z. B. mittels der Aussage, dass 60 % der Ehen in Deutschland nicht geschieden werden.

Menschen neigen erfahrungsgemäß dazu, solche Partner zu wählen, die sie subjektiv als attraktiv empfinden. Der Begriff Attraktivität ist seinerseits vielschichtig, wobei kulturelle Werte und Normen, individuelle Vorlieben und auch evolutionär bedingte Faktoren eine Rolle spielen. In jedem Fall wirkt hier das sog. Matching-Prinzip: Menschen suchen zumeist nach Partnern, die ihnen in Bezug auf Attraktivität, soziale Stellung und Interessen ähnlich sind.

Die große Mehrheit der Wissenschaft hat eine große Skepsis vor der »Haltbarkeit« eines Liebesideals in einer dauerhaften Beziehung. Letztlich spielen gemeinsame Interessen, Werte und Ziele die entscheidende Rolle. Dies schafft eine gemeinsame Basis, die langfristig zur Stabilität der Beziehung beiträgt, weil sich langfristig die Ansichten entsprechen.

Die Partnerschaftsbeziehung wird, das steht unwidersprochen fest, von emotionaler Intelligenz getragen. Diese Schlüsselkompetenz spielt daher auch hier eine zentrale Funktion für ein gelingendes Leben. Dies bedeutet vor allem, dass beide Partner in der Lage sein müssen, ihre Gedanken, Gefühle und Bedürfnisse klar, mit Respekt und ohne Verletzungswillen auszudrücken. Gleichzeitig sollten sie in der Lage sein, die Emotionen und Perspektiven des anderen zu erkennen und angemessen darauf zu reagieren. Eine funktionierende Beziehung erfordert daher die Fähigkeit zur effektiven Kommunikation.

Vertrauen und Loyalität erwartet die überwältigende Mehrheit von seinem Partner. Sie darf als das Fundament jeder funktionierenden Partner- und Liebesbeziehung bezeichnet werden, auf dem der gemeinsame Beziehungsentwurf aufbaut. Es entsteht durch Konsistenz und Verlässlichkeit im Verhalten eines Partners. Wenn beide Partner wissen, dass sie sich aufeinander verlassen können und was sie aneinander haben (vgl. Bartens, 2020, S. 218), stärkt dies das Gefühl der Sicherheit und Bindung in der Beziehung. Diese Gewissheit, dass die Partnerbeziehung eine dauerhafte und verlässliche Quelle für Sicherheit und Geborgenheit ist, vermeidet schlichtweg Unsicherheit und Zweifel.

Die realistische Zuneigung zum Partner besteht – wie schon wiederholt angesprochen – nicht in der Konstruktion eines Idealbildes, sondern darin, den Partner so zu akzeptieren und zu lieben wie er ist. Damit geht eine weitgehende Akzeptanz dieses »Du« einher und die Entwicklung einer emotional verankerten Vertrautheit. Dabei sind körperliche sowie emotionale Intimität wesentliche Elemente. Regelmäßige Ausdrucksformen von Zuneigung – sei es durch Worte, Gesten oder Berührungen – stärken die emotionale Verbindung zwischen den Partnern. Intimität schafft eine tiefere Verbindung, indem sie Nähe und Geborgenheit vermittelt.

Liebesbeziehungen können auch nach dem heutigen Stand nicht »konstruiert« werden. Sie entstehen und bestehen durch eine Kombination aus Attraktivität, gemeinsamen Interessen, effektiver Kommunikation, Vertrauen, Intimität und gemeinsamer Lebensführung. Das Verständnis und die Erfüllung der gegenseitigen Ansprüche spielen eine zentrale Rolle bei der Stabilisierung und Vertiefung der Beziehung. Das Matching-Prinzip hat dazu als das Geschäftsmodell auch der klassischen Dating-Apps vieles an Einsichten erbracht – eine Liebesformel ist aber in Zeiten der »heillosen Überfrachtung« eines romantischen Liebesbildes weiterhin nicht denkbar (vgl. Bartens, 2020, S. 22). Erfolgreiche Beziehungen basieren auf einer dynamischen Balance dieser Faktoren, sie bleiben aber auf keinen Fall statisch, sondern werden sich im Laufe der Zeit entwickeln und anpassen.

Let's talk about sex

Es mag vordergründig erstaunen, sich im Kontext von Schlüsselkompetenzen mit Sexualität zu beschäftigen – das immense Fehlerverhaltens- und Existenzgefährdungspotenzial im Bereich der Sexualität macht es dringend notwendig, diesen Kompetenzbereich zu behandeln. Sexualität ist bereits aufgrund der evolutionsbedingten Mechanismen in der belebten Welt eine der grundlegenden Dimensionen auch des menschlichen Daseins. Als Produkt der Evolutionsgesetze (Arterhaltung durch Fortpflanzung) ist jeder Mensch ein Produkt der Sexualität. Die vielfältigen Ergebnisse der Forschung zeigen, wie menschliches Sexualverhalten eng mit Selektionsstrategien verbunden ist.

In der sich entwickelnden menschlichen Gesellschaft führte die elementare Bedeutung von Sexualität zwangsläufig zu einer starken Beeinflussung des Sexualverhaltens durch psychologische, soziale, kulturelle und religiöse Faktoren. Es gibt keine Religion, die nicht dem Thema Sexualität relevante und häufig rigide Verhaltensregeln widmet, etwa das grundsätzliche Verbot von vorehelichem Sex.

Sexualität und sexuelle Prägung tragen zentral zur persönlichen Identitätsbildung bei. Sie ist ein wichtiger Ausdruck von Intimität in einer Beziehung. Spätestens seit den bahnbrechenden Entdeckungen von Sigmund Freud steht fest, dass Sexualität auch eine starke psychologische und emotionale Komponente hat, die weit über das rein Biologische hinausgeht. Sie kann Freude, Erfüllung und Zugehörigkeit vermitteln, sie kann aber auch mit Unsicherheit oder Angst verbunden sein. Es gibt zahllose auch »alltagswissenschaftliche Beiträge« zu dem Thema, wie Sexualität oft eng mit Selbstwertgefühl, Körperbild und zwischenmenschlichen Beziehungen verbunden ist.

Bitte beachten Sie, dass es dem Autor völlig egal ist, welche sexuellen Praktiken sie ausüben oder zu welcher Community (etwa aus LGBTQ+) man sich zählt. Es geht nur - aber unbedingt darum, sexuellem Fehlverhalten vorzubeugen und die Karriere sowie das Privatleben zu schützen. Es gelten daher einige grundsätzliche Verhaltensregeln, die für die wichtige Lebenskompetenz eines nicht anfechtbaren Sexuallebens wichtig sind:

- Pflegen Sie respektvolle Beziehungen: Es sollte betont werden, dass Fach- und Führungspersönlichkeiten Ihr Verhalten von Respekt und einverständlichen Handeln ausnahmslos bestimmen lassen sollten. Das Setzen klarer Grenzen und bedachtes, professionelles Verhalten werden erwartet – gerade um Missverständnisse oder Fehlverhalten zu vermeiden.
- Offene Kommunikation im Beruf und bei Beziehungen: Vermeiden Sie missverständliche Kommunikation – man wird Sie gerne missverstehen wollen und das kaum zu Ihrem Vorteil. Transparente und respektvolle Kommunikation ist essenziell, das gilt sowohl in romantischen als auch in beruflichen Beziehungen – und wird extrem sensitiv bei romantisch-beruflichen Beziehungen! Entwickeln Sie ein Frühwarnsystem für Probleme, sprechen Sie diese rechtzeitig an und lösen Sie diese unbedingt klar; ein zwar im ersten Moment bequemes »Durchwursteln« kann fatal sein.
- Vermeidung von Machtmissbrauch: #MeToo hat es überdeutlich gezeigt und ist immer noch hochaktuell: Fach- und Führungskräfte müssen besonders darauf achten, ihre Position nicht für sexuelle Vorteile zu missbrauchen. Hier sind klare Richtlinien und ethische Verhaltensnormen auch in allen Unternehmen entscheidend.
- Vorsicht mit sozialen Medien: Es ist äußerst unklug, sich in sozialen Medien oder auf anderen Online-Plattformen mit sexualisierten Inhalten in Verbindung zu

bringen. Und das gilt erst recht für Akademiker in öffentlichen oder beruflich exponierten Positionen.

Auch und gerade für Fach- und Führungskräfte in verantwortlichen Positionen hat das Leben in einer festen Beziehung eine zentrale Bedeutung für Lebensqualität und Erfolg. Eine permanente Scheidungsquote von über 35 % zeigt jedoch das einschlägige »Bestehensrisiko«. Man sollte sich deshalb mit diesem oft vergessenen Aspekt der Karriereplanung befassen. Daraus können wichtige Schlüsse zur Vermeidung einer beziehungsinduzierten Lebenskrise gezogen werden, denn fast immer löst eine Scheidung eine persönliche und materielle Lebenskrise aus (vgl. Bartens, 2020, S. 102ff.).

Literatur

Bartens, W.: Lob der langen Liebe. Wie sie gelingt und warum sie unersetzbar ist, Berlin 2020.
Goleman, D.: Emotionale Intelligenz, 31. Aufl., München 2021.
Nagler, G.: Verhandlungswissenschaft. Grundlagen – Strategie – Taktik, Stuttgart 2022.
Witt, P.: Verhaltensökonomik. Die psychologischen Determinanten menschlicher Entscheidungen, Stuttgart 2024.

VII Geschlecht und Schlüsselkompetenzen

Kathrin Kölbl

Einleitung

In der Buchveröffentlichung »Joining Forces for Gender Equality – What is holding us back?« berichtet die OECD (2023a) von den nach wie vor bestehenden geschlechterspezifischen Ungleichheiten zwischen Männern und Frauen, gesellschaftlich wie auch im Beruf. Obwohl junge Frauen häufig ein höheres Bildungsniveau als junge Männer erreichen, sind Frauen in den Führungspositionen in Wirtschaft, Politik, öffentlichem Dienst, Sport und Kultur immer noch unterrepräsentiert. Weltweit leben auch heute noch 40 % der Frauen in Ländern, in denen die Diskriminierung aufgrund des Geschlechts als hoch oder sehr hoch eingestuft wird (OECD, 2023b).

In Deutschland wurde die Gleichberechtigung von Männern und Frauen 1949 in Artikel 3, Absatz 2 Grundgesetz (GG) verankert. Dennoch durften Ehemänner bis Juli 1958 Arbeitsverträge ihrer Frauen selbstständig kündigen und hatten das alleinige Bestimmungsrecht über Frau und Kinder. Ehefrauen durften bis 1962 selbständig kein Bankkonto eröffnen und wurden erst 1969 voll geschäftsfähig. Erst 1977 war das Bürgerliche Gesetzbuch (BGB) dahingehend geändert, dass Frauen auch ohne Erlaubnis ihres Ehemannes einen Arbeitsvertrag unterschreiben durften. Seither gibt es in Deutschland eine Reihe von Gesetzen und Initiativen zu Gleichberechtigung und Antidiskriminierung, um weiter gegenzusteuern. 1994 wurde Artikel 3, Absatz 2 Grundgesetz um den Passus »Der Staat fördert die tatsächliche Durchsetzung der Gleichberechtigung von Frauen und Männern und wirkt auf die Beseitigung bestehender Nachteile hin.« ergänzt. Diese Regelung, die im Widerspruch zu Artikel 3 Absatz 3 Grundgesetz steht, der grundsätzlich eine Ungleichbehandlung aufgrund des Geschlechts verbietet, ermöglichte dem Gesetzgeber, z. B. verbindliche Quoten für Frauenanteile in Aufsichtsräten und Vorständen von Unternehmen vorzugeben. Daneben gibt es, um nur einige weitere Beispiele zu nennen, Vorschriften zu mehr Transparenz bei Gehältern zur Vermeidung eines Gender-Pay-Gap, gesetzliche Möglichkeiten zum Elternurlaub für Väter und mehr Angebote zur Bekämpfung in der Regel gegen Frauen gerichteter geschlechtsbezogener Gewalt – der verabscheuungswürdigsten Form der Ungleichheit zwischen den Geschlechtern. In Deutschland sind 50,9 % der Bevölkerung Frauen (Destatis, 2023b), doch die Forderung nach mehr Gleichberechtigung, insbesondere im Beruf, ist nicht nur ein Gebot der Gerechtigkeit. Steigende Erwerbsquoten von Frauen zeigen auch auf, dass Frauen als Arbeitskräfte dringend gebraucht werden (OECD, 2023a). Unser Rentensystem leitet Rentenhöhen basierend auf den aus eigener Erwerbstätigkeit erworbenen Rentenpunkten ab und berücksichtigt die einkommenslose, mehrheitlich von Frauen erbrachte Care-Arbeit nicht adäquat. Nur eigene Erwerbstätigkeit schützt vor Altersarmut, von der Frauen aktuell deutlich stärker betroffen sind als Männer (Destatis, 2023c). Im Berufsleben und das betonen auch Steffens und Ebert (2016) gibt es im Prinzip überhaupt keinen Grund dafür, dass das Zusammenwirken von Kollegen und Kolleginnen etwas mit ihrem Geschlecht zu tun haben sollte, da es hier um die Erledigung von Aufgaben und Problemlösungen geht. Dennoch werden Männer und Frauen im Beruf oftmals mit männer- oder frauentypisierenden Stereotypen und Vorurteilen konfrontiert. Noch immer gelten Erfolg und Macht als männlich und das nur, weil statistisch mehr Männer als Frauen beruflich erfolgreich und mächtig sind.

Dieser Beitrag greift die Idee auf, dass es für ein gelingendes Zusammenwirken von Männern und Frauen im Beruf hilfreich ist, mehr über Forschungsergebnisse zu Mehrwerten erhöhter Repräsentanz von Frauen in den Führungsebenen von Organisationen, Stereotypisierungen und Gender Biases als Wahrnehmungsverzerrungen sowie Geschlechterunterschiede zu wissen. Nach der Einleitung zeigt der zweite Abschnitt Gründe dafür auf, warum und auf Basis welcher gesetzlichen Grundlagen auch in Zukunft eine höhere Präsenz von Frauen in hierarchisch relevanten Positionen zu erwarten ist und das Forschungsergebnisse dafürsprechen, dass diese Entwicklung vorteilhaft ist. Abschnitt drei beschreibt, welche Auswirkungen das Mann- oder das Frausein auf die Art und Weise der Wahrnehmung einer Person haben und welche Folgen das für die Bewertung der Person im beruflichen Kontext haben kann. Abschnitt vier thematisiert die im Allgemeinen am häufigsten zwischen Männern und Frauen vermuteten kognitiven und soziopsychologischen Unterschiede und gibt spannende Einblicke in das Feld der geschlechterspezifischen Kommunikation. Der fünfte Abschnitt widmet sich dem Thema Sprechen und Schreiben von und über Männer und Frauen und reflektiert dabei insbesondere die Empfehlungen der für die deutsche Rechtschreibung relevanten Akteure, des Rates für deutsche Rechtschreibung, der Gesellschaft für deutsche Sprache und des Duden. Der Beitrag schließt mit einer Zusammenfassung der wichtigsten Erkenntnisse und ermutigt zur Selbstreflexion.

Vor einem Einstieg in die Thematik noch zur Vermeidung von Missverständnissen: Wenn im vorliegenden Beitrag von Männern und Frauen die Rede ist, erfolgt diese Kategorisierung nach dem biologischen Geschlecht; nicht aufgegriffen wird die Perspektive inter- oder transsexueller Menschen. Darüber hinaus ist impliziert, dass sich die Verteilungen der in diesem Beitrag als typisch für eine Frau oder einen Mann beschriebenen Eigenschaften selbstverständlich auch überlappen können.

Mehr Frauen in hierarchisch relevanten Positionen

Mehrwert durch Frauen in Führungspositionen

Seit Anfang der 2000er-Jahre messen Studien Frauenanteile in den Führungsetagen der Unternehmen und im öffentlichen Dienst und ob Organisationen mit höherem

Frauenanteil erfolgreicher sind. Und tatsächlich, viele Studienergebnisse sprechen dafür, dass Frauen in Führungspositionen für Unternehmen einen messbaren Mehrwert bedeuten: Die Ergebnisse der globalen Studie des International Labour Office aus 2019 (n = 12.000 Unternehmen aus 70 Ländern) zeigt, dass Unternehmen mit höherem Frauenanteil in Führungspositionen nicht nur mehr Gewinne erwirtschaften, sondern auch im Personalmanagement erfolgreicher sind: Fast zwei Drittel der Unternehmen, die Geschlechtervielfalt in Führungspositionen aktiv monitoren, konnte ihre Gewinne um 5 bis 20 % steigern. Die Mehrheit der Unternehmen erzielte Zuwächse von 10 bis 15 %. Darüber hinaus bestätigten 57 % der befragten Unternehmen, leichter Fachkräfte akquirieren und an sich binden zu können – in Zeiten rarer Fachkräfte ein bedeutender Vorteil. Mehr als 54 % der befragten Unternehmen beschreiben eine Zunahme in den Bereichen Kreativität, Innovation und unternehmerische Offenheit. Knapp 37 % bemerken Verbesserungen in der Einschätzung der Kundenbedürfnisse (International Labour Office, 2019).

Zu ähnlichen Ergebnissen kommen die Untersuchungen von McKinsey und Boston Consulting Group. Nach der Studie von McKinsey aus 2023 (n = 1.265 Unternehmen aus 23 Ländern) ist die Wahrscheinlichkeit, eine überdurchschnittliche Unternehmensrentabilität zu erzielen, bei Unternehmen mit Frauen in Führungspositionen um 39 % höher als bei Unternehmen mit geringerem Frauenanteil (McKinsey, 2023). In ähnlicher Weise zeigt die Studie der Boston Consulting Group aus dem Jahr 2018 (n = 1.681 Unternehmen aus 8 Ländern), dass Unternehmen mit mehr Frauen im Management, wie auch bei größerer Diversität bezogen auf Alter und Herkunftsland, einen um 19 %-Punkte höheren Umsatz (45 statt 26 %) aus neuen Produkten und Dienstleistungen erzielen und um 9 %punkte höhere EBIT-Marge (Lorenzo et al., 2018). Hinweise darauf, warum es so sein könnte, dass Frauen in den Führungsetagen der Unternehmen einen Unterschied machen, gibt eine Studie der BI Norwegian Business School, in der über 2.900 norwegische Manager befragt wurden: Bei vier von fünf für Führungsqualität stehenden Persönlichkeitsmerkmalen, Klarheit, Innovation, Unterstützung und Sorgfalt, wiesen die Frauen bessere Scores auf als die Männer. Lediglich bei der Volatilität von Emotionen zeigten Männer mehr Konstanz (Martinsen, 2014).

Gesetzliche Vorschriften fordern Repräsentanz und Parität

Nach Artikel 3 Grundgesetz (GG) ist die Gleichberechtigung von Männern und Frauen ein Grundrecht und der Staat hat die Aufgabe, die tatsächliche Durchsetzung der Gleichberechtigung von Frauen und Männern zu fördern und auf die Beseitigung bestehender Nachteile hinzuwirken. Auch die Charta der Grundrechte der Europäischen Union fordert in Artikel 23 die Gleichheit von Männern und Frauen in allen Bereichen einschließlich der Beschäftigung, der Arbeit und des Arbeitsentgelts: Der Satz »Der Grundsatz der Gleichheit steht der Beibehaltung oder der Einführung spezifischer Vergünstigungen für das unterrepräsentierte Geschlecht nicht entgegen.« (EU, 2000) bietet darüber hinaus wie das Grundgesetz auch eine Grundlage für gesetzliche Regelungen zur Erhöhung der Repräsentanz von Frauen in Führungspositionen und Gremien. Wer eine solche Frauenförderung kritisch sieht, lässt außer Acht, dass Elternschaft wie Abele und Spurk (2011) in ihrer Längsschnittstudie nachgewiesen haben, nur die berufliche Karriere der Frau negativ beeinflusst, nicht die des Mannes. Arbeitgeber müssen seit 2006 das Allgemeine Gleichbehandlungsgesetz (AGG) beachten, das im Beruf Menschen vor Benachteiligungen aufgrund bestimmter Diskriminierungsmerkmale schützt – auch wegen ihres Geschlechts (§ 7 i. V. m. § 1 AGG).

Die Relevanz der Schlüsselkompetenz zu geschlechtergerechtem Umgang von Männern und Frauen im Beruf ist durch die zunehmende Repräsentanz von Frauen in hierarchisch relevanten Positionen gestiegen. Nach der seit 2004 durchgeführten IAB-Betriebspanel-Arbeitgeberbefragung (15.500 Betriebe aller Größen und Wirtschaftszweige) zu Frauen in Führungspositionen in der Privatwirtschaft aus 2022 beträgt der Frauenanteil auf der zweiten Führungsebene 41 % (2004: 31 %), in der ersten Führungsebene 28 % (2004: 25 %) (Kohaut & Möller, 2023). Damit sind Frauen immer noch nicht gemäß ihrem Anteil in der Bevölkerung von 50,9 % (Destatis, 2023a) und vor allem in der ersten Führungsebene auch nicht gemäß ihrem Anteil von 46,9 % unter den Beschäftigten repräsentiert (Destatis, 2023a). Im internationalen Vergleich betrug 2022 der Anteil von Frauen im Alter von 15 bis 64 Jahren in der Europäischen Union (EU-27 ohne Großbritannien) in Führungspositionen nach Angaben von Eurostat im Durchschnitt 35,5 % mit dem Spitzenreiter Lettland 44,7 %. Deutschland liegt mit 29,2 % lediglich auf Rang 25 (Eurostat, 2023).

Im Bereich der öffentlichen Verwaltung ist der Anteil an Frauen in Führung mit 61,4 %, bei einem Frauenanteil an den Beschäftigten von 45,5 %, höher (Destatis, 2021). Gründe dafür liegen möglicherweise in den gesetzlichen Vorgaben. In Baden-Württemberg enthält das Chancengleichheitsgesetz für den öffentlichen Dienst (ChancenG) vom 27. Februar 2016 für den gesamten öffentlichen Dienst geltende Quotenregelungen. In Bereichen, in denen Frauen unterrepräsentiert sind, müssen mindestens ebenso viele Frauen wie Männer bzw. alle Bewerberinnen zu Bewerbungsgesprächen eingeladen werden, die das in der Ausschreibung vorgegebene Anforderungs- und Qualifikationsprofil aufweisen (§ 10 Abs. 1 ChancenG).

Seit zehn Jahren gibt es auch für Mandate in Aufsichtsräten und seit vier Jahren für die Bestellung von Vorständen gesetzliche Quoten. In Deutschland war bis dahin nur knapp jedes fünfte Mandat von einer Frau besetzt. Seit 1. Mai 2015 schreibt das Gesetz für die gleichberechtigte Teilhabe von Frauen und Männern an Führungspositionen in der Privatwirtschaft und im öffentlichen Dienst (FüPoG) eine verbindliche Quote für die Besetzung von Aufsichtsräten vor. Für Aufsichtsräte von Unternehmen, die börsennotiert sind und der paritätischen Mitbestimmung unterliegen (> 2.000 Beschäftigte), wird eine Geschlechterquote von 30 % vorgeschrieben. Konkret bedeutet das, dass freiwerdende Aufsichtsratsmandate so lange an Frauen vergeben werden müssen, bis die 30 % erreicht sind, andernfalls bleibt der Platz im Aufsichtsrat unbesetzt (»leerer Stuhl«). Darüber hinaus werden Unternehmen, die entweder börsennotiert oder mitbestimmt sind, verpflichtet, Zielgrößen zur Erhöhung des Frauenanteils in Aufsichtsräten, Vorständen und obersten Management-Ebenen festzulegen.

Zum 12. August 2021 trat dann das Zweite Führungspositionengesetz (FüPoG II) in Kraft, das für börsennotierte und paritätisch mitbestimmte Unternehmen eine

Quotenregelung für die geschlechtergerechte Bestellung von Vorstandsmitgliedern vorschreibt: In den Vorständen mit mehr als drei Mitgliedern müssen mindestens eine Frau und ein Mann vertreten sein. Unternehmen, die entweder börsennotiert oder mitbestimmt sind, werden sanktionierbar verpflichtet, zu begründen, warum sie keine Zielgrößen zur Erhöhung des Frauenanteils in Aufsichtsräten, Vorständen und obersten Management-Ebenen festlegen. Darüber hinaus wurde die feste Geschlechterquote von 30 % in den Aufsichtsräten des FüPoG von 2015 auf Unternehmen mit Mehrheitsbeteiligung des Bundes ausgeweitet und für diese Unternehmen eine Mindestbeteiligung von einer Frau in Vorständen eingeführt, die mehr als zwei Mitglieder haben. Solange ein (mehr als dreiköpfiger) Vorstand bislang kein weibliches Mitglied hat, kann daher nur eine Frau neu als Vorstandsmitglied bestellt werden.

Die Wirksamkeit der auf den Weg gebrachten gesetzlichen Quoten des FüPoG, insbesondere für die Aufsichtsräte, belegt der Women-on-Board-Index (WoB-Index) des Frauennetzwerks FidAR, der den Frauenanteil in den Aufsichtsräten und Vorständen der derzeit 180 im DAX, MDAX und SDAX sowie der im Regulierten Markt notierten, paritätisch mitbestimmten Unternehmen misst. 2015, vor Einführung des FüPoG, lag der Frauenanteil in den Aufsichtsräten noch bei 19,9 % und ist jetzt auf 37,3 % gestiegen nach 35,3 % im Jahr 2023. In den Vorständen deutscher Unternehmen beträgt der Frauenanteil aktuell 19,3 % nach 18,3 % 2023 und 5 % im Jahr 2015 (FidAR, 2024).

Auch die im November 2022 vom EU-Parlament verabschiedete Corporate Sustainability Reporting Directive (CSRD), die ab dem 01. Januar 2025 schrittweise in Kraft tritt, beinhaltet Berichtspflichten zu Gender-Themen, die positive Auswirkungen auf die Repräsentanz von Frauen in Führungspositionen haben könnten. Unternehmen müssen auch über die Aufschlüsselung der Beschäftigten nach Geschlecht sowie die Geschlechterverteilung in der obersten Führungsebene, berichten und auch darüber, wie die Themen Chancengleichheit und Gleichstellung der Geschlechter behandelt werden sowie über Maßnahmen, die dazu bereits getroffen wurden oder in Planung sind.

Geschlechtergerechtigkeit und deren Erklärungsansätze

Geschlechtergerechtigkeit gilt als erreicht, wenn Männer und Frauen die gleichen Freiheitsgrade in der Gestaltung ihres Lebens haben und ihr Leben nicht durch ihr Geschlecht vorgezeichnet ist. Nach Pimminger (2014) schließt die Forderung nach Geschlechtergerechtigkeit eine Gleichheit in der Verteilung von Ressourcen und der entgegengebrachten Wertschätzung ein. Artikel 2 Grundgesetz zufolge hat jeder Mensch das Recht auf freie Entfaltung seiner Persönlichkeit, faktisch aber, bestimmt das Geschlecht als soziale Kategorie auf sehr vielschichtige Art und Weise, wie ein Mensch in sein soziales Umfeld eingewoben ist und auch wie ihm sein soziales Umfeld begegnet. Auch strukturell betrachtet, bei der Ressourcenverteilung, gibt es viele Ungleichheiten, wie z. B. die oben beschriebenen nicht der geschlechtlichen Repräsentanz in der Bevölkerung entsprechende auf Männer und Frauen verteilten Anteile an Leitungspositionen in Unternehmen und öffentlicher Verwaltung.

In der Debatte um Geschlechtergerechtigkeit knüpft die Forderung, mehr Führungspositionen durch Frauen zu besetzen und dazu ggf. Quoten vorzuschreiben, an dem Erklärungsansatz der Gleichheit der Geschlechter an. Pimminger (2014) beschreibt noch zwei weitere Erklärungsansätze: die Fokussierung auf die Unterschiede zwischen den Geschlechtern und die Aufhebung von Geschlecht. Alle drei Ansätze stellen jeweils unterschiedliche Forderungen zur Erreichung von mehr Geschlechtergerechtigkeit.

Der Gleichheitsansatz richtet den Blick auf die strukturellen Unterschiede zwischen den beiden Geschlechtern und legt den Fokus auf die bis heute bestehenden materiellen Ungleichheiten, die auch aus dem Vorrang von Erwerbsarbeit vor (vornehmlich von Frauen ausgeführter) Care-Arbeit in den Familien resultieren. Mit dem Gleichheitsansatz ist die Forderung der Gleichstellung von Frauen und Männern in dem Sinne verbunden, dass Frauen gleichberechtigt Zugang erhalten in die von männlicher Dominanz geprägten Führungsetagen der Unternehmen, der Politik, dem Sport und der Kultur in der Form, dass das Geschlecht für die von der Person erreichbare gesellschaftliche Position keine Rolle spielt. Der Differenzansatz hingegen geht von einer natürlichen Ungleichheit der Geschlechter in einer durch Androzentrismus (Vorrangstellung des Mannes und Definition von Frau als Nicht-Mann) bestimmten und Sexismus einschließenden symbolischen Geschlechterhierarchie aus, was die Gefahr verfestigter traditioneller Vorstellung zum Mannsein und Frausein birgt. Die mit dem Differenzansatz verbundene Forderung richtet sich auf die Anerkennung weiblicher Stärken, wie Kommunikation, Beziehungsmanagement und Care. Dem Aufhebungsansatz zufolge ist das Geschlecht Ergebnis sozialer Interaktion und determiniert sich dadurch, wie sich jemand verhält (doing-gender). Der Aufhebungsansatz hebt die normative Zweigeschlechtlichkeit insofern auf als davon ausgegangen wird, dass beobachtbare Unterschiede zwischen den Geschlechtern nicht naturgegeben sind. Damit entzieht der Aufhebungsansatz Geschlechterungerechtigkeiten die Legitimierungsgrundlage.

Abgeleitet aus diesen Ansätzen ist das Ziel einer Geschlechtergerechtigkeit in einer Gesellschaft erreicht, sobald Männer und Frauen strukturell (z. B. beim Anteil an Führungspositionen und Gremien, in der Altersversorgung) gleichgestellt sind, das Erreichen einer gesellschaftlichen Position für Männer und Frauen gleichermaßen möglich ist, sowie Unterschiedlichkeiten der Geschlechter anerkannt und gleichermaßen wertgeschätzt werden.

Männer und Frauen – Geschlecht als Kategorie

Mit dem Geschlecht sind in unserer Gesellschaft und damit auch in der Berufswelt nach wie vor Stereotypisierungen, Vorurteile, Diskriminierung, auch in der Form von Sexismus, sowie unterschiedliche Interpretationen von Verhalten und Gesagtem verbunden – je nachdem, ob es um einen Mann oder eine Frau geht (▶ Dar. 8).

Dar. 8: Abgrenzung Stereotype, Vorurteile, Diskriminierung (Quelle: Jonas und Schmid Mast, 2007)

Stereotype
Stereotype sind Merkmale, die den Mitgliedern sozialer Gruppen allein aufgrund ihrer Gruppenzugehörigkeit zugeschrieben werden (Kognitionen), z. B. über Männer und Frauen
Vorurteile
Vorurteile sind mit negativen Gefühlen verbundene negative Bewertungen von Gruppen und Gruppenmitgliedern (affektiver Aspekt), z. B. ablehnende Gefühle in Verbindung mit der Bewerbung einer Frau auf eine Führungsposition
Diskriminierung
Diskriminierung sind die aus den Stereotypisierungen und Vorurteilen resultierenden Verhaltenskonsequenzen (konativer Aspekt), z. B. ungleiche Behandlung von Männern und Frauen bei der Einladung zu Bewerbungsgesprächen. Nach dem Allgemeinen Gleichbehandlungsgesetz (AGG) kann Diskriminierung aufgrund der Rasse, der ethnischen Herkunft, des Geschlechts, der Religion oder Weltanschauung, einer Behinderung, des Alters oder der sexuellen Identität strafrechtlich relevant sein (§ 1 AGG)

Biologisches und soziales Geschlecht – sex und gender

Das biologische Geschlecht (engl. sex) von Menschen ist binär angelegt und lässt sich über die chromosomale Ausstattung XX (Frau) und XY (Mann), über die Keimzellen (Ei-Sperma-Unterscheidung) sowie über die Morphologie der primären und sekundären Geschlechtsmerkmale bestimmen (TU Wien, o. J.). Nach den Daten des Zensus 2022 lebten zum Stichtag 15. Mai 2022 deutschlandweit 82.719.540 Menschen, davon 40.674.034 (49,17 %) Männer, 42.045.507 (50,83 %) Frauen sowie 969 eingetragene diverse Menschen (0,00117 %) und 1.259 Menschen ohne Angabe zum Geschlecht (0,00152 %) zusammen 2.228 (0,00269 %). (Destatis, 2022).

Den Schätzungen der Deutschen Gesellschaft für Trans- und Intergeschlechtlichkeit (dgti) e. V., die 1998 gegründet wurde und heute vielfältig die Interessen von transgeschlechtlichen, intergeschlechtlichen, nichtbinären und agender Menschen vertritt, sind in Deutschland etwa 1,7 % der Bevölkerung intergeschlechtlich (Tagesspiegel 11.07.2024). Die vom Marktforschungsinstitut Ipsos im April/ Mai 2024 als Online-Umfrage durchgeführte Studie LGBT+ Pride 2024 gibt den Anteil queerer Menschen basierend auf rund 1.000 in Deutschland ausgefüllten Fragebögen wie folgt an: Anteil von Personen im Alter zwischen 16 bis 74 Jahren 12 %, davon 5 % lesbisch oder schwul, 4 % bisexuell, 1 % (gerundet) transsexuell+, 1 % (gerundet) sonstige+. Dabei weisen die Umfrageergebnisse altersabhängig unterschiedliche Anteile aus: Generation Z (Jahrgänge 1997+) 22 %, Millenials (Jahrgänge 1981-1996) 10 %, GenX (Jahrgänge 1965-1980) 10 % und Baby-Boomer (Jahrgänge 1946-1964) 5 %. Ipsos begründet die Repräsentativität der Befragungsergebnisse mit der hohen Internetdurchdringung in Deutschland (Ipsos, 2024a, 2024b). Nach wissenschaftlichen Maßstäben ist eine Repräsentativität nicht gewährleistet, insbesondere kann ein Non-Response Bias, der beschreibt, dass Personen an Umfragen nicht teilnehmen, z. B., weil sie sich von den abgefragten Merkmalen nicht angesprochen fühlen, nicht ausgeschlossen werden.

Der englische Begriff Gender wurde nach Babka (2007) ursprünglich 1955 von dem US-amerikanischen Forscher John Money eingeführt, um damit das Fühlen und das Verhalten intersexueller Menschen begrifflich einzuordnen, die bei nicht eindeutig als männlich oder weiblich klassifizierbare Geschlechtsmerkmale, eine eindeutige Geschlechtsidentität oder eine eindeutige Geschlechtsrollenpräsentation aufweisen. Heute steht Gender für das soziale Geschlecht und schließt die Geschlechterrollen und die an sie gestellten Erwartungen mit ein (Sauer, 2018). Nach Pimminger (2014, S. 29) ist Gender auf vielfältige Weise in »strukturelle Verhältnisse, kulturelle Wertordnungen und subjektive Identitäten« eingewoben.

Die Weiterentwicklung der Sex-Gender-Thematik zur Unterstützung des Feminismus geht auf Rubin (1975) zurück, die für eine Gesellschaft eintritt, in der das biologische Geschlecht nicht bestimmt, wer man ist, was man tut oder wen man liebt und deren Ziel darin besteht, die Unterdrückung der Frau durch gesellschaftliche und politische Reformen zu beenden. Gender steht im Feminismus dafür, die dem biologischen Geschlecht zugeschriebenen Geschlechterrollen aufzuheben und dem anderen Geschlecht, Verhaltensweisen zu öffnen, die mit dem jeweiligen Geschlecht in Zusammenhang gebracht werden.

Dar. 9: Geschlechteridentitäten (Quellen: Die Bundesregierung (2024)[1)] und Sauer (2018)[2)])

LSBTIQ*[2)]
LSBTIQ ist im deutschen das Akronym für Lesben, Schwule, Bisexuelle, Trans, Inter und Queers; ein angehängter Asterisk* ist Platzhalter für weitere, nicht benannte Identitäten. Im Englischen wird das S durch G für »gay« ersetzt und es gibt auch Varianten bei der Reihenfolge der Buchstaben
Queer[2)]
Queer wird häufig als Oberbegriff für die verschiedenen Geschlechteridentitäten einschließlich lesbisch und schwul verwandt, ist im Rahmen einer Politisierung aber auch damit verbunden, Offenheit für nicht-binäre Geschlechter und nicht-normative Sexualpraktiken zu thematisieren
Transgeschlechtliche Menschen[1)]
Transgeschlechtliche Menschen identifizieren sich nicht oder nicht nur mit dem Geschlecht, das ihnen bei der Geburt zugewiesen wurde
Intergeschlechtliche Menschen[1)]
Intergeschlechtliche Menschen haben angeborene körperliche Merkmale, die sich nach medizinischen Normen (Geschlechtsorgane, den Chromosomensatz oder die Hormonproduktion) nicht eindeutig als männlich oder weiblich einordnen lassen
Nichtbinär[1)]
Selbstbezeichnung für Menschen, die sich nicht als Mann oder Frau identifizieren
Agender[2)]
Agender steht für geschlechtslos und ist eine Selbstbezeichnung für Menschen, die sich keinem Geschlecht zugehörig oder geschlechtsneutral fühlen

Geschlechterstereotypen

Einstellungen gegenüber sozialen Gruppen (wie von Männern gegenüber Frauen und umgekehrt) wirken dreifach: affektiv (emotional) als Vorurteile, konativ (verhaltens- und handlungsorientiert) als Diskriminierung und kognitiv (wissend, erkennend) als Stereotype. Stereotype sind verallgemeinernde, negative oder positive Annahmen bezüglich der Merkmale und des Verhaltens von Mitgliedern sozialer Gruppen (Kite et al., 2008) und gelten als Ursache für viele Missverständnisse im beruflichen Zusammenwirken von Männern und Frauen: Männer schauen Fußball, trinken Bier, lieben schnelle Autos. Frauen tanzen gern, ernähren sich vegan und lieben Shopping (Deaux & Lewis, 1984). Stereotype beinhalten nach Steffens und Ebert (2016) verallgemeinernde negative, aber auch positive Zuschreibungen. Zugeschrieben werden physische Attribute (»Männer sind größer als Frauen«), Persönlichkeitseigenschaften (»Männer sind aggressiv, Frauen sind ängstlich«), Fähigkeiten (»Mädchen sind gut in Sprachen, Jungen sind gut in Mathe«), Vorlieben (»Männer interessieren sich für Sport, Frauen interessieren sich für Mode«) und Verhalten im Alltag (»Frauen dekorieren schön; Männer reparieren, was im Haus kaputtgeht«).

Geschlechterstereotypen bilden sich nach der Theorie der sozialen Rollen (SRT, Social Role Theory; Eagly & Wood, 2012) aus dem Beobachten und Erfahren des Verhaltens von Männern und Frauen. In industrialisierten Gesellschaften üben traditionell Frauen häufiger die Rolle der Hausfrau aus und Männer sind traditionell häufiger die »Brötchenverdiener«. Zudem leiten auch heute noch deutlich häufiger Männer als Frauen Unternehmen und Organisationen. Dabei führt die SRT die Ursprünge der sozialen Rollen von Männern und Frauen in erster Linie auf die körperlichen Unterschiede zwischen den Geschlechtern zurück, insbesondere der Körpergröße und der Muskelstärke der Männer sowie dem Umstand, dass es die Frauen sind, die die Kinder bekommen. Darüber hinaus fundieren biologische Prozesse, insbesondere hormonelle Einflüsse, vor allem des Testosterons bei Männern und des Östrogens bei Frauen das Rollenverhalten. Das Rollenverhalten wird demnach psychologisch erklärt durch Normierungen der Geschlechterrolle, die selbstregulierend wirken, aber auch sozial regulierend über die Erwartungen anderer an Frauen und Männer, sowie über die Biologie der Menschen. Die jeweilige Geschlechterrolle ergibt sich nämlich auch dadurch, dass bestimmte Tätigkeiten effizienter von dem einen oder dem anderen Geschlecht ausgeführt werden können, so können Männer aufgrund ihrer größeren Muskelkraft im Allgemeinen Lasten leichter tragen als Frauen. Aus dem beobachteten Verhalten entstehen in der Gesellschaft und bei jedem Einzelnen Ansichten dazu, wie sich Männer und Frauen typischerweise verhalten und daraus werden den Geschlechtern Eigenschaften zugeschrieben, die diese typischerweise besitzen. Die den Frauen zugeschriebene Gemeinschaftsorientierung wird mit kommunalen Eigenschaften in Verbindung gebracht, die als typisch für die Hausfrauenrolle wahrgenommen werden. Hingegen werden Männern agentische Eigenschaften zugeschrieben, die als typisch für die Rolle des »Brötchenverdieners« gelten. (Eagly & Wood, 2012) Darstellung 10 zeigt eine Übersicht über dir im beruflichen Kontext relevanten Geschlechterstereotype.

Dar. 10: Geschlechterstereotype im beruflichen Kontext (Quelle: Blackmore, 2021)

Agentische Eigenschaften (männlich)	Kommunale Eigenschaften (weiblich)
ehrgeizig	kommunikationsstark
leistungsorientiert	teamorientiert
analytisch	kooperativ
führungskompetent	verantwortungsbewusst
durchsetzungsstark	konfliktfähig
wettbewerbsorientiert	empathisch
überzeugend	motivierend
karriereorientiert	
entscheidungsfreudig	
nach Unabhängigkeit strebend	

Im beruflichen Kontext ist die Unterscheidung in agentische und kommunale Eigenschaften vor allem bei der Formulierung von Stellenanzeigen relevant, denn diese werden von Männern und Frauen jeweils anders gelesen. Frauen achten aufgrund ihrer Ausrichtung auf Inhalte (dazu gleich mehr) verstärkt auf das Anforderungsprofil, Weiterbildungsmöglichkeiten und Informationen zu Vereinbarkeit von Beruf und Familie, sie fühlen sich durch dort aufgeführte kommunale Fähigkeiten angesprochen. Dagegen sind Männer aufgrund der Bedeutung, die sie ihrer hierarchischen Stellung beimessen, mehr an Informationen zur Positionierung der Organisation interessiert (z. B. »Marktführer in...«, »Größter Anbieter Europas für...«) und identifizieren sich mehr mit den in der Stellenanzeige aufgeführten agentischen Eigenschaften (Blackmore, 2021). Für mehr Fairness bei der Auswahl von Bewerberinnen und Bewerbern empfiehlt Wesely (2016), sich bei Bewertungen weniger an Eigenschaften und mehr an dokumentierten Zielerreichungen und Aufgabenerfüllungen zu orientieren.

Sexismus und Gender Bias

Der angemessene Umgang mit geschlechtsbezogenen Stereotypen und die Bewusstmachung von Gender Bias ist für das gelingende Zusammenwirken von Männern und Frauen im Beruf von großer Bedeutung, da die daraus resultierenden Verhaltensweisen und Schlussfolgerungen zu beruflichen Benachteiligungen aufgrund des Geschlechts führen können.

Sexismus liegt vor, wenn abwertend diskriminierendes Verhalten aufgrund des Geschlechts offen zutage tritt, z. B. in Äußerungen wie derjenigen, dass Frauen keine Mathematik könnten. Dagegen sind Unconscious Gender Bias unbewusste Wahrnehmungsverzerrungen aufgrund von Geschlechterstereotypisierungen anstelle objektiver Bewertungen, wenn z. B. selbstbewusstes Auftreten bei einem Mann als Qualifikation für eine Führungsposition interpretiert wird, bei einer Frau dagegen als unangenehm dominant und ihr deshalb mangelnde Integrationsfähigkeit in Teams attestiert wird. Ein Gender Bias ist damit eine Folge kognitiver Kategorisierungen durch Stereotype, die uns in Alltag und Beruf dabei helfen, Komplexität durch Sortieren und Ordnen der täglichen Informationsflut zu reduzieren. Das Geschlecht (gender) ist in unserer Kultur eines der wesentlichen Kriterien für eine Kategorisierung von Personen. Wie Vorurteile können sie unser Wahrnehmen, Denken, Erinnern und Urteilen systematisch verzerren. Nach Blank (2023) verstärken sich diese Gender Biases in Entscheidungsprozessen intersektional mit Biases in Bezug auf die sozioökonomische Schicht (class), ethnische Herkunft (race), Behinderung (dis_ability) oder das Alter (age).

Greenwald und Banaji (1995) fanden heraus, dass Einstellungen, aus denen sich unser soziales Verhalten ableitet, in der Regel implizit aus den vorher gemachten Erfahrungen wirken und wiesen nach, dass auch Wahrnehmungsverzerrungen aufgrund geschlechtsbezogener Typisierungen (Gender Bias) vielfach unbewusst (Unconscious) erfolgen. Dabei ist die Gefahr des Auftretens von unbewussten Verzerrungen hoch, weil nach Kahneman (2014) das Denken im Bereich des Unterbewussten 95 % unserer Entscheidungen über unser Sozialverhalten bestimmt. Es erfolgt schnell, intuitiv, emotional und Komplexität reduzierend, folgt dem Prinzip der Wiedererkennung und ist damit nicht kontrolliert und wenig selbstreflektiert. Unconscious Gender Biases wirken besonders folgenreich, wenn es um die Bewertung von Menschen im beruflichen Kontext geht, z. B. in Einstellungs- und in Berufungsverfahren oder auch bei der Evaluation von Mitarbeitenden in Unternehmen und Lehrenden an Hochschulen, die auch mit Bewerbungsverfahren in Zusammenhang stehen können.

Mini-me-Effekt

Gender Biases können durch die homosoziale Kooptation oder Mini-me-Effekt eine Verstärkung erfahren (Kanter, 1977). Homosozialität beschreibt den Umstand, dass sich Menschen gerne mit Menschen umgeben, die ihnen geschlechtsbezogen, aber auch vom sozialen, beruflichen oder familiären Hintergrund her betrachtet ähnlich sind. Aus diesen Ähnlichkeiten werden intuitiv Gemeinsamkeiten abgeleitet, die versprechen, Verständnis füreinander zu haben und so den Umgang miteinander zu erleichtern. In Einstellungsverfahren, bei Entscheidungen über Beförderungen oder dem Zugang zu Netzwerken werden deshalb Angehörige der eigenen sozialen Gruppe, in denen sich der Entscheider oder die Entscheiderin selbst widerspiegelt, bevorzugt.

Um über Aufklärung der Mitglieder von Berufungskommissionen in ihren Berufungsverfahren geschlechtersensiblere Beurteilungen zu erzeugen, thematisiert die Technische Universität Dortmund die Themen Gender Bias und homosoziale Kooptation ausdrücklich in Ihrem Berufungsleitfaden (Technische Universität Dortmund, 2024). Auch die Checkliste für gendergerechte Berufungsverfahren an der Dualen Hochschule Baden-Württemberg prüft den Ausschluss von Gender Bias (DHBW, 2023). Die FernUniversität Hagen (2013, S. 15) schreibt darüber hinaus in ihrem Berufungsleitfaden: »Generell ist darauf zu achten, dass bei der Festlegung von Kriterien für eine Auswahl nicht automatisch die männliche Normalbiographie im Vordergrund steht, sondern dass auch die oft auf Grund struktureller Bedingungen umwegig verlaufenden Frauenkarrieren mit in den Blick genommen werden.« Um Unconsciuos Gender Bias und homosozialer Kooption entgegenzuwirken, werden für Berufungsverfahren an den Hochschulen normierte Verfahrensabläufe mit vorab fixierten Kriterienkatalogen und Bewertungen empfohlen.

Geschlechterunterschiede

Was ist dran an den Unterschieden, die Männern und Frauen zugeschrieben werden und die Einfluss haben können auf deren Bewertung in Ausbildung, Studium und beruflichem Umfeld? Steffens und Ebert (2016) widmen der Frage berufsrelevanter Geschlechterunterschiede ein ganzes Kapitel und um es vorwegzunehmen, die für den Beruf relevanten Geschlechterunterschiede bei Persönlichkeitseigenschaften, Einstellungen und Verhalten werden allgemein überbewertet. Männern und Frauen, die denselben Beruf ausüben, sollte eher mit der Erwartung gegenübergetreten werden, dass sie sich ähnlich sind. Unterscheidungen innerhalb einer Gruppe von Männern oder einer Gruppe von Frauen sind in der Regel höher als geschlechtsbezogene Unterschiede. Eine empirisch nachgewiesene Ausnahme bildet lediglich die Art und Weise der Kommunikation, wobei diese nicht naturgegeben anders ist, sondern aus Unterschieden der Sozialisation herrühren.

Kognitive Geschlechterunterschiede

Nach Steffens und Ebert (2016) wurden in den von ihnen aufgeführten Studien zwischen Männern und Frauen nur sehr geringfügige Unterschiede in ihren kognitiven Fähigkeiten nachgewiesen, die zu klein sind, um insbesondere Unterschiede in der Berufswahl von Männern und Frauen zu erklären: Geringfügige Unterschiede gibt es im räumlichen Denkvermögen zu Gunsten der Männer (z. B. Hyde, 2007), die nicht als naturgegeben, sondern als erlernt gelten, etwa durch Computerspiele, was Jungen vergleichsweise häufiger tun als Mädchen (Feierabend et al., 2023). Bei den sprachlichen Fähigkeiten, assoziativem Gedächtnis und Verarbeitungsgeschwindigkeit hingegen, sind unter den besten 5 % die Frauen den Männern überlegen (Ceci, S., J. et al., 2009). Bei den Leistungen in Mathematik weist eine Mehrzahl an Studien keine Geschlechterunterschiede nach (z. B. Hall et al., 1999), die Unterschiede sind, wenn überhaupt, auf die unterschiedliche Herangehensweise des Lösens standardisierter Tests zurückzuführen, denn nach Kling et al. (2012) arbeiten Frauen sorgfältiger und rechnen deshalb anfangs langsamer. Die noch häufig anzutreffende Auffassung, dass sich menschliche Gehirne nach den Gehirnmerkmalen der weißen und grauen Gehirnsubstanz in typisch weiblich und typisch männlich kategorisieren ließen, widerlegen Joel et al. (2015) anhand einer vielbeachteten Untersuchung von MRT-Aufnahmen 1.400 menschlicher Gehirne.

Richard et al. (2003) zufolge, sind Männer selbstsicherer als Frauen und tendieren dazu, ihre Fähigkeiten zu überschätzen während Frauen ihre Fähigkeiten eher realistisch einschätzen bis unterschätzen. Frauen führen ihre Leistungen häufiger darauf zurück, Glück gehabt zu haben, während Männer ihre Leistungen auf ihre Fähigkeiten zurückführen. Diese Geschlechterunterschiede haben konkrete Auswirkungen auf das Berufsleben. So bewerben sich Frauen seltener, wenn sie nicht alle in der Stellenausschreibung aufgeführten Anforderungen erfüllen (Kay und Shipman, 2014). Männer bewerben sich dagegen schon, wenn sie etwa 60 % der Anforderungen erfüllen. Zudem werden in Stellenausschreibungen aufgeführte Anforderungen unterschiedlich eingestuft (Braun et al., 2015). Die auch heute noch weit verbreitete Vorstellung, dass Männer eine höhere Karrieremotivation hätten als Frauen, können die Untersuchungen von King (2008) nicht bestätigen, die vermutet, dass diese Vorstellung rein auf Geschlechterstereotypen beruht. Devos et al. (2008) beschreiben nahezu keine Unterschiede, mit welcher Einsatzbereitschaft und Arbeitsaufwand Studenten und Studentinnen ihre Studienziele verfolgen.

Männer sind durchschnittlich aggressiver als Frauen, was sich auch auf das Arbeitsleben auswirken kann, aber vornehmlich durch im Straßenverkehr oder Straftaten statistisch belegt ist. Im Jahr 2022 haben in Deutschland Männer etwa 6,5-mal mehr Verkehrsverstöße begangen als Frauen (Kraftfahrzeug Bundesamt, 2023) und unter den rechtskräftig verurteilten Personen waren etwa 4,5-mal so viele Männer wie Frauen (Destatis, 2023f). Zu weiblicher Aggressivität wie sie auch für das Berufsleben relevant ist, weist Modler (2017) in seinem Buch »Die freundliche Feindin« hin. Danach findet weibliche Aggression auf der kommunikativen Ebene und eher verdeckt statt, zudem ist sie vornehmlich gegen Frauen gerichtet. Weibliche Aggressivität setzt an dem für horizontal Kommunizierende (mehr dazu gleich) elementar wichtigem Kriterium der Zugehörigkeit an und hat zum Ziel, unliebsame Konkurrentinnen auszugrenzen.

Geschlechterspezifische Kommunikation

Kommunikation ist Verständigung unter Verwendung von Sprache und Zeichen, Gestik, Mimik, Körperhaltung und Verhalten. Sie findet nach Hall (1973) in einem Sender-Empfänger-Modell statt. Der Sender encodiert seine Nachricht, die der Empfänger decodiert. Wie Menschen Nachrichten encodieren und decodieren ist stark geprägt von ihrer Sozialisation und Kultur (Wesely, 2016). Doing Gender als geschlechterspezifisches Verhalten erfolgt überwiegend kommunikativ, d. h. wir kommunizieren als Männer oder Frauen und gehen aus unserer Art der Kommunikation als Männer und als Frauen hervor. Dabei erfolgen aus der Art und Weise der Kommunikation nicht nur Zuordnungen (zum Geschlecht), sondern auch Wertungen, sog. Gender Orders, die stets eine Über- oder Unterordnung beinhalten. Kommunikation in allen Phasen des Kommunikationsprozesses ist anfällig für Störungen und Fehler. Fehleranfällig ist, insbesondere die Kommunikation zwischen Männern und Frauen im Beruf, denn diese unterscheidet sich stark. Nach Tannen (2001) kommunizieren Männer vorrangig vertikal und Frauen vorrangig horizontal (Tannen, 1995a, 1995b), was sich unter Heranziehung eines zweidimensionalen Koordinatensystems veranschaulichen lässt.

Vertikale Kommunikation erfolgt nach Tannen (1995a) innerhalb der mit »Rang« und »Revier« zu bezeichnenden Achsen und bedeutet, dass vertikal Kommunizierende und das sind in der Regel Männer, aber auch einige Frauen kommunizieren (mittlerweile) so, in der Art und Weise wie sie kommunizieren, intuitiv vorrangig nach diesen beiden Kriterien wahrgenommen und bewertet werden möchten. »Rang« meint damit die hierarchische Einordnung der kommunizierenden Person innerhalb der z. B. an einem Meeting teilnehmenden Personengruppe, weshalb diese Personen Präsentationen vor allem an die ranghöchste Person im Raum adressieren. »Revier« meint, dass die Kommunikation auch stark davon bestimmt wird, welchen Bereich, insbesondere räumlich, aber gelegentlich auch fachlich, die kommunizierende Person als den ihren betrachtet und den sie respektiert sehen möchte.

Selbstverständlich wird vertikal kommunizierenden Menschen nicht abgesprochen, dass es ihnen auch um die Inhalte ihrer Wortbeiträge geht, aber häufig führt es bei ihnen zu Irritationen, wenn Rang- und Revierfragen in ihrer Kommunikation von der Empfängergruppe nicht ausreichend beachtet werden. Die Orientierung an Rang und Revier hat im beruflichen Kontext auch Bedeutung für Stellenausschreibungen, denn Männer achten stärker auf das Profil der Organisation, des Unternehmens oder der Hochschule als Frauen (Peus, 2015).

Horizontale Kommunikation erfolgt nach Tannen (1995a) innerhalb der mit »Zugehörigkeit« und »Inhalte« zu bezeichnenden Achsen und bedeutet, dass horizontal Kommunizierende und das sind vor allem Frauen, aber auch einige Männer, die sich diesen Kommunikationsstil angeeignet haben (vor allem, wenn sie mit Frauen sprechen) ihre Art und Weise der Kommunikation an diesen beiden Kriterien ausrichten. »Zugehörigkeit« meint, dass die kommunizierende Person mit ihren Wortbeiträgen, mit dem was sie sagt und vor allem wie, in der Regel alle Zuhörerinnen und Zuhörer einbezieht und vor allem zum Ausdruck bringen möchte, dass sie im Interesse der z. B. an einem Meeting teilnehmenden Personengruppe agiert und damit ein Teil dieser Personengruppe ist. »Inhalt« meint, dass es die vorrangige Intention der kommunizierenden Person ist, das Thema inhaltlich weiterzuentwickeln – unabhängig vom Stellenwert des Projekts innerhalb der Organisation und auch dessen Einfluss auf den weiteren Karriereweg der präsentierenden Person. Die Orientierung horizontal Kommunizierender an Inhalten macht sich auch bei Stellenbewerbungen bemerkbar. Frauen achten in Stellenanzeigen eher auf Informationen zu, Anforderungsprofil, Angaben zu Arbeitszeiten und in Aussicht gestellte Möglichkeiten zur Weiterqualifikation und Vereinbarkeit. (Kay und Shipman, 2014)

Gelingende Kommunikation zwischen Frauen und Männern im Beruf

Wenn Männer und Frauen im Beruf aufeinandertreffen, sei es in einem Vier-Augen-Gespräch, in einem größeren Meeting, einem Bewerbungsgespräch oder in einem Berufungsverfahren stellt das Frauen und Männer wegen der unterschiedlichen Kommunikationsstile vor Herausforderungen. Damit die Kommunikation gelingt, kann es helfen, sich die unterschiedlichen Kommunikationsstile bewusst zu machen.

Bei vertikal kommunizierenden Männern beinhaltet ihre Art und Weise sich untereinander zu verständigen stets die Klärung der Rangstellung der am Gespräch teilnehmenden Personen ebenso wie Revierfragen (Tannen, 1995a). Ist die Rangordnung nicht durch Titulierungen der beruflichen Positionen in der Hierarchie der Organisation bereits geklärt, ist es (oft intuitiv) oberstes Ziel, im Gespräch die Oberhand zu gewinnen und sich damit als der Ranghöhere zu qualifizieren. Der Prozess lässt sich (auch von Frauen; Männer machen das intuitiv) abkürzen, indem schon zu Beginn eines Gesprächs der berufliche Titel des hierarchisch übergeordneten Mannes in das Gespräch eingeflochten wird »Sie sind der CEO, der Abteilungsleiter, der Rektor, der Dekan...«, um die Rangfrage schnell zu klären. Findet das Gespräch im eigenen Territorium (Abteilung oder besser noch Büro) statt, kann sich dieser Anspruch, der Ranghöhere zu sein, allein schon aus diesem Umstand ableiten – nicht umsonst haben hierarchisch höhere Personen größere Büros mit eigenem Besprechungstisch. Nach Tannen (1995a) gehen vertikal Kommunizierende in Opposition zu ihren Gesprächspartnern und -partnerinnen, indem sie, vor allem zu Beginn, diese durch verbale Herabsetzungen wie unterschwellige Zweifel an deren Kompetenz herausfordern. Dabei sind diese Personen auch an den Gesprächsinhalten interessiert, aber erst nach Klärung der Rang- und Revierfragen (Modler, 2017). Während Männer diesen Kommunikationsstil häufig intuitiv zur Rollenfindung nutzen, um dann zum eigentlichen Sinn des Gesprächs, nämlich den inhaltlichen Fragen überzugehen, empfinden Frauen diesen Kommunikationsstil als nicht wertschätzend, nicht selten als arrogant bis feindselig (Tannen, 1995a). In Bewerbungsgesprächen sollten vertikal kommunizierende Männer deshalb bedenken, dass sie eine Bewerberin nicht vollumfänglich kennenlernen werden, wenn sie ihr zu herausfordernd begegnen.

Männer staunen oft darüber, wie schnell nur aus Frauen bestehende Arbeitsgruppen zu einem Ergebnis kommen, was aber auch daran liegt, dass keine Zeit darauf verwendet wird, Rang- und Revierfragen zu klären. Frauen möchten mit dem horizontalen Kommunikationsstil ihren Kommunikationspartnerinnen und -partnern das Gefühl eines Gesprächs unter Gleichen auf Augenhöhe vermitteln. Dazu kann es vorkommen, dass sie ihre Autorität abgeleitet aus Expertise oder hierarchisch höherer Positionierung herunterspielen, um sich nicht selbst hervorzuheben. Zudem antizipieren vertikal Kommunizierende empathisch, wie das Gesagte auf die andere Person wirken könnte. Diese Rücksichtnahme auf die Gefühle anderer und das Herunterspielen der eigenen Autorität birgt die Gefahr, dass Frauen im Gespräch mit vertikal kommunizierenden Männern automatisch zu Unterlegenen werden und sie weniger selbstsicher und kompetent wirken (Tannen, 1995a).

Geschlechtergerechtes Schreiben und Sprechen

Berufliche Kommunikation richtet sich oft an einen ganzen Personenkreis, um zu etwas aufzufordern, z. B. zu einer Kenntnisnahme von Informationen oder zur Mitwirkung an einer Problemlösung oder auch, um allen zu danken, die zu einem Erfolg beigetragen haben. Um Wirksamkeit zu entfalten, ist es dabei elementar, die adressierten Personen mit einer geeigneten Ansprache auch persönlich zu erreichen. Dabei empfinden es Frauen heute als wenig wertschätzend, sprachlich übergangen zu werden. Auch kann die Möglichkeit bestehen, dass Menschen zum Adressatenkreis gehören, die nicht als Frau oder Mann angesprochen werden möchten. Deshalb schließen Schlüsselkompetenzen zu geschlechtergerechtem Umgang zwischen Männern und Frauen im Beruf auch ein, in welcher Weise wir uns gegenseitig ansprechen und bezeichnen. Im deutschen Sprachraum hat sich in Anlehnung an den englischen Begriff für die Anwendung geschlechtergerechter Sprache das Verb »gendern« entwickelt (LpB Baden-Württemberg, 2024).

Erste Forderungen, Frauen durch geschlechtergerechte Sprachanwendung sichtbar zu machen, kamen von Feministinnen in den 1960er-Jahren auf. Die ersten Richtlinien zur geschlechtergerechten Sprache gab es dann in den 1980er-Jahren (GfdS, 2019). In Deutschland wurde die sprachliche Gleichbehandlung 2001 mit dem Bundesgleichstellungsgesetz (BGleiG) auf Bundesebene institutionalisiert: »Die Rechts- und Verwaltungsvorschriften des Bundes, die Dienstvereinbarungen der Dienststellen sowie die Satzungen, Verträge und Vertragsformulare der Körperschaften, Anstalten und Stiftungen sollen die Gleichstellung von Frauen und Männern auch sprachlich zum Ausdruck bringen. Dies gilt auch für den Schriftverkehr« (§ 4 Abs. 3 BGleiG). Die Länder hatten seit den 1990er-Jahren schon Gesetze zur Frauenförderung. Neu aufgerollt wurde die Debatte um das Gendern mit der Änderung des Personenstandsgesetzes (PStG): Seit dem 01. Januar 2019 haben Menschen beim Eintrag in das Personenstandsregister neben »männlich« und »weiblich« die sog. dritte Option »divers« (Antidiskriminierungsstelle des Bundes, 2024). Die nachfolgenden Ausführungen orientieren sich an den Empfehlungen der für das Schreiben und Sprechen der deutschen Sprache relevanten Akteure, insbesondere des Rates für deutsche Rechtschreibung als der maßgeblichen Instanz für deutsche Rechtschreibung.

Geschlechtergerechte Sprache

Das Thema geschlechtergerechte Sprache wird im deutschen Sprachraum aktuell sehr kontrovers diskutiert. Dabei wird ein Festhalten am generischen Maskulinum (nur männliche Form bei der Bezeichnung von Personen) damit begründet, dass damit das weibliche Geschlecht einbezogen sei und das grammatische Genus von Substantiven (Gallmann, 2019/20) nichts mit dem biologischen Sexus von Lebewesen zu tun habe. Die Befürworter geschlechtergerechter Sprache argumentieren dagegen, dass wer von einem »Arzt« spricht, vor dem inneren Auge des Gegenübers das Bild eines Mannes im weißen Arztkittel erzeugt und damit Ärztinnen ausschließt (GfdS, 2019).

In Deutschland sind nach der zuletzt verfügbaren Statistik 46,7 % der Gesamtzahl Ärztinnen (Bundesärztekammer, 2016). Mehr Sichtbarkeit von Frauen in der Sprache fordert auch die Gesellschaft für deutsche Sprache (GfdS) und argumentiert, dass sich Sprache weiterentwickle und die in Artikel 3 Absatz 2 Grundgesetz verankerte Gleichberechtigung von Männern und Frauen abbilden müsse. Nach Eichhoff-Cyrus (2004) ist es Aufgabe von Sprache, nicht nur die Realität wiederzugeben, sondern auch Realität zu schaffen, nach Blank (2024, S. 93) ist das sogar »linguistische Tradition«. Seit Herbst 2020 bildet auch der Duden »eine veränderte sprachliche Realität ab« (Erich, 2021). Der Duden erklärt nun nicht nur den Wortbegriff »Arzt«, sondern auch den Wortbegriff »Ärztin« als »weibliche Person, die nach Medizinstudium und klinischer Ausbildung die staatliche Zulassung (Approbation) erhalten hat, Kranke zu behandeln (Berufsbezeichnung)«. Davor erfasste der Duden »Ärztin« bei der Erklärung des Wortbegriffs »Arzt« lediglich als »weibliche Form«. Der Rat für deutsche Rechtschreibung erklärt zur Paarform: »Die weit verbreitete Praxis, immer von Frauen und Männern in weiblicher und männlicher Form, im Plural oder in Passivkonstruktionen zu schreiben, wird der Erwartung geschlechtergerechter Schreibung derzeit am ehesten gerecht.« (Rat für deutsche Rechtschreibung, 2018a)

Welche Wirkung die Anwendung der Paarform entfalten kann, zeigen die Forschungsergebnisse von Vervecken und Hannover (2015). Sie haben herausgefunden, dass die Nennung der Paarform von Berufen (z. B. Ingenieurinnen und Ingenieure) bei Schulkindern dazu beiträgt, ihre Selbstwirksamkeit in Bezug auf traditionell männliche Berufe deutlich zu steigern. Dieser Effekt tritt durch die Wahrnehmung ein, dass die Berufe nicht so schwierig sind, wie es die Geschlechterstereotypen bei ausschließlicher Nennung der männlichen Berufsbezeichnung vermuten lassen. Die Entwicklung beruflicher Interessen beginnt der Studie zufolge bereits in der mittleren Kindheit und wird stark von der Wahrnehmung von Status und Schwierigkeit der Berufe geprägt.

Gendersensible Sprache

Die kritische Diskussion zum Gendern entzündet sich vor allem an der Anwendung von Passivkonstruktionen und Wortbinnenzeichen (Schrägstrich, Klammer, Binnenmajuskel, Gendergap, Genderstern) in der geschriebenen, aber auch in der gesprochenen Sprache, die darauf abzielen, auch Menschen, die sich nicht als Mann oder Frau einstufen, sprachlich mit einzubeziehen. Der für die deutsche Rechtschreibung maßgebliche Rat für deutsche Rechtschreibung hat auf die Einführung des dritten Geschlechts im Personenstandsgesetz zum 01. Januar 2019 dann zum 26. März 2021 und 15. Dezember 2023 noch zwei weitere Erklärungen zu geschlechtergerechten Schreibweisen abgegeben. Schon 2018 formulierte der Rat, dass ihm »das Recht der Menschen, die sich weder dem männlichen noch dem weiblichen Geschlecht zugehörig fühlen, auf angemessene sprachliche Bezeichnung ein Anliegen [ist], das sich auch in der geschriebenen Sprache abbilden soll.« (Rat für deutsche Rechtschreibung, 2018b). Der Rat hat aber die Schreibweisen unter Verwendung von Wortbinnenzeichen, wie z. B. Schrägstrich, Klammer, Binnenmajuskel und Gendergap, bis heute nicht zur Aufnahme in das Amtliche Regelwerk der deutschen Rechtschreibung empfohlen (Rat für deutsche Rechtschreibung, 2023a, 2023b). Die in den Presseerklärungen dazu abgegebenen Begründungen stellen im Wesentlichen auf ungeklärte grammatische Folgeprobleme ab, z. B. in syntaktischen Zusammenhängen zur Mehrfachnennung von Artikeln oder Pronomen (»der*die Präsident*in«), die Uneinheitlichkeit in der Verwendung und die erschwerte Verständlichkeit von Texten (Rat für deutsche Rechtschreibung, 2023c, 2024). Zudem darf die geschlechtergerechte Schreibung nach Auffassung des Rates das Erlernen der geschriebenen deutschen Sprache nicht erschweren, insbesondere für Schüler und Schülerinnen, die die deutsche Sprache nach den Vorgaben des Amtlichen Regelwerkes erlernen und die vom Rat mit 12 % angegebenen Erwachsenen des deutschen Sprachraums mit geringer Literalität (Rat für deutsche Rechtschreibung, 2018a). Lediglich aus der korrekten männlichen Form abgeleitete Verkürzungsformen (»Bürger/-innen«) werden in dem vom Rat herausgegebenen Amtlichen Regelwerk der deutschen Rechtschreibung erfasst.

Bei Hochschulen beobachtet der Rat die Verwendung der einschlägigen Wortbinnenzeichen wie z. B. Genderstern oder Unterstrich und hält es für strittig, ob und inwieweit Hochschulen dazu berechtigt sind, von der amtlichen deutschen Rechtschreibung abzuweichen (Rat für deutsche Rechtschreibung, 2023c).

Der Rat für deutsche Rechtschreibung gibt an, die weitere Schreibentwicklung im deutschsprachigen Raum zu beobachten und weiter zu prüfen, ob und inwieweit verschiedene Zeichen zur Erfüllung der Kriterien geschlechtergerechter oder geschlechtersensibler Schreibung geeignet sein könnten. Zu den als Wortbinnenzeichen verwendeten Sonderzeichen hat der Rat zwischenzeitlich einen Ergänzungspassus beschlossen, der die Entwicklung der Wortbinnenzeichen beschreibt, aber zugleich klarstellt, dass diese nicht zum Kernbestand der deutschen Orthografie gehören: »Diese Sonderzeichen als Bedeutungssignale innerhalb von Wörtern können nicht in das Amtliche Regelwerk der deutschen Rechtschreibung aufgenommen werden, weil sie derzeit nicht wissenschaftlich eindeutig zu begründen sind" (Rat für deutsche Rechtschreibung, 2023a, S. 48).

Ist Gendern in Deutschland verpflichtend?

In Deutschland ist das Gendern insbesondere unter Verwendung der Wortbinnenzeichen weder auf Landes- noch auf Bundesebene durch Gesetze vorgeschrieben. Eine Ausnahme bildet das in § 1 AGG festgeschriebene Verbot, Bewerberinnen und Bewerber aufgrund ihres Geschlechts zu benachteiligen. Stellenanzeigen sind deshalb diskriminierungsfrei zu gestalten, was mit dem erklärenden Klammerzusatz (m/w/d) hinter der Berufsbezeichnung und einer ansonsten geschlechterneutralen Formulierung als erfüllt gilt (Bundesverband Deutscher Sachverständiger und Fachgutachter e.V., 2024). Zum Gendern unter Verwendung der Sonderzeichen als Wortbinnenzeichen haben bereits einige Bundesländer für Schulen und Behörden Verbote erlassen:

- In Sachsen 2021, Schleswig-Holstein 2023 und in Hessen 2024 haben die Kultusministerien, in Sachsen-Anhalt 2023 das Bildungsministerium die Gültigkeit des Amtlichen Regelwerks der deutschen Rechtschreibung ausdrücklich verfügt und die Verwendung der Wortbinnenzeichen an Schulen verboten. Damit gelten Gender-Schreibweisen unter Verwendung der Wortbinnenzeichen in den Schulen als Rechtschreibfehler. In Sachsen wurde dieses Verbot in dem Erlass vom 06.07.2023 auf den Schriftverkehr der Verwaltung und der Schulen ausgeweitet und gilt auch, wenn das Kultusministerium mit Vereinen, Stiftungen und Verbänden gemeinsam nach außen auftritt. (Hessischer Landtag, 2024; Ministerium für Bildung Sachsen-Anhalt, 2023; Ministerium für Bildung, Wissenschaft und Kultur (MWK) Schleswig-Holstein, 2021; Staatsministerium für Kultus des Freistaats Sachsen, 2023)
- In Bayern hat die Landesregierung im März 2023 durch eine Änderung der Allgemeinen Geschäftsordnung für die Behörden des Freistaates Bayern (AGO) die Verwendung von Wortbinnenzeichen (Genderstern, Doppelpunkt, Gender-Gap oder Mediopunkt) verboten (§ 22, Abs. 5, S. 2 AGO) und macht sich damit diesbezüglich unabhängig von zukünftigen Entscheidungen des Rates für deutsche Rechtschreibung zur Genderschreibweise. Das Verbot gilt für offizielle Schreiben, Internetseiten von Behörden und Schulen, Elternbriefe, Schulbücher und Internetseiten.
- In Baden-Württemberg wurde am 30. Januar 2024 durch die Landesregierung klargestellt, dass für den offiziellen Schriftverkehr der Landesbehörde das Amtliche Regelwerk der deutschen Rechtschreibung einzuhalten ist und dass das Gendern mit Wortbinnenzeichen nicht der amtlich gültigen Rechtschreiberegeln entspricht (Landtag von Baden-Württemberg, 2024).

Zusammenfassung

Dieser Beitrag begreift geschlechterkompetenten Umgang als Schlüsselkompetenz für ein gelingendes Zusammenwirken von Männern und Frauen im Beruf. Es wurde aufgezeigt, dass zahlreiche Studien zur Erhöhung der Repräsentanz von Frauen in Führungspositionen einen daraus resultierenden Mehrwert belegen und dass der deutsche Gesetzgeber ernst macht mit den ihm durch Artikel 3 Absatz 2 Grundgesetz gegebenen Möglichkeiten, durch gesetzliche Bestimmungen Frauen zu fördern, um mehr Chancengleichheit im Beruf herzustellen. Es wurde gezeigt, wie Stereotypisierungen entstehen, wie diese von Vorurteilen und Diskriminierung abzugrenzen sind und wie sie als Unconscious Gender Bias bei der Bewertung der beruflichen Leistungen des jeweils anderen Geschlechts wirken können. Der beschriebene Mini Me-Effekt deckt auf, warum so viele junge Führungskräfte ihren Vorgängern ähneln und es Frauen oftmals schwerer haben, bei nur männlich besetzten Auswahlkommissionen für eine Stelle oder eine Beförderung ausgewählt zu werden. Zugleich räumt der Beitrag mit Vorstellungen auf, dass bestimmte Begabungen dem einen oder dem anderen Geschlecht quasi natürlich zugeordnet seien. Es werden auch empirische Befunde zur geschlechterspezifischen Kommunikation aufgezeigt, die auch konkrete Handlungsempfehlungen für den beruflichen Umgang unter Männern und Frauen begründen. Der Beitrag thematisiert auch Hinweise zur Ansprache von Männern und Frauen auf Basis der Empfehlungen der für das korrekte Schreiben und Sprechen der deutschen Sprache relevanten Akteure.

Das Ziel dieses Beitrags ist es, Männer und Frauen dabei zu unterstützen, im Beruf wertschätzend und fair miteinander umzugehen. Dabei sei jeder und jede dazu aufgerufen, sich selbst immer wieder kritisch zu hinterfragen, um die eigene Einstellung gegenüber dem anderen Geschlecht zu überprüfen und sich eigener Stereotypisierungen bewusst zu werden.

Literatur

Abele, A. E. und Spurk, D. (2011). The dual impact of gender and the influence of timing of parenthood on men's and women's career development: Longitudinal findings. In: International Journal of Behavioral Development, 35(3), S. 225-232. https://doi.org/10.1177/0165025411398181.

Alternative für Deutschland (2021). Programm der Alternative für Deutschland für die Wahl zum 20. Deutschen Bundestag. https://www.afd.de/wp-content/uploads/2021/06/20210611_AfD_Programm_2021.pdf (zuletzt abgerufen am 23.06.2025).

Antidiskriminierungsstelle des Bundes (2024). Frau – Mann – Divers: Die »Dritte Option« und das AGG. https://www.antidiskriminierungsstelle.de/DE/ueber-diskriminierung/lebensbereiche/arbeitsleben/dritte-option/Dritte_Option.html (zuletzt abgerufen am 23.06.2025).

Babka, A. (2007). »Rundum Gender«: Literatur, Literaturwissenschaft, Literaturtheorie. In: S. Krammer und K. Moser-Pacher (Hrsg.). Gender, S. 8-21. https://ide.aau.at/wp-content/uploads/2022/03/2007-3.pdf (zuletzt abgerufen am 17.03.2025).

Blackmore, S. (2021). Professionelle Berufungsverfahren: Fokus Ausschreibung & Aktive Rekrutierung. Unveröffentlichte Präsentation.

Blank, B. (2023). Geschlechterrollen und Genderbias. Unveröffentlichtes Manuskript.

Blank, B. (2024). Was ist Empowerment? Beltz Juventa.

Braun, S., Hentschel, T., Peus, Claudia und Frey, D. (2015). Chancengleichheit durch professionelle Personalauswahl in der Wissenschaft. In: C. Peus, S. Braun, T., Hentschel und D. Frey (Hrsg.). Personalauswahl in der Wissenschaft: Evidenzbasierte Methoden und Impulse für die Praxis, S. 29-50. Springer.

Bundesärztekammer (2016). Gesamtzahl der Ärztinnen und Ärzte. https://www.bundesaerztekammer.de/fileadmin/user_upload/_old-files/downloads/pdf-Ordner/Statistik2016/Stat16AbbTab.pdf (zuletzt abgerufen am 23.06.2025).

Die Bundesregierung (2024). Selbst über das eigene Geschlecht bestimmen: Bundesrat billigt Selbstbestimmungsgesetz. https://www.bundesregierung.de/breg-de/themen/tipps-fuer-verbraucher/selbstbestimmungsgesetz-2215426 (zuletzt abgerufen am 17.03.2025).

Bundesverband Deutscher Sachverständiger und Fachgutachter e. V. (2024). Abmahnungen bei Stellenausschreibungen vermeiden. https://www.bdsf.de/infothek/gesetze/abmahnungen-bei-stellenausschreibungen-vermeiden (zuletzt abgerufen am 17.03.2025).

Bündnis 90/Die Grünen (2015). Geschlechtergerechte Sprache in Anträgen an die BDK: 39. Ordentliche Bundesdelegiertenkonferenz Halle, Beschluss. https://cms.gruene.de/uploads/assets/BDK15_Geschlechtergerechte_Sprache.pdf (zuletzt abgerufen am 17.03.2025).

CDU (2024). In Freiheit leben: Grundsatzprogramm der CDU Deutschlands. https://www.grundsatzprogramm-cdu.de/sites/www.grundsatzprogramm-cdu.de/files/downloads/240507_cdu_gsp_2024_beschluss_parteitag_final_1.pdf (zuletzt abgerufen am 17.03.2025).

Ceci, S., J., Williams, W., M. und Barnett, S. M. (2009). Women's underrepresentation in science: Sociocultural and biological considerations. In: Psychological Bulletin, 135, S. 218-261.

Deaux, K. und Lewis, L. L. (1984). Structure of gender stereotypes: Interrelationships among components and gender label. In: Journal of personality and social psychology, 46, S. 991-1004.

Devos, T., Blanco, K., Rico, F. und Dunn, R. (2008). The role of parenthood and college education in the self-concept of college students: Explicit and implicit assessments of gendered aspirations. In: Sex Roles, 59, S. 214-228.

Duale Hochschule Baden-Württemberg (2023). Checkliste für gendergerechte Berufungsverfahren an der DHBW. Unveröffentlichtes Dokument.

Duden (2024). »Liebe Mit-glieder-innen und Mit-glieder«? – Personenbezeichnungen mit festem Genus. https://www.duden.de/sprachwissen/sprachratgeber/%E2%80%9ELiebe-Mit%C2%ADglieder%C2%ADinnen-und-Mit%C2%ADglieder%E2%80%9C-%E2%80%93-Personen%C2%AD%C2%ADbezeich%C2%ADnungen (zuletzt abgerufen am 23.06.2025).

Eagly, A. H. und Wood, W. (2012). Social role theory. In: P. van Lange, A. Kruglanski, E. Higgins und P. A. van Lange (Hrsg.). Handbook of theories of social psychology, S. 458-476. Sage.

Eichhoff-Cyrus, K. M. (2004). Adam, Eva und die Sprache: Beiträge zur Geschlechterforschung. Duden.

Erich, N. (2021). Gendergerechte Sprache: "Wir bilden eine veränderte sprachliche Realität ab". https://www.zeit.de/kultur/2021-01/gendergerechte-sprache-duden-kathrin-kunkel-razum (zuletzt abgerufen am 17.03.2025).

Europäische Union (2000). Charta der Grundrechte der Europäischen Union (Amtsblatt der Europäischen Gemeinschaften C364/01). https://www.europarl.europa.eu/charter/pdf/text_de.pdf (zuletzt abgerufen am 17.03.2025).

Eurostat (2023). Anteil von Frauen in Führungspositionen, aufgeschlüsselt nach Mitgliedsstaat im Jahr 2022. Statista. https://de-statista-com.ezproxy-dhma-1.redi-bw.de/statistik/daten/studie/1098311/umfrage/frauenanteil-in-fuehrungspositionen-in-der-eu/ (zuletzt abgerufen am 17.03.2025).

FDP (2024). Für einen liberalen Umgang mit Sprache und gegen ihre politische Instrumentalisierung: Beschluss des Bundesvorstands der FDP. https://www.fdp.de/beschluss/beschluss-des-bundesvorstands-fuer-einen-liberalen-umgang-mit-sprache-und-gegen-ihre (zuletzt abgerufen am 23.06.2025).

Feierabend, S., Rathgeb, T., Kheredmand, H. und Glöckler, S. (2023). JIM-Studie 2023: Jugend, Information, Medien. https://www.mpfs.de/fileadmin/files/Studien/JIM/2022/JIM_2023_web_final_kor.pdf (zuletzt abgerufen am 17.03.2025).

FernUniversität Hagen (2013). Leitfaden zur Berücksichtigung der Gleichstellung in Berufungsverfahren. https://www.fernuni-hagen.de/gleichstellung/docs/feu/leitfaden_zur_ber%C3%BCcksichtigung_der_gleichstellung_in_berufungsverfahren.pdf (zuletzt abgerufen am 23.06.2025).

Frauen in die Aufsichtsräte e. V. FidAR (2021). Women-on-Board-Index 185 2021. https://www.fidar.de/webmedia/documents/wob-index-185/2021-05/210115_Studie_WoB-Index_185_V.pdf (zuletzt abgerufen am 17.03.2025).

FidAR (2024). Women-on-Board-Index 185 2024. https://www.yumpu.com/de/document/read/68757577/wob-index-185-studieranking-2024 (zuletzt abgerufen am 17.03.2025).

Gallmann, P. (2019/20). Zum Genus bei Personenbezeichnungen. Universität Jena, Jena. http://gallmann.uni-jena.de/Wort/Wort_Nomen_Genus_Personen.pdf (zuletzt abgerufen am 17.03.2025).

Gesellschaft für deutsche Sprache (2019). Leitlinien der GfdS zu den Möglichkeiten des Genderings. https://gfds.de/standpunkt-der-gesellschaft-fuer-deutsche-sprache-gfds-zueinergeschlechtergerechten-sprache/.

Gesellschaft für deutsche Sprache (2020). Leitlinien der GfdS zu den Möglichkeiten des Genderings. https://gfds.de/standpunkt-der-gfds-zu-einergeschlechtergerechten-sprache/ (zuletzt abgerufen am 23.06.2025).

Greenwald, A. G. und Banaji, M. R. (1995). Implicit social cognition: attitudes, selfesteem, and stereotypes. In: Psychological review, 102(1), S. 4-27. https://doi.org/10.1037/0033-295X.102.1.4.

Hall, C. W., Davis, N. B., Bolen, L. M. und Chia, R. (1999). Gender and racial differences in mathematical performance. Journal of Social Psychology, 139, S. 677-689. https://doi.org/10.1080/00224549909598248.

Hall, S. (1973). Encoding and decoding in the television discourse: Paper for the Council Of Europe Colloquy on »Training In T'he Critical heading Of televisual language«. Birmingham.

Hessischer Landtag (2024). Genderverbot der schwarz-roten Landesregierung in den Abschluss- und Abiturprüfungen 2024 (Drucksache 21/424). https://starweb.hessen.de/cache/DRS/21/4/00424.pdf (zuletzt abgerufen am 17.03.2025).

Hults, C. M., Francis, R. C., Clint, E. K., Smith, W., Sober, E. R., Garland, T. und Rhodes, J. S. (2024). Still little evidence sex differences in spatial navigation are evolutionary adaptations. In: Royal Society open science, 11(1), 231532. https://doi.org/10.1098/rsos.231532.

Hyde, J. S. (2007). Women in science: Gender similarities in abilities and sociocultural forces. In: Ceci, S., J. und Williams, W., M. (Hrsg.). Why aren't more women in science? Top researchers debate the evidence, S. 131-145. APA. https://psycnet.apa.org/doi/10.1037/11546-011.

Infratest dimap (2021). Weiter Vorbehalte gegen gendergerechte Sprache: Welt am Sonntag. https://www.infratest-dimap.de/umfragen-analysen/bundesweit/umfragen/aktuell/weiter-vorbehalte-gegen-gendergerechte-sprache/ (zuletzt abgerufen am 23.06.2025).

International Labour Office (2019). The business case for change (Women in business and management).

Ipsos (2024a). Studie zum Pride Month: LGBTQIA+-Rechte weltweit unter Druck, in Deutschland hohe Akzeptanz und neue Brüche. https://www.ipsos.com/de-de/studie-pride-month-lgbtqia-rechte-weltweit-unter-druck (zuletzt abgerufen am 23.06.2025).

Ipsos (2024b). LGBT+ Pride 2024: A 26-Country Ipsos Global Advisor Survey. https://www.ipsos.com/sites/default/files/ct/news/documents/2024-05/Pride%20Report%20FINAL_0.pdf (zuletzt abgerufen am 17.03.2025).

Joel, D., Berman, Z., Tavor, I., Wexler, N., Gaber, O., Stein, Y., Shefi, N., Pool, J., Urchs, S., Margulies, D. S., Liem, F., Hänggi, J., Jäncke, L. und Assaf, Y. (2015). Sex beyond the genitalia: The human brain mosaic. In: Proceedings of the National Academy of Sciences of the United States of America, 112(50), S. 15468–15473. https://doi.org/10.1073/pnas.1509654112.

Jonas, K. und Schmid Mast, M. (2007). Stereotyp und Vorurteil. In: J. Straub, Weidemann A. und D. Weidemann (Hrsg.), Handbuch interkulturelle Kommunikation und Kompetenz, S. 69-76. Metzler.

Kahneman, D. (2014). Schnelles Denken, langsames Denken, 6. Aufl. Pantheon.

Kanter, R. M. (1977). Men and women of the corporation [Nachdr.]. Basic Books.

Kay, K. und Shipman, C. (2014). The Confidence Code: The Science and Art of SelfAssurance – What Women Should Know. HarperCollins.

King, E. B. (2008). The effect of bias on the advancement of working mothers: Disentangling legitimate concerns from inaccurate stereotypes as predictors of advancement in academe. In: Human Relations, 61, S. 1677-1711. https://doi.org/10.1177/0018726708098082.

Kite, M. E., Deaux, K. und Haynes, E. L. (2008). Gender Stereotypes. In: F. Denmark und M. A. Paludi (Hrsg.). Women's psychology. Psychology of women: A handbook of issues and theories, 2. Aufl., S. 205-236. Praeger.

Kling, K. C., Noftle, E. E. und Robins, R. W. (2012). Why do standardized tests underpredict women's academic performance? The role of conscientiousness. In: Social Psychology and Personality Science, 4(5), S. 600-606. https://doi.org/10.1177/1948550612469038.

Kohaut, S. und Möller, I. (2023). Führungspositionen in Deutschland 2022: Frauen bleiben nach wie vor unterrepräsentiert (IAB-Kurzbericht Nr. 22). https://doku.iab.de/kurzber/2023/kb2023-22.pdf (zuletzt abgerufen am 17.03.2025).

Kompetenzzentrum Frauen in Wissenschaft und Forschung CEWS (2024). Frauen- und Männeranteile im akademischen Qualifikationsverlauf, 2022. https://www.gesis.org/cews/daten-und-informationen/statistiken/thematische-suche/detailanzeige/article/frauen-und-maenneranteile-im-akademischen-qualifikationsverlauf (zuletzt abgerufen am 17.03.2025).

Kraftfahrzeug Bundesamt (2023). Neueintragungen von Verkehrsverstößen in Deutschland nach ausgewählten Deliktgruppen und Geschlecht im Jahr 2022. Statista. https://de-statista-com.ezproxydhma-1.redi-bw.de/statistik/daten/studie/899287/umfrage/verkehrsverstoessenach-ausgewaehlten-deliktgruppen-und-geschlecht/ (zuletzt abgerufen am 17.03.2025).

Landeszentrale für politische Bildung Baden-Württemberg. (2024). Gendern: Ein Pro und Contra: Was für die gendergerechte Sprache spricht – und was dagegen. Ein Pro und Contra. https://www.lpb-bw.de/gendern#:~:text=Im%20Juli%202023%20wurde%20das,gemeinsam%20nach%20au%C3%9Fen%20auftritt%2C%20verboten (zuletzt abgerufen am 17.03.2025).

Landtag von Baden-Württemberg. (2024). Streit um Gendersprache: Grün-Schwarz findet Lösung. https://www.zeit.de/news/2024-01/30/initiative-gegen-gendern-ist-zufrieden-mit-klarstellung (zuletzt abgerufen am 23.06.2025).

Lorenzo, R., Voigt, N., Tsusaka, M., Krentz, M. und Abouzahr, K. (2018). How diverse leadership teams boost innovation. https://www.bcg.com/publications/2018/how-diverse-leadership-teams-boost-innovation (zuletzt abgerufen am 23.06.2025).

Martinsen, Ø. L. (2014). Personality for Leadership. https://www.bi.edu/research/business-review/articles/2014/03/personality-for-leadership/ (zuletzt abgerufen am 23.06.2025).

McKinsey (2023). Diversity matters even more: The case for holistic impact. https://www.mckinsey.com/featured-insights/diversity-and-inclusion/diversity-matters-even-more-the-case-for-holistic-impact#/ (zuletzt abgerufen am 23.06.2025).

Ministerium für Bildung Sachsen-Anhalt (2023). Rechtschreibung – Verwendung von Sonderzeichen im Bereich geschlechtssensibler Sprache in der Schule. https://fragdenstaat.de/dokumente/243682-sl-briefbeginnschuljahr2023-24/?page=1 (zuletzt abgerufen am 17.03.2025).

Ministerium für Bildung, Wissenschaft und Kultur Schleswig-Holstein. (2021). Erlass zur Verwendung geschlechtergerechter Sprache im Unterricht und in der Kommunikation von Schulen. https://www.schleswig-holstein.de/DE/fachinhalte/S/schulrecht/Downloads/Erlasse/Downloads/Geschlechtergerechte_Sprache.pdf?__blob=publicationFile&v=1 (zuletzt abgerufen am 23.06.2025).

Modler, P. (2017). Die freundliche Feindin: Weibliche Machtstrategien im Beruf. Piper.

OECD (2023a). Joining Forces for Gender Equality. OECD Publishing. https://doi.org/10.1787/67d48024-en.

OECD (2023b). SIGI 2023 Global Report: Gender Equality in Times of Crisis, Social Institutions and Gender Index. OECD. https://doi.org/10.1787/4607b7c7-en.

Pimminger, I. (2014). Geschlechtergerechtigkeit? Ein Orientierungsrahmen für emanzipatorische Geschlechterpolitik. Friedrich-Ebert-Stiftung. https://library.fes.de/pdf-files/dialog/10739-20140513.pdf (zuletzt abgerufen am 17.03.2025).

Rat für deutsche Rechtschreibung (2018a). Geschlechtergerechte Schreibung: Herausforderung noch ohne Lösung [Pressemitteilung]. https://www.rechtschreibrat.com/DOX/rfdr_PM_2018-06-08_Geschlechtergerechte_Schreibung.pdf (zuletzt abgerufen am 17.03.2025).

Rat für deutsche Rechtschreibung (2018b). Empfehlungen zur »geschlechtergerechten Schreibung«: Beschluss des Rats für deutsche Rechtschreibung vom 16. November 2018. https://www.rechtschreibrat.com/DOX/rfdr_PM_2018-11-16_Geschlechtergerechte_Schreibung.pdf (zuletzt abgerufen am 17.03.2025).

Rat für deutsche Rechtschreibung (2021). Geschlechtergerechte Schreibung: Empfehlungen vom 26.03.2021. https://www.rechtschreibrat.com/DOX/rfdr_PM_2021-03-26_Geschlechtergerechte_Schreibung.pdf (zuletzt abgerufen am 17.03.2025).

Rat für deutsche Rechtschreibung (2023a). Bericht des Rats für deutsche Rechtschreibung über die Wahrnehmung seiner Aufgaben in der 3. Amtsperiode 2017–2023. https://www.rechtschreibrat.com/DOX/RfdR_Bericht_2017-2023.pdf (zuletzt abgerufen am 17.03.2025).

Rat für deutsche Rechtschreibung (2023b). Amtliches Regelwerk der deutschen Rechtschreibung: Ergänzungspassus Sonderzeichen. https://www.rechtschreibrat.com/DOX/rfdr_PM_2023-12-20_Geschlechtergerechte_Schreibung_Erlaeuterungs-Begruendungspapier.pdf (zuletzt abgerufen am 23.06.2025).

Rat für deutsche Rechtschreibung (2023c). Geschlechtergerechte Schreibung: Erläuterungen, Begründung und Kriterien vom 15.12.2023. https://www.rechtschreibrat.com/DOX/rfdr_PM_2023-12-15_Geschlechtergerechte_Schreibung.pdf (zuletzt abgerufen am 17.03.2025).

Rat für deutsche Rechtschreibung (2024). Amtliches Regelwork der deutschen Rechtschreibung: Regeln und Wörterverzeichnis. IDS.

Richard, F. D., Bond, C. F. und Stokes-Zoota, J. J. (2003). One Hundred Years of Social Psychology Quantitatively Described. In: Review of General Psychology, 7(4), S. 331-363. https://doi.org/10.1037/1089-2680.7.4.331.

Rubin, G. (1975). The Traffic in Women: Notes on the "Political Economy" of Sex. In: R. R. Reiter (Hrsg.). Toward an anthropology of women, S. 157-210. https://philpapers.org/archive/RUBtti.pdf (zuletzt abgerufen am 17.03.2025).

Sauer, A. (2018). LSBTIQ-Lexikon. Grundständig überarbeitete Glossar des Netzwerkes Trans*Inter*Sektionalität. https://www.bpb.de/themen/gender-diversitaet/geschlechtliche-vielfalt-trans/245426/lsbtiq-lexikon/ (zuletzt abgerufen am 23.06.2025).

Sidanius, J., Pratto, F. und Bobo, L. (1994). Social dominance orientation and the political psychology of gender: A case of invariance? In: Journal of personality and social psychology, 67(6), S. 998-1011. https://doi.org/10.1037/00223514.67.6.998.

SPD (2017). Klare Sprache: Ein Leitfaden. https://www.spd.de/fileadmin/Dokumente/Dashboard/FitFuerKampagne/Leitfaden_Klare_Sprache.pdf (zuletzt abgerufen am 23.06.2025).

Staatsministerium für Kultus des Freistaats Sachsen (2023). Geschlechtergerechte Sprache und Schreibung im Verwaltungsbereich und an den Schulen. https://fragdenstaat.de/dokumente/239248-geschlechtergerechte-sprache-und-schreibung-im-verwaltungsbereich-und-in-den-schulen/ (zuletzt abgerufen am 23.06.2025).

Statistisches Bundesamt (2021). Frauenanteil an Führungskräften und Erwerbtätigen in Deutschland 2021. Statista. https://www.destatis.de/DE/Presse/Pressemitteilungen/Zahl-der-Woche/2023/PD23_10_p002.html (zuletzt abgerufen am 23.06.2025).

Statistisches Bundesamt (2022). Zensus: Demografie. https://www.zensus2022.de/DE/Aktuelles/Demografie_VOE.html (zuletzt abgerufen am 23.06.2025).

Statistisches Bundesamt (2023a). Teilhabe von Frauen am Erwerbsleben. https://www.destatis.de/DE/Themen/Arbeit/Arbeitsmarkt/Qualitaet-Arbeit/Dimension-1/teilhabe-frauen-erwerbsleben.html (zuletzt abgerufen am 23.06.2025).

Statistisches Bundesamt (2023b). Bevölkerung – Einwohnerzahl in Deutschland nach Geschlecht von 1990 bis 2022. Statista. https://www.destatis.de/DE/Themen/Gesellschaft-Umwelt/Bevoelkerung/Bevoelkerungsstand/Tabellen/deutsche-nichtdeutsche-bevoelkerung-nach-geschlecht-deutschland.html (zuletzt abgerufen am 23.06.2025).
Statistisches Bundesamt (2023c). Anteil der Frauen bei den bestandenen Promotionen an Hochschulen in Deutschland in den Prüfungsjahren von 1994 bis 2022. Statista. https://de.statista.com/statistik/daten/studie/1244507/umfrage/frauenanteil-der-promotionen-in-deutschland/ (zuletzt abgerufen am 23.06.2025).
Statistisches Bundesamt (2023d). Frauenanteil in der Professorenschaft in Deutschland im Jahr 2022 nach Bundesländern. Statista. Frauenanteil in der Professorenschaft in Deutschland im Jahr 2022 nach Bundesländern. (zuletzt abgerufen am 23.06.2025).
Statistisches Bundesamt (2023e). Frauenanteil in der Professorenschaft in Deutschland von 2000 bis 2022. Statista. https://de.statista.com/statistik/daten/studie/160367/umfrage/frauenanteil-in-der-professorenschaft-in-deutschland/ (zuletzt abgerufen am 23.06.2025).
Statistisches Bundesamt (2023f). Anzahl der rechtskräftig verurteilten Personen in Deutschland nach Geschlecht von 2011 bis 2022. Statista. https://de.statista.com/statistik/daten/studie/1068769/umfrage/rechtskraeftig-verurteilte-personen-in-deutschland-nach-geschlecht/ (zuletzt abgerufen am 23.06.2025).
Steffens, M. C. und Ebert, I. D. (2016). Frauen – Männer – Karrieren: Eine sozialpsychologische Perspektive auf Frauen in männlich geprägten Arbeitskontexten. Springer.
Tannen, D. (1995a). Job-Talk: Wie Frauen und Männer am Arbeitsplatz miteinander reden. Kabel.
Tannen, D. (1995b). The Power Of Talk: Who gets heard and why. In Harvard Business Review, S. 138-148. https://hbr.org/1995/09/the-power-of-talk-who-gets-heard-and-why (zuletzt abgerufen am 23.06.2025).
Tannen, D. (2001). You just don't understand: Women and men in conversation. Quill.
Technische Universität Dortmund (2024). Berufungsverfahren – Chancengleichheit. https://berufung.tu-dortmund.de/berufungsverfahren/chancengleichheit/ (zuletzt abgerufen am 17.03.2025).
Technische Universität Wien. (o. J.). Sex bzw. die biologische Dimension des Geschlechts. https://www.tuwien.at/tu-wien/organisation/zentralebereiche/genderkompetenz/gender-in-der-forschung/geschlechtinnovation/begriffe/sex-bzw-die-biologische-dimension-des-geschlechts.
Vervecken, D. und Hannover, B. (2015). Yes I Can! In: Social Psychology, 46(2), S. 76-92. https://doi.org/10.1027/1864-9335/a000229.
Wesely, S. (2016). Gender und Kommunikation. Arbeitspapier, Fachhochschule Hannover.

VIII   Gesundheit und Schlüsselkompetenzen

Carl Diehm

Einführung

Präventivmediziner verstehen unter Gesundheitskompetenz das Wissen um die Umsetzung von relevanten Gesundheitsinformationen im Alltag. Menschen mit geringer Gesundheitskompetenz ernähren sich ungesünder und bewegen sich weniger. Sie rauchen häufiger und intensiver und trinken regelmäßig deutlich mehr Alkohol. Bekannt ist auch, dass Menschen mit einer geringen Gesundheitskompetenz deutlich mehr Medikamente einnehmen als Personen mit höherer Gesundheitskompetenz. Es gibt Hinweise aus epidemiologischen Studien, wonach sich die Gesundheitskompetenz in Deutschland in den letzten Jahren graduell verschlechtert habe. Umfragen ergaben, dass drei Viertel der Gesamtbevölkerung nur eine geringe Gesundheitskompetenz aufweise. Das ist sicher keine gute Entwicklung. Deshalb ist Prävention wichtig, diese reduziert nämlich entscheidend die Erkrankungsrisiken der Menschen. Oberstes Ziel muss es sein, die Krankheitslast in der gesamten Bevölkerung durch gezielte Maßnahmen zu verringern und das Auftreten von chronischen Krankheiten zu verzögern. Ein weiteres Ziel ist dabei sicher auch, eine möglichst hohe Lebenserwartung (»Lifespan«) und noch wichtiger ein möglichst langes und gesundes Leben ohne einschneidende Erkrankungen (»Healthspan«) zu erreichen. Man kann diese Intention auch überspitzt formulieren: »Man sollte möglichst jung sterben, aber so spät wie möglich...«.

Wie gesund sind Manager in Deutschland?

Unsere Arbeitsgruppe hat zur Beantwortung dieser Frage 1.000 deutsche Führungskräfte befragt. Es zeigte sich dabei, dass Führungskräfte heute nach einem ausgewogenen Lebensstil streben. Bei fast allen medizinischen Parametern sind Führungskräfte gesünder als der Durchschnittsbürger in unserem Land. Viel Sport und Bewegung, ein modernes Mantra in Deutschlands Führungsetagen, tragen zu diesem Befund bei. Die Erhebung »Wie gesund ernähren sich Manager?« brachte aber auch ans Licht, dass 48 % der befragten Führungskräfte nach der BMI-Definition übergewichtig sind, wobei das Verhältnis von Normalgewicht zu Übergewicht bei weiblichen Führungskräften deutlich besser ausfiel (81 % sind normalgewichtig) (Diehm, 2025).

Chefs leben mehr als doppelt so oft vegetarisch oder sogar vegan wie der Durchschnitt. Unsere Erhebung zeigte, dass sich 11 % der Manager vegetarisch und sogar

2 % vegan ernähren. Bei den weiblichen Führungskräften waren es sogar 16 bzw. 30 %. Führungskräfte achten laut dieser Studie stärker als der Durchschnitt auf gesunde Ernährung. Fleisch sehen viele von ihnen kritisch. Stark verändert hat sich vor allem auch der Alkoholkonsum, weil bekannt ist, dass Alkohol nicht nur die Leber, die Bauchspeicheldrüse und das Gehirn schädigt, sondern linear zu einer Erhöhung der Krebshäufigkeit führt.

Gesunde Ernährung ist den meisten Männern generell sehr wichtig. Ein knappes Drittel gibt an, sich bewusst gesund zu ernähren. Ein gutes Drittel erklärte »sich zu bemühen, gesund zu leben, dies aber nicht immer gelingt«. Und das letzte Drittel räumte ein, sich nicht gesund zu ernähren. Ungesunde Trinkrituale scheinen aber deutlich abzunehmen. 11 % der befragten Männer tranken gar keinen Alkohol; ein gutes Drittel hat den Konsum reduziert, ein gutes Viertel wollte das noch tun. 61 % der Befragten trinken ein bis zweimal pro Woche Alkohol, ein knappes Viertel 3- bis 5-mal und 4 % täglich.

> **Definitionen von Gesundheitskompetenz**
>
> Lange Zeit wurde Gesundheit in erster Linie als die bloße Abwesenheit von Krankheit verstanden.
>
> - Weltgesundheitsorganisation (WHO): Gesundheit ist ein »Zustand des vollkommenen physischen, geistigen und sozialen Wohlbefindens« und nicht nur das Freisein von Krankheit und Gebrechen. Schon die Formulierung vermittelt, dass Gesundheit nicht komplett messbar ist, sondern dass es sich dabei um ein normatives Gut handelt.
> - Bundesministerium für Gesundheit (BMG): Der Begriff »Gesundheitskompetenz« umfasst das Wissen, die Motivation und die Fähigkeiten von Menschen, relevante Gesundheitsinformationen zu finden, zu verstehen, zu beurteilen und im Alltag anzuwenden. Gesundheitskompetenz spielt bei der Gesunderhaltung und Krankheitsbewältigung eine wichtige Rolle.
> - Robert-Koch-Institut (RKI): Die Fähigkeiten, Gesundheitsinformationen zu finden, zu verstehen, zu bewerten und für gesundheitsbezogene Entscheidungen anzuwenden, werden als Gesundheitskompetenz oder Health Literacy bezeichnet. Hierbei geht es nicht nur um Lese- und Schreibfähigkeit, sondern auch um Wissen, Motivation und Kompetenzen, um sich im Alltag über das Gesundheitswesen, die Krankheitsprävention und die Gesundheitsförderung eine Meinung zu bilden und Entscheidungen zu treffen, die die Lebensqualität im Lebensverlauf erhalten oder verbessern.

Gesunde Ernährung als Dreh- und Angelpunkt

Mediterrane Ernährung

Es ist kein Geheimnis und keine der üblichen Ernährungs- und Diätmoden, die wie eine Sternschnuppe auftauchen und nach kurzer Zeit wieder verglühen: Die sog. Mittelmeerdiät oder mediterrane Ernährung, die in ausgewogener Weise reich an Gemüse, Obst, Cerealien, Fisch und Olivenöl ist, scheint für den Körper eine optimale Basisernährung zu sein, insbesondere im Frühling und Sommer, wenn die einzelnen Zutaten frisch auf dem Markt zu kaufen sind.

So leiden etwa die Menschen auf Kreta seltener an Herz-Kreislauf-Erkrankungen und haben bekanntlich eine über dem europäischen Durchschnitt liegende Lebenserwartung. Es sind nicht nur die Altersforscher, die regelmäßig auf griechische Inseln, nach Sardinien oder Korsika pilgern, um zu erkunden, warum die Menschen in diesen Gegenden so alt werden. Die Mittelmeerdiät scheint auch sehr gut vor Übergewicht zu schützen.

In einer großen Beobachtungsstudie nahmen 7,9 % ursprünglich übergewichtiger Frauen und 6,9 % Männer im Laufe der folgenden drei Jahre unter verschiedenen Ernährungsarten weiter zu. 23 % anfangs normal gewichtige Frauen und 13,8 % der Männer wurden im Untersuchungszeitraum übergewichtig. Dagegen wurden die übergewichtigen Personen, die sich an eine Mittelmeerdiät hielten, mit deutlich geringerer Wahrscheinlichkeit adipös und Normalgewichtige signifikant seltener übergewichtig. Dies ist ein klarer Hinweis, dass eine Mittelmeerdiät nicht nur das Leben verlängert, sondern eben auch das Gewicht im Rahmen hält (Diehm, 2025).

Bekanntermaßen kann die mediterrane Kost die Herz-Kreislauf-Gesundheit stärken. Eine spanische Arbeitsgruppe hat zu diesem Zusammenhang eine große prospektive Kohortenstudie publiziert, die zeigt, dass eine Mittelmeerdiät auch das Diabetes-Risiko bei gesunden Personen deutlich mindert. Eine Arbeitsgruppe aus San Diego zeigte ferner auf, dass Sonne und Vitamin D ebenfalls eine schützende Wirkung bei einer Typ-I-Diabetes bei Kindern haben. Die Mittelmeerdiät ist, das kann als Fazit aus medizinischer Perspektive festgehalten werden, eine sehr empfehlenswerte Mischkost. Sie gilt heute weltweit als eine der gesündesten Ernährungsformen überhaupt.

Intervallfasten 16:8 – die Superformel für Gewichtsverlust?

Die 16:8-Fastenmethode ist in aller Munde und gilt heute als das neue Mantra. Alternativ wird auch vom »Intervallfasten« oder »intermittierenden Fasten« gesprochen. Dabei handelt es sich eigentlich gar nicht um Fasten oder eine Fastendiät, sondern um ein cleveres Timing beim Essen: In der Regel entfällt nämlich das Frühstück. Das achtstündige Essensintervall beginnt beispielsweise um 12.00 Uhr. Die Nahrungsaufnahme endet dann im Idealfall um 20.00 Uhr. Wer so isst, verzichtet auf das Frühstück und wird zwangsweise beim Abendessen ordentlich Kalorien aufnehmen. Viele

Menschen leben heute so. Sie stehen morgens auf, greifen gleich zum Smartphone und schreiben von zuhause die ersten E-Mails, bevor sie ins Büro gehen. Zeit zum gemütlichen Frühstücken mit der Familie bleibt da meistens nicht, man will den morgendlichen Arbeitsrhythmus nicht unterbrechen. Die Geselligkeit wird im Idealfall bei einem schönen Abendessen nachgeholt. Vor Jahren hätten Mediziner diesen Essensstil verteufelt, im Zuge der 16:8-Methode[1] wird das Verhalten von Experten heute akzeptiert.

Körperliche Aktivitäten vor dem Frühstück oder Mittagessen wären ideal. Für den Zeitraum der achtstündigen Essensphase gibt es keine festen Regeln und auch keine eigentliche Kalorienbeschränkung. Alkohol ist erlaubt. Man darf in diesen acht Stunden also alles essen und trinken, wozu man Lust hat. Selbstverständlich sind Tee, Wasser und Kaffee besser als Milchgetränke, Softdrinks oder (unverdünnte) Fruchtsäfte. Salat und frische Früchte sollten natürlich auch weiterhin auf dem Speiseplan stehen. Bei einem spontanen unangenehmen Hungergefühl während der acht Stunden empfehle ich eine Handvoll Nüsse. Sie stillen nicht nur den Hunger, sondern senken auch eindrucksvoll den Cholesterinspiegel. Zudem sollte man versuchen, sieben bis acht Stunden pro Nacht zu schlafen. Zu wenig Schlaf führt zu Übergewicht. Die Mechanismen sind bekannt. Bei Schlafmangel produziert der Körper zu wenig von dem Sättigungshormon Leptin und tagsüber wird dann zu viel Ghrelin ausgeschüttet, das Hungergefühle auslöst.

Es kann von Verzicht eigentlich keine Rede sein. Forschungen der vergangenen zehn Jahre haben gezeigt, dass der Körper bei diesem neuen Ernährungstrend in der Ruhephase ohne Mahlzeiten ein »Reparaturprogramm« anwirft. Das ist gesund, hält uns nahe am Normalgewicht, macht uns sogar leistungsfähiger und führt höchstwahrscheinlich zu einer Lebensverlängerung. Man kann durch die beiden Methode den Blutdruck senken, Gewicht abnehmen, die Insulinsensitivität zur Diabetes-Prophylaxe verbessern und auch chronische Entzündungsprozesse im Körper deutlich reduzieren. Dazu gehören rheumatologische Erkrankungen, die stark um sich greifenden Autoimmunerkrankungen sowie degenerative Arthrosen in den Gelenken. Darüber hinaus reduziert sich auch das Risiko für eine Krebsentstehung.

Die Erfahrung zeigt, dass es für viele Menschen einfacher ist, zeitweilig komplett auf Essen zu verzichten als immer genau auf die Ernährung zu achten. Im Gegensatz zu konventionellem Fasten ist der Veränderungsbedarf bei dem 16:8- oder 5:2-Ansatz relativ gering. Oft reichen nur zwei Mahlzeiten pro Tag. Dadurch werden Kalorien gespart, ohne dass man ständig gegen den Hunger ankämpfen muss.

Bei 16:8 handelt es sich um keine radikale Fastenmethode, der Stoffwechsel wird nicht gedrosselt und die Muskelmasse nicht abgebaut. Das ist sehr wichtig und dürfte auch der Grund sein, warum ein Jo-Jo-Effekt seltener auftritt. Das Gewicht kann nach

---

1   Eine andere Methode des intermittierenden Fastens ist der 5:2-Ansatz. Dabei wird an fünf Tagen in der Woche normal gegessen und an zwei Tagen gefastet. An den beiden Fastentagen sollte man maximal 500 bis 600 Kilokalorien aufnehmen. Diese Methode erfordert allerdings deutlich mehr Willenskraft als die 16:8-Methode.

dem Abnehmen gehalten werden. Im Gegensatz zu Diäten ist der 16:8-Ansatz sogar eine besonders gesunde Art zu leben. Das System ist einfach anzuwenden. Es lässt jedem die Wahl, wie er die Phasen wählen will. Sport ist jederzeit möglich, selbst Krafttraining.

Warrior-Diät – One meal a day

Eine besonders radikale Form des Intervallfastens ist die Warrior-Diät, die Diät der Krieger: Kein Frühstück, kein Abendessen, lediglich gegen Mittag eine Mahlzeit. Ansonsten kalorienfreie Getränke. In den USA, im Land der Extreme, gibt es viele Zeitgenossen, die nur einmal am Tag essen.

Wissenschaftliche Studien an Mäusen haben gezeigt, dass die Tiere, die nur in einem bestimmten Zeitfenster fressen, schlank bleiben und länger leben als ihre Artgenossen, die rund um die Uhr Zugang zu Futter hatten. Eine Nahrungspause von mindestens 14 Stunden setzt zudem eine Art Reinigungsprozess in unseren Zellen in Gang, die sog. Autophagie. Dabei handelt es sich um einen Prozess, bei dem die Zellen eigene Bestandteile wie beschädigte Zellteile abbauen und verwerten. Dieses Recycling-Programm macht gealterte Zellen wieder voll funktionsfähig und könnte sogar den Alterungsprozess verlangsamen.

Obwohl Intervallfasten den meisten guttut, sollten einige Menschen damit Vorsicht walten lassen. Fragen Sie bitte unbedingt vor Beginn einen Arzt, wenn Sie an niedrigem Blutdruck, Stoffwechsel-, Krebs- oder anderen chronischen Krankheiten leiden. Intervallfasten ist auch eher ungeeignet bei bestehender Schwangerschaft und während der Stillzeit, bei Essstörungen oder bei Untergewicht.

Snacking tabu!

Unter Snacken verstehen wir das Futtern zwischendurch. Die Ursachen für dieses Fehlverhalten sind Stress, Stimmungsschwankungen (»Soulfood«) bis hin zur Langeweile. Vor Jahren haben Ärzte noch regelmäßige Zwischenmahlzeiten empfohlen. Schon damals ging es dabei aber nicht nur Schokoriegel oder Chips, sondern auch um zuckerreiches Obst wie Trauben und um Softdrinks. Snacken ist im Normalfall nichts anderes als unkontrolliertes Essen. Man verliert dabei leicht die Kontrolle und nimmt zu viele leere Kalorien zu sich. Damit wird der Blutzucker in die Höhe getrieben, die Insulinsekretion setzt ein und es beginnt eine sog. »Insulinachterbahn«. Man kann nicht mehr aufhören, Junkfood in sich hineinzustopfen. Maximal drei Hauptmahlzeiten sind deshalb zu empfehlen, ideal mit 4-6 Stunden Zwischenzeit bis zur nächsten Mahlzeit. Es sollte deshalb auch dem gesunden Snacking ein Riegel vorgeschoben werden. Essen sie nie, bevor sie die vorherige Mahlzeit nicht verdaut haben.

Kaffee

Kaffee zählt zurecht zu den Lieblingsgetränken der Deutschen. Rund 6,5 Kilogramm konsumiert jeder von uns im Durchschnitt pro Jahr. Damit liegen wir in der Statistik ungefähr gleich auf mit den Italienern und nur noch hinter den Niederländern und den Skandinaviern. Für viele Menschen gehört eine Tasse Kaffee zum gelungenen Start in den Tag. Coffein ist weltweit die mit Abstand am häufigsten genutzte Psychostimulanz. Coffein stammt aus der Kaffeebohne, dem Teeblatt und aus der Cola-Nuss. Es ist geruchlos, hat aber einen sehr bitteren Geschmack. Eine Tasse Kaffee enthält im Schnitt zwischen 75 und 150 mg Coffein, eine kleine Flasche Cola zwischen 30 und 60 mg, eine Energy-Drink etwa 80 mg.

In Deutschland geht man von rund 400 mg Koffein pro Tag aus. Das entspricht in etwa fünf großen Tassen Kaffee. Für Schwangere und stillende Frauen gelten jedoch andere Empfehlungen: In dieser Zeit sollte der Kaffeekonsum deutlich eingeschränkt werden.

Coffein wird im Magen-Darm-Trakt innerhalb von 15 Minuten resorbiert. Es führt zu einer Verengung der Blutgefäße und damit zu einer Blutdrucksteigerung. Über die Freisetzung des Stresshormons Adrenalin kommt es zu erhöhter Pulsfrequenz und Muskelspannung. Coffein hebt unser Wohlbefinden, es steigert die Muskelkraft, fördert die Verdauung und wirkt damit einer körperlichen und geistigen Erschöpfung entgegen.

Das Coffein im Kaffee kann die Reaktionsfähigkeit und die Aufmerksamkeit erhöhen und das logische Denken verbessern. Nicht nur die Geschwindigkeit der Denkprozesse wird erhöht, sondern auch das Langzeitgedächtnis verbessert. Diese stimulierende Wirkung setzt etwa 15-30 Minuten nach dem Kaffeekonsum ein. Dann hat sich das Koffein über den Blutkreislauf im Körper verteilt. Mit dem Urin wird es anschließend wieder ausgeschieden. Die Wirkung hält bis zu 4 Stunden an. Das hängt jedoch von verschiedenen Faktoren und auch dem Alter ab. Jeder Mensch reagiert unterschiedlich auf Kaffee, mancher spürt überhaupt keine Wirkung. Laut einer neuen Studie hängt dies offenbar von einem einzigen Gen (CYP1A2) ab.

Unser Körper gewöhnt sich an das Koffein. Obwohl nicht als Suchtmittel klassifiziert, kann plötzlicher Kaffeeentzug bei regelmäßigen Kaffeetrinken, sogar zu Kopfschmerzen und Konzentrationsschwierigkeiten führen.

Acht Thesen, warum Kaffee gesund ist...

- Kaffee verbessert die Reaktionszeit, die Aufmerksamkeit und das logische Denken.
- Kaffee ist gut für die Leber, er beugt einer Fettleber vor und reduziert die Häufigkeit der Leberzirrhose.
- Kaffee verbessert die Hautqualität.
- Kaffee macht glücklich, der Spiegel der »Glückshormone« Serotonin, Dopamin und Nor-Adrenalin steigen an.

- Kaffee hilft gegen Parkinson'sche Krankheit.
- Kaffee senkt das Krebsrisiko.
- Kaffee sorgt für athletische Höchstleistungen.
- Kaffee beugt der Diabetes vor.

Während der Verdacht, dass Kaffeekonsum das Risiko von Krebserkrankungen erhöhe, medizinisch nicht erhärtet werden konnte, besteht eine andere Gefahr: Die Tasse Kaffee wird oft zu heiß getrunken. Kaffee kommt bei uns im Schnitt mit 75 °C aus der Maschine. Meistens wird er etwa in Coffee Shops in Isolationsbechern gereicht bzw. in doppelwandigen Gläsern. Getränke über 65 °C gelten heute zumindest für die Speiseröhre als krebserregend. Experten empfehlen deshalb generell, Heißgetränke wie Kaffee und Tee mit einer Temperatur um 60° oder sogar noch etwas kühler zu trinken. Also: Genießen Sie den Kaffee nicht zu heiß.

Alkohol

Der Alkohol und sein Konsum sind wieder ins Gerede gekommen: So titelte der Guardian 2018 »An extra glass of wine a day will shorten your life by 30 minutes« (Boseley, 2018). Allen diese Meldungen gingen wissenschaftliche Studien voraus. In den vergangenen Jahren haben sich unzählige Publikationen mit dem Zusammenhang von Alkoholkonsum und unserer Gesundheit befasst. In verschiedenen Expertenrunden kam man Ende der 1990er Jahre sogar zu dem Ergebnis, dass ein geringer bis moderater Alkoholkonsum sogar einen günstigen Vermeidungseffekt bei Herz-Kreislauferkrankungen haben könnte. Aber selbst moderater Alkoholkonsum kann relativ schnell zu Abhängigkeit führen – mit daraus resultierenden Schäden für Leber, Bauchspeicheldrüse, Magen-Darm-Trakt, Stoffwechsel sowie dem Immun- und Herz-Kreislauf-System.

Erwachsene in Deutschland trinken jährlich 10,7 l reinen Alkohol, das entspricht rund 165 g pro Woche. Inzwischen liegen die Richtwerte bei uns in Deutschland bei maximal 12 g Alkohol pro Tag (Frauen) und 24 g Alkohol (Männer). Umgerechnet auf Getränke bedeutet das, bei Frauen wären 0,3 l Bier oder 0,15 l Wein unschädlich, bei Männern das Doppelte. Allerdings scheint die Alkoholverträglichkeit der Menschen national unterschiedlich zu sein.[2] Wenn man wissen will, ob ein Glas Wein gesund oder krank macht, kommt man bei einer kritischen Sicht der bislang vorliegenden Studien zu dem Schluss: 50 % der Studien zeigen, dass ein Glas Wein gesund ist, und 50 % zeigen, dass ein Glas Wein schädlich ist.

Mit der Menge des Alkoholkonsums erhöhen sich die Risiken für Schlaganfall, Herzinsuffizienz, Bluthochdruck und Herzinfarkt. Gleiches gilt für die Risiken für

---

2 Dabei ist Rotwein auch nicht gesünder. Das »Französische Paradoxon« wird höchstwahrscheinlich nicht durch die Menge an Rotwein erklärt, sondern eher durch die mediterrane Kost und den entspannten Lebensstil der Franzosen.

Krebs – bei Frauen, insbesondere auf Brustkrebs –, für Erkrankungen der Leber, Diabetes und natürlich auch die Folgen des mit hohem Alkoholkonsum oft einhergehenden Übergewichts. Eine absolute Katastrophe ist Alkohol während der Schwangerschaft. Mehr als 10.000 Kinder erblicken jährlich bei uns alkoholgeschädigt das Licht der Welt. Diese Kinder haben oft schwerste Entwicklungsstörungen bis hin zur späteren vollständigen Pflegebedürftigkeit.

In der Vergangenheit galt die komplette Enthaltsamkeit vielen Therapeuten als die einzig erfolgversprechende Methode, diese negativen Folgen zu umgehen. Jeder Tropfen Alkohol war in der Phase der Entwöhnung und auch danach verboten. Heute gibt es auch ein alternatives Konzept, einen alternativen Weg aus dem Alkoholproblem. Experten propagieren das sog. kontrollierte Trinken. Die Alkoholsuchtgefährdeten sollen lernen, ganz bewusst und achtsam mit Alkohol umzugehen. Die Therapie des kontrollierten Trinkens ist in Deutschland noch nicht so etabliert wie in anderen Ländern. In der Schweiz, in Frankreich, den Niederlanden und England ist diese Therapieform deutlich bekannter.

Weniger ist mehr! Die Botschaft kann aber nicht sein: Trinke gar nichts! Sondern eher ganz pragmatisch: Wenn man das Krebsrisiko verringern wollte, dann sollte man weniger trinken und falls man keinen Alkohol konsumiert, dann sollte gelten: Fangen Sie am besten gar nicht damit an!

Sport und Bewegung

Dass regelmäßige sportliche Aktivitäten gesund sind, steht außer Frage. Jetzt zeigte eine große amerikanische Studie, dass einige Sportarten sogar eindeutig das Leben verlängern. Folgende Sportarten wurden untersucht: Laufen, Radfahren, Schwimmen, Tennis und andere Schlägersportarten, Golf, Gehen, andere aerobe Sportarten. Als körperlich aktive Probanden wurden Teilnehmer eingestuft, die sich 7,5 bis 15 Stunden pro Woche bewegten. Die Studienergebnisse zeigten nach Auswertung der Daten: Je mehr sportliche Aktivitäten ausgeübt wurden, desto besser war das für die Gesundheit. Insgesamt lag das Sterblichkeitsrisiko um 13 % niedriger im Vergleich zu älteren Menschen, die weniger als 7,5 Stunden pro Woche körperlich trainierten (Ungrad, 2025).

Sport kann das Zellalter um bis zu 15 Jahre verringern. Schon eine halbe Stunde Sport pro Tag genügt, um das biologische Alter zu senken. Denn Sport wirkt wie ein Antioxidans für unsere Zellen: Wer körperlich aktiv ist, reduziert den für die Zellen so schädlichen oxidativen Stress. Außerdem trainiert Sport das Herz-Kreislauf-System, baut Muskeln auf, regt den Stoffwechsel an und wirkt gegen Stress. Wir werden leistungsstärker, belastbarer und gelassener gegenüber den alltäglichen Herausforderungen. Auch die Blutgefäße bleiben durch Sport jung: Untersuchungen ergaben, dass der Gefäßzustand von aktiven 60- bis 65-jährigen dem von inaktiven 20-Jährigen gleicht.

Prinzipiell fördert Sport die physische und psychische Gesundheit und kann ein probates Anti-Aging-Mittel sein. Es gibt aber auch Trainingsgewohnheiten, die nicht gesund und gut für uns sind – dazu zählen:

- Zu hohe Ausdauerbelastungen (»die Menge macht das Gift«), nicht ans Leistungslimit gehen.
- Nicht genügend Pausen zwischen den einzelnen Belastungen, denn Regeneration ist wichtig.
- Extrembelastungen bringen zu häufige und zu hohe Ausschüttungen von Cortisol.
- Unter Schmerzen weiter trainieren: Man muss auf den eigenen Körper hören und nur tun, was guttut.
- Mehr Kraft- als Ausdauersport im Hochleistungsbereich.
- Trainieren Sie nicht, wenn Sie keine Lust haben.
- Kein Training bei Erkältung oder generellen Infekten.

Es muss nicht immer Sport sein, auch Bewegung kann als Äquivalent gelten: 10.000 Schritte, also eine Strecke von sechs bis sieben Kilometern, sollen wir pro Tag schaffen. Eine schwedische Studie hat nun gezeigt, dass Probanden, die täglich 4.500 bis 5.000 Schritte gehen, ein um 40 % geringeres Risiko haben, eine Zuckerkrankheit zu entwickeln. Wie viele Schritte müssen wir täglich laufen, um unser Leben zu verlangern? (Deutsche Diabetes Gesellschaft, 2025)

Eine neue Metaanalyse kann belegen, dass langes Sitzen, wie es für viele Fach- und Führungskräfte typisch ist, die Gesamtsterblichkeit sowie die Häufigkeit des Auftretens von Krebs-, Kreislauf- und Stoffwechselerkrankungen deutlich erhöht. Langes passives Sitzen (beruflich und vor dem Fernseher) kann nicht mit gelegentlicher sportlicher Aktivität ausgeglichen werden. Es braucht ein regelmäßiges moderates Training, um gesund zu bleiben. Eine Vita activa ist angesagt, denn der menschliche Organismus ist offenbar nicht für Passivität und körperliche Inaktivität geschaffen.

Das metabolische Syndrom

Nachdem lange Zeit unterschiedliche Bezeichnungen kursierten, hat man sich seit einigen Jahren darauf geeinigt, dass mit dem metabolischen Syndrom ein Zusammentreffen verschiedener gesundheitlicher Risikofaktoren beschrieben wird. Dazu zählen

- die bauchbetonte Fettsucht,
- Stoffwechselstörungen wie niedriges HDL-Cholesterin und erhöhte Triglyzeride,
- ein gestörter Blutzuckerstoffwechsel und erhöhter Blutdruck.

Jeder dieser Faktoren allein steigert schon für sich genommen das Risiko für Herz- und Gefäßkrankheiten. Diese Risikofaktorenkonstellation trägt den Beinamen »tödliches Quartett«, weil hier vier Herz-Kreislauf-Risiken zusammenwirken. Denn das

Zusammentreffen geht nahezu automatisch einher mit einem erhöhten Risiko für Schlaganfall, Herzinfarkt und Durchblutungsstörungen der Becken-Bein-Arterien, aber auch mit einem erhöhten Risiko für eine Zuckerkrankheit. Patienten mit viel Bauchfett haben zwei entscheidende Probleme: Zum einen sprechen die Körperzellen nicht mehr so gut auf Insulin an. Wir sprechen von einer sog. Insulinresistenz. Als Folge steigt der Blutzucker an. Zum anderen verursacht eine Bauchfettsucht immer eine Entzündungsreaktion im Körper, eine sog. Inflammation. Die Entzündungswerte im Blut steigen an.

Der wirksamste Weg besteht in einer Umstellung des Lebensstils mit ausgewogener Ernährung in der bereits gezeigten mediterranen Ernährung und regelmäßiger körperlicher Aktivität. Mediterrane Kost schützt vor dem metabolischen Syndrom: Sie verwendet viele ungesättigte Fettsäuren, ist aber nicht besonders fettarm. Die Basis der Ernährung bilden Gemüse (zubereitet mit hochwertigen Ölen) sowie zuckerarme Obstsorten. Wichtig ist also keine Diät, sondern eine dauerhafte Ernährungsumstellung: Weniger Kohlenhydrate zur Normalisierung des Blutzuckers, viel Eiweiß, weil es satt macht, und gute ungesättigte Fettsäuren.

Übergewicht

Laut Weltgesundheitsorganisation (WHO) sind weltweit fast zwei Milliarden Erwachsene und 380 Millionen Kinder übergewichtig. Es sterben inzwischen mehr Menschen an den Folgen von Übergewicht als an Untergewicht. Die WHO definiert Übergewicht ab einem BMI (Body-Mass-Index)[3] von 25 kg/m². Ab einem BMI von 30 kg/m² spricht man von Fettleibigkeit oder Adipositas.

Auf den einfachsten Nenner gebracht, entsteht Übergewicht in den allermeisten Fällen durch die schädliche Kombination von falscher Ernährung und zu wenig Aktivität bzw. Bewegung. Übergewicht verkürzt die Lebenserwartung. Aktuellen Zahlen zufolge sind in Deutschland inzwischen zwei Drittel der Männer und die Hälfte der Frauen übergewichtig. Unter Adipositas – also starkem Übergewicht – leiden knapp ein Viertel aller Männer und Frauen in Deutschland. Das sind alarmierende Zahlen und es werden immer mehr.

Übergewicht löst im Grunde im Körper Prozesse aus, die einem vorzeitigen Altern gleichen. Dies äußert sich in Faktoren wie einem geschwächten Immunsystem, nachlassenden kognitiven Fähigkeiten sowie einem erhöhten Risiko für Typ-2-Diabetes, Krebs- und Herz-Kreislauf-Erkrankungen. Auf zellulärer Ebene ist Übergewicht mit

---

3 Der BMI galt lange Jahre als Maß der Dinge im Hinblick auf die Beurteilung des Körpergewichts. Er birgt jedoch erhebliche Schwächen, weil dabei die Statur, das Geschlecht und die individuelle Zusammensetzung der Körpermaße aus Fett und Muskelgewebe unberücksichtigt bleiben. Inzwischen gilt, dass das Verhältnis von Taillenumfang zu Körpergröße, die Waist-to-height-ratio (WHtR), am besten geeignet ist, um vorauszusagen, ob ein Proband einen Herzinfarkt oder einen Schlaganfall bekommen wird.

einer beeinträchtigten Funktion der Mitochondrien, also der Energielieferanten der Zellen, verbunden, wie auch mit einer Anhäufung von Stoffwechselabfallstoffen in den Zellen. Auf genetischer Ebene lässt sich bei Übergewicht eine deutliche Verkürzung der Telomere beobachten, der Schutzkappen an den Enden der Chromosomen – ebenfalls ein Alterungszeichen. Insgesamt, so die Forscher, sind vor allem Abläufe im Körper beeinträchtigt, die mit Erneuerung, Reparatur und Recycling der Zellen zusammenhängen. Auch besteht ein Zusammenhang zwischen Übergewicht und Krebs, insbesondere Leber-, Nieren-, Pankreas- und Dickdarmkrebs. Vor allem eine vom Bauchfett ausgehende, chronische Entzündungsreaktion sowie die Ausschüttung von krebsbegünstigenden Hormonen und Botenstoffen – Leptin, Adiponectin und Zytokine – spielen dabei eine entscheidende Rolle.

Bluthoch- oder -unterdruck

Bluthochdruck (arterielle Hypertonie) ist eine Volkskrankheit. Etwa 25 Millionen Menschen sind allein in unserem Land davon betroffen – bei den über 65-Jährigen sogar jeder zweite. Und viele von ihnen wissen gar nicht, dass ihr Blutdruck erhöht ist. Das Fatale ist: Bluthochdruck verursacht zunächst keine Beschwerden. Und bei den Patienten, die in Behandlung sind, verbessern sich trotzdem nur bei der Hälfte der Betroffenen die Werte. Ein erhöhter Blutdruck ist ein wichtiger Risikofaktor für die Entstehung von Herzinfarkten und Schlaganfällen.

Anzeichen für Bluthochdruck können sein: Schwindel, Angst, Unruhe, Panik, Atemnot, Zittern, rote Verfärbung des Gesichts oder Engegefühl in der Brust. Auch Kopfschmerzen und Nasenbluten sowie Schlafstörungen können wichtige Symptome sein. Bei sehr hohem Blutdruck können auch Sehstörungen auftreten. Einige Risikofaktoren, die mit einem erhöhten Blutdruck verbunden sind, sind bekannt. Dazu gehören eine familiäre Vorbelastung, Rauchen, chronischer Stress, Bewegungsmangel, höheres Alter, Alkoholkonsum, salz- oder fettreiche Ernährung und Diabetes.

In jeder Minute pumpt das Herz als zentrales Kreislauforgan fünf bis sieben Liter Blut durch unseren Körper. Das entspricht der Blutmenge, die wir besitzen. Durch die zentrale Blutbahn, die dickste Stelle unserer Blutgefäße im Brustraum – auch Aorta genannt – fließen somit täglich etwa 10.000 Liter Blut, um alle Organe unseres Körpers mit Sauerstoff und mit Nährstoffen zu versorgen. Der Blutdruck wird in »mmHg« (Millimeter Quecksilbersäule) angegeben. Der Blutdruck ist der Druck (Kraft pro Fläche) des Blutes in einem Blutgefäß. Das ist eine dynamische Größe, die durch viele Faktoren beeinflusst werden kann. Der Blutdruck ist abhängig von der Herzleistung, dem Herzzeitvolumen und vom Gefäßwiderstand in den peripheren Schlagadern. Normalerweise liegt der Blutdruck bei einem erwachsenen Menschen bei etwa 120/80 mmHg. Ab einem Blutdruck von 140/90 mmHg[4] spricht man heute weltweit von einem Bluthochdruck (arterielle Hypertonie). Bei einem Blutdruckwert von mehr als 180/110 mmHg sprechen wir von einem schweren Bluthochdruck bzw. von einer Blutdruckkrise.

Wenn sich das Herz entspannt und wieder mit Blut füllt, kommt es in den großen Körperschlagadern zu einem Blutdruckabfall. Das entspricht dem diastolischen Blutdruck. Mit zunehmendem Alter steigen die Blutdruckwerte an, weil die Elastizität der Schlagadern abnimmt. Ideale Blutdruckwerte bei Senioren liegen bei etwa 130/80-85 mmHg. Wenn der Blutdruck zu niedrig ist, unter 110 mmHg systolisch und diastolisch unter 70 mmHg sprechen wir von einem zu niedrigen Blutdruck (Hypotonie).

Klassische Symptome eines niedrigen Blutdrucks sind eine Blässe der Haut sowie kalte Hände und kalte Füße. Oft sind die betroffenen Patienten antriebsarm, abgeschlagen und sie klagen über Ohrensausen. Viele betroffene Patienten klagen zudem über schnelle Ermüdung und Konzentrationsschwäche sowie über Schwindel und Kopfschmerzen. Niedriger Blutdruck führt meist zu einem beschleunigten Puls. An sich ist ein niedriger Blutdruck nicht gefährlich, vielfach können aber die Betroffenen sog. Synkopen erleiden, d. h., sie werden ohnmächtig und stürzen. Aus diesem Grund sollte eine gründliche Untersuchung im Rahmen einer Abklärung des niedrigen Blutdrucks stattfinden. Dabei werden meist eine Ultraschalluntersuchung des Herzens (Echokardiografie) sowie eine Langzeit-Blutdruckmessung und eine Blutuntersuchung durchgeführt.

Ein wichtiger erster Schritt im Kampf gegen Bluthoch- bzw. -unterdruck ist die Anpassung der Lebensweise. Es gilt Risikofaktoren wie Rauchen, übermäßigem Alkoholkonsum, Stress, salz- und fettreichen Nahrungsmitteln zu vermeiden. Oft kann ein leicht erhöhter Blutdruck damit schon unter Kontrolle gebracht werden. Wenn dies nicht möglich ist oder auch bei stark erhöhten Blutdruckwerten, ist eine medikamentöse Behandlung unumgänglich. Dazu steht eine Vielzahl von unterschiedlichen blutdrucksenkenden Substanzen für die Betroffenen zur Verfügung. Manchmal ist eine Kombination von mehreren Medikamenten notwendig, um den erhöhten Blutdruck erfolgreich und langfristig zu senken. Bedenken Sie aber auch, dass es Medikamente gibt, die den Blutdruck erhöhen. Wichtig ist in jedem Fall eine kaliumreiche Ernährung aus Obst und Gemüse.

---

4 Wir unterscheiden einen oberen Blutdruck (maximaler Wert, systolischer Blutdruck) von einem unteren Blutdruck (diastolischer Blutdruck). Der systolische Blutdruck resultiert aus dem Blutstrom, den das Herz in der Anspannungsphase bzw. Austreibungsphase des Herzens erzeugt, also der Vorgang, bei dem das Blut aus dem Herzen herausgepresst wird. Die Diastole zeigt den Druck in der Entspannungs- und Füllungsphase des Herzens an. Dabei strömt das Blut in die zuvor leer gewordenen Herzkammern zurück.

Cholesterin

Cholesterin ist ein wichtiger Rohstoff und Baustein im menschlichen Körper. Er wird beispielsweise zur Bildung von Hormonen, Gallensäuren und von Zellmembranen benötigt. Zu viel Cholesterin stellt dagegen einen Risikofaktor dar. In unseren westlichen Wohlstandsgesellschaften sind die im Blut gemessenen Cholesterinwerte zu hoch, das wird als ein Hauptrisikofaktor für Herz- und Krebserkrankungen sowie Arteriosklerose angesehen. Der Körper stellt den größten Teil seines Cholesterinbedarfs selbst her. Nur ein kleiner Teil wird aus der Nahrung aufgenommen.

Eine wichtige Unterscheidung betrifft zwei Kategorien: das »schlechte« LDL-Cholesterin (Low Density Lipoprotein) und das »gute« HDL-Cholesterin (High Density Lipoprotein). Diese beiden Blutfette halten sich gegenseitig in Schach. Das gute HDL-Cholesterin (Eselsbrücke: »Hab-Dich-Lieb«-Cholesterin) übernimmt als eine Hauptaufgabe den Abtransport des schlechten LDL-Cholesterins aus den Gefäßen und verhindert dadurch eine Ablagerung von Cholesterin in den Blutgefäßen. Insofern trägt es sogar positiv zur Herzgesundheit bei. Im Umkehrschluss steigt bei einem niedrigen Spiegel an HDL-Cholesterin die Gefahr, dass sich LDL-Cholesterin in den Gefäßen ablagert und sich so das Risiko für Herz-Kreislauf-Erkrankungen erhöht. Nicht zwingend muss also ein erhöhter Cholesterinspiegel schlecht sein. Wichtig ist zu untersuchen, wie er sich zusammensetzt. Solange das Gesamtcholesterin unter 200 bis 220 mg/dl (Milligramm pro Deziliter Blut), der LDL-Anteil unter 130 mg/dl und das HDL bei 40 mg/dl oder höher liegt und noch keine manifeste Gefäßkrankheit vorliegt, sind wir Ärzte mit dem Fettstoffwechsel zufrieden. Der Cholesterinspiegel wird etwa zu 30 % über die Ernährung beeinflusst. Männer zwischen 35 und 65 Jahren haben einen durchschnittlichen LDL-Cholesterinwert von 168 mg/dl (Standardabweichung ± 43 mg/dl), Frauen in diesem Altersabschnitt einen Wert von 164 mg/dl (Standardabweichung ± 44 mg/dl). Das HDL-Cholesterin sollte etwa bei 60 mg/dl liegen und 40 mg/dl nicht unterschreiten.

Auf dem Laborbericht ist manchmal auch das relative Verhältnis zwischen LDL- und HDL-Cholesterin vermerkt – der sog. LDL/HDL-Quotient. Liegen keine sonstigen Risikofaktoren vor, sollte dieser Wert unter vier liegen. Das Verhältnis LDL zu HDL gibt Anhaltspunkte für das Risiko, an einer Herz-Kreislauf-Krankheit, wie beispielsweise Herzinfarkt, Schlaganfall, Arteriosklerose etc. zu erkranken. Je höher der Wert des Quotienten ist, desto höher ist die Erkrankungswahrscheinlichkeit. Denn dann enthält Ihr Blut im Verhältnis zum HDL beträchtliche Mengen mehr an LDL, das für die schädlichen Wirkungen auf das Herz und die Blutgefäße verantwortlich ist. Je niedriger dagegen der LDL/HDL-Quotient ausfällt, desto mehr HDL enthält Ihr Blut und desto besser sind Sie vor Herz-Kreislauf-Erkrankungen geschützt.

Eine einfache Methode zur Senkung des ungünstigen Blutfetts sind Vollkornprodukte. Beobachtungsstudien belegen, dass sich Vollkornprodukte bei Patienten mit koronarer Herzerkrankung (Angina pectoris und Herzinfarkt) günstig auswirken. Die wichtigsten Studien wurden auch in einer Metaanalyse zusammengefasst. Es konnte zwar keine sichere Korrelation mit der Sterblichkeit an Herzinfarkten festgestellt werden, allerdings zeigten sieben seriöse Studien, dass Hafervollkorn zu einem Rückgang des ungünstigen LDL-Cholesterins führt. Auf der anderen Seite sind ungesättigte Fettsäuren günstig für die Blutgefäße. Ungesättigte Fettsäuren wirken positiv auf den Blutfettspiegel. Das gute HDL-Cholesterin wirkt sich beispielsweise positiv auf den Entzündungswert CRP im Blut aus.

Um etwas für die »guten« Blutfette zu tun, bedarf es nur weniger Anstrengungen. Öfter mal Nüsse essen, mit Olivenöl angemachten Salat oder eine Avocado genießen – das allein treibt schon den günstigen HDL-Wert nach oben. Eine cholesterinarme Ernährung reicht aber nicht immer aus. Wichtig ist der Abbau von Übergewicht sowie regelmäßige körperliche Aktivität. Ausdauertraining, ideal wären 30 Minuten, kann das schädliche LDL-Cholesterin abbauen helfen und das gute HDL-Cholesterin erhöhen. Geeignete Sportarten sind beispielsweise Laufen, Schwimmen, Radfahren, Nordic Walking oder Tanzen. Aber man sollte dies schon regelmäßig machen. Ganz neue Studien zeigen, dass auch Dauerstress den Cholesterinspiegel erhöhen kann. Deshalb empfehlen Mediziner präventiv Entspannungsmethoden, wie z. B. Yoga, Tai-Chi oder Qi Gong. Auch Entspannungstechniken wie autogenes Training oder progressive Muskelrelaxation beziehungsweise Hypnose werden empfohlen.

Zuckerkrankheit

Diabetes mellitus ist eine Stoffwechselerkrankung, eine krankhafte Störung des Zuckerstoffwechsels, die zu einem erhöhten Blutzuckerspiegel führt. Rund acht Millionen Menschen leiden allein in Deutschland unter Diabetes. Laut aktuellen Zahlen geht man davon aus, dass in Deutschland inzwischen rund 10 % der Bevölkerung betroffen sind. Jeden Tag kommen weit über 1.000 neu diagnostizierte Fälle hinzu und die Dunkelziffer ist hoch, denn oft wird die Erkrankung erst spät erkannt. Die weitaus größte Anzahl leidet unter Typ-2-Diabetes, der insbesondere durch Übergewicht, falsche Ernährung und Bewegungsmangel verursacht wird.

Diabetes verkürzt das Leben, hauptsächlich sind Herzinfarkte und Schlaganfälle dafür verantwortlich. So hat ein 50-jähriger Diabetiker im Vergleich zu einer Person mit gesundem Stoffwechsel eine um 5,8 Jahre verkürzte Lebenserwartung. Bei Frauen liegt die eingebüßte Lebenserwartung sogar bei 6,4 Jahren. Die Herz-Kreislauf-Sterblichkeit ist verdoppelt und auch die Krebssterblichkeit ist um den Faktor 1,3 erhöht.

Die Diagnose wird durch Blutzuckertests gestellt. Man unterscheidet zwischen Nüchternblutzucker und Gelegenheitsblutzucker. Der normale Nüchternblutzucker liegt maximal bei 100 mg/dl. Vielfach wird auch ein Glukose-Toleranztest durchgeführt und der sog. Langzeitblutzucker bestimmt (HbA1c). Wenn eine Zuckerkrankheit festgestellt wurde, müssen Augenhintergrund, Blutdruck, Urin, Nerven und Füße von Fachärzten untersucht werden. Auch Blut- und Nierenwerte müssen bestimmt werden.

Typ-2-Diabetes kann man sehr häufig hinauszögern oder sogar ganz verhindern. Eine gesunde und ausgewogene Ernährung sowie regelmäßige Bewegung reichen bereits aus. Es gilt Übergewicht zu vermeiden bzw. abzunehmen, auf Kalorienbomben zu verzichten und sich täglich 30 bis 60 Minuten zu bewegen. Das klingt vielleicht auf den ersten Blick banal, aber genau das sind die Faktoren, mit denen Sie eine Diabetes-Erkrankung verhindern können.

Für die Entstehung einer Zuckerkrankheit spielt nicht nur Essen eine wichtige Rolle. Nach einer Untersuchung der Diabetesklinik in Düsseldorf, bei der über 40 Studien unter die Lupe genommen wurden, zeigt sich, dass das Diabetesrisiko vor allem von Kaffee, Rauchen, Alkohol, schlechtem Schlafverhalten und von körperlicher Inaktivität beeinflusst wird. Bewegungsprogramme sind deshalb auch für Menschen mit Diabetes sinnvoll – gerade im Alter haben sich Radfahren, Walking oder Nordic Walking bewährt. Durch ein regelmäßiges Ausdauertraining können Menschen mit Diabetes ihren Blutzucker positiv beeinflussen und so krankheitsbedingten Folgeschäden vorbeugen. Sie haben nachweislich ein geringeres Risiko für diabetesbedingte Nerven- oder Augenschädigungen und auch das Risiko für Bluthochdruck sinkt.

Gerade im Kinder- und Jugendalter tritt der seltenere Typ-1-Diabetes auf. Menschen mit Typ-1-Diabetes müssen das fehlende Insulin ersetzen und ihren Blutzuckerwert ständig kontrollieren. Wer darauf nicht genau achtet, muss mit schwerwiegenden Folgen rechnen. Er muss ein Leben lang unter ärztlicher Betreuung mit Insulin behandelt werden, da der Körper bei ihm dauerhaft zu wenig Insulin produziert.

Rauchen

Rauchen ist ein bedeutender Risikofaktor für die häufigste vermeidbare Todesursache in den Industrieländern: Es führt zur Arteriosklerose und damit zum Herzinfarkt, zu Durchblutungsstörungen der Becken-Bein-Arterien (Raucherbein oder Schaufensterkrankheit) und zum Schlaganfall. Rauchen verursacht Mundhöhlenkrebs, Speiseröhrenkrebs, schädigt die Lungen und ist dadurch der Hauptrisikofaktor für Lungenkrebs.

Bei Männern ist Lungenkrebs seit über 50 Jahren die häufigste Krebstodesursache. Bei Frauen ist derzeit noch der Brustkrebs die häufigste Todesursache. Alles spricht aber dafür, dass Lungenkrebs bei Frauen in Kürze den Brustkrebs als häufigste Todesursache ablösen wird.

Bei Jugendlichen geht der Trend in Deutschland eindeutig zu E-Inhalationsprodukten, dazu gehören Wasserpfeifen (Shishas) sowie E-Zigaretten und E-Shishas. E-Zigaretten und Tabakverdampfer werden als Lifestyle-Produkte gesehen, die angeblich »gesünder« oder zumindest »weniger schädlich« sein sollen. Das Aerosol von E-Inhalationsprodukten enthält jedoch gesundheitsschädliche Substanzen. Es ist eindeutig bewiesen, dass durch das Nikotin, das auch bei E-Zigaretten inhaliert wird, DNA-Veränderungen und Mutationen auftreten. Insgesamt sind E-Zigaretten aber weniger schädlich, wenn der Konsument auf klassische Zigaretten völlig verzichtet.

Bislang wurde angenommen, dass Raucher im Durchschnitt eine um zehn Jahre geringere Lebenserwartung haben. Neuere Untersuchungen haben jetzt aber gezeigt, dass dies nur für Raucher gilt, die erst im Erwachsenenalter mit dem Rauchen begonnen haben. Wer bereits im Alter von 14 oder 15 Jahren mit dem Rauchen anfängt, verkürzt seine Lebenserwartung um mehr als 20 Jahre. Zudem verschlechtert Rauchen generell die Lebensqualität im Alter: Wer täglich über 20 Zigaretten raucht, beschleunigt den Alterungsprozess um über zehn Jahre (Deutsches Ärzteblatt, 2025).

Das Einstellen des Nikotinabusus ist nie zu früh und selten zu spät. Wenn ein Raucher von heute auf morgen aufhört zu rauchen, hat er in fünf bis zehn Jahren ein deutlich geringeres Risiko, an rauchbedingten Faktoren zu sterben. Nach etwa 15 Jahren gleicht sich das Risiko der Nichtraucherpopulation an.

Zwölf Gründe, um mit dem Rauchen aufzuhören

1. Rauchen ist der Hauptrisikofaktor für Lungenkrebs.
2. Es gibt einen deutlichen Zusammenhang zwischen Rauchen und folgenden Krebsarten: Lungenkrebs, Mund-, Nasen- und Rachenraumkrebs, Kehlkopfkrebs, Leberkrebs, Bauchspeichel- drüsenkrebs, Nieren- und Harnblasenkrebs sowie Brust- und Gebärmutterhalskrebs und bei einigen Leukämiearten.
3. Rauchen verursacht Herzinfarkte, Schlaganfälle und Durchblutungsstörungen der Becken-Bein-Arterien.
4. Ein Rauchstopp verbessert sofort die Lungenfunktion bei chronisch obstruktiver Lungenerkrankung (COPD).
5. Rauchende Männer sind deutlich häufiger impotent.
6. Ein Rauchstopp verringert das Risiko von Schwangerschaftskomplikationen.
7. Rauchen beeinflusst die körperliche Fitness und senkt die Belastbarkeit.
8. Rauchen führt zu Zahnausfall und verursacht Krebs im Mund- und Rachenraum.
9. Rauchen verursacht einen üblen Mundgeruch.
10. Rauchen begünstigt die Entwicklung einer Zuckerkrankheit.
11. Rauchen schadet der Haut, beschleunigt die Hautalterung und fördert die Entstehung von Hautkrankheiten.
12. Wer nicht mehr raucht, tut nicht nur etwas für die eigene Gesundheit, sondern schont auch die Gesundheit anderer!

Viele Erwachsene können dem Tabakrauch nicht entgehen und sind ungewollt aktive Passivraucher. Trotz der bestehenden Gesetze zum Schutz vor Nichtrauchern kommen bis zu 35 % der nicht rauchenden Männer und bis zu 25 % der nicht rauchenden Frauen mindestens einmal pro Woche mit Rauch in Berührung. Passivrauchen erhöht eindeutig das Risiko für Lungen- und für Brustkrebs sowie für Krebs der Nasen(neben)höhlen. Zudem erhöht es die Anfälligkeit für Infekte. Das Herzinfarkt- und Schlaganfallrisiko wird durch Passivrauchen um 20 bis 30 % erhöht.

Schlaf

In Deutschland leiden mehr als 20 Millionen Menschen unter Einschlaf- und Durchschlafstörungen. Männer sind insgesamt doppelt so häufig betroffen wie Frauen, ältere Menschen leiden häufiger an Schlafproblemen als jüngere.

Es ist leicht möglich, die Schlafhygiene zu verbessern, wenn man folgende Regeln beherzigt, auch und gerade, wenn man als Fach- und Führungskraft täglich mit weitreichenden Problemen konfrontiert ist:

- Am besten keinen Kaffee, Tee oder Coca-Cola nach 15:00 Uhr mehr trinken. Alkohol ist im Übrigen entgegen der landläufigen Meinung kein Schlafmittel. Er macht vielmehr den Schlaf lediglich oberflächlicher, unterdrückt den Tiefschlaf und begünstigt Albträume. Abends ist ein frühes, leicht verdauliches Abendessen zu empfehlen, wobei die allgemeine Regel gilt: Fasten ist genauso ungünstig wie schlemmen.
- Auch hier gilt, dass Rauchen schädlich ist, denn das Nikotin wirkt anregend und damit schlafhemmend.
- Rezeptfreie pflanzliche Präparate können bei Schlafproblemen hilfreich sein (Baldrian-, Melisse- oder Hopfenextrakte). Passionsblumen- und Johanniskrautextrakte mindern nervöse Unruhe und Angstzustände und können somit das Einschlafen erleichtern; es sollte jedoch in jedem Fall eine Beratung mit dem Hausarzt erfolgen.
- Mir hilft eine gut gepolsterte Schlafmaske. Ich habe die letzten Jahre immer in Glashäusern gewohnt. Die gepolsterte Schlafmaske macht nicht nur dunkel, sie übt auch einen Druck auf den Augapfel aus und das führt reflektorisch zu einer Senkung des Blutdrucks und der Herzfrequenz.
- Die meisten von uns sind mit ihrer inneren Uhr zu spät dran. Wir müssen früher schlafen gehen und sollten nach Möglichkeit immer zur selben Zeit aufstehen. Bei ausgeprägten Schlafstörungen sollte auf Mittagsschlaf (»power nap«) verzichtet werden.
- Wer eine Siesta macht, sollte das nicht in einem abgedunkelten Raum machen. Nachts muss es selbstverständlich dunkel sein.
- Zu langer Medienkonsum ist oft die Ursache von Schlafdefiziten. Grundsätzlich gilt, dass man nach geistiger Arbeit nicht gleich ins Bett gehen sollte. Hilfreich ist vielmehr autogenes Training oder eine progressive Muskelrelaxation sein.
- Vor dem Schlafengehen nicht grübeln, denn es gilt: »Wer schlafen will bleibt wach«. Schlaf lässt sich nicht erzwingen, nach 10 Minuten des Wachliegens sollte man wieder aufstehen und später, mit der nötigen Bettschwere einen neuen Versuch starten.
- Ein abgedunkeltes, ruhiges und gut gelüftetes Schlafzimmer, in dem eine Temperatur zwischen 14 und 18° C herrscht, ist ideal.
- Bei Schlafstörungen sind individuelle Rituale von großer Wichtigkeit. So können leichte sportliche Aktivitäten, ein entspannter Spaziergang am Abend, die Lektüre

eines guten Buches oder auch ein warmes Bad (mit pflanzlichen Zusätzen wie Lavendel, Hopfen oder Melisse) schlaffördernd wirken.

Digitale Gesundheit

Die Medizin erlebt im Moment eine »digitale Revolution«. Echten Fortschritt gibt es durch die Nutzung sog. Wearables, kleiner Computersysteme, die am Körper getragen werden. Zu den Hauptaufgaben von Wearables zählen das Tracking mithilfe von Sensoren und Applikationen sowie die mobile Informationsverarbeitung. Die aus dem Tracking resultierenden Gesundheitsdaten erheben sich aus der Umgebung, dem Verhalten und dem physiologischen Zustand des Nutzers. Zu den Wearables zählen Smartwatches, Fitnessarmbänder und Geräte, die ein Körpermonitoring ermöglichen. Allein in den USA lag der Markt für diese Geräte 2017 bereits bei 6 Milliarden Dollar, die Umsatzerwartungen für das Jahr 2025 liegen bei über 14 Milliarden Dollar. Die Hürden für Zulassungen von diagnostischen und therapeutischen apparativen Tools wurden entscheidend gelockert. Grundvoraussetzung sind ein adäquater Datenschutz und die Sicherheit der Wearables und Apps.

Sensoren ermöglichen sensationelle Gesundheits- und Sicherheitsfunktionen. Bewegungssensoren und Beschleunigungssensoren ermöglichen die Erkennung von Autounfällen. Die Uhr ist in der Lage, automatisch einen Notruf abzusetzen und den Standort an den Rettungsdienst zu senden. Eine Smartwatch misst nicht nur permanent die Herzfrequenz und zeichnet ein Elektrokardiogramm auf, sie erfasst auch die Hauttemperatur. Damit können Frauen beispielsweise den weiblichen Zyklus analysieren. Es werden verlässliche Aussagen zum Eisprung möglich. Zudem überwacht diese Uhr in der Nacht die Schlafphasen sowie die Schlafdauer und Atemfrequenzen. Eine Kompass-App verbessert jederzeit unsere Orientierung.

Wearables optimieren auch die Behandlung von Diabetes. Mit ihnen kann der Blutzucker permanent über einen Sensor am Oberarm kontrolliert werden. Der Wert wird auf dem Smartphone abgelesen und dokumentiert. Tipps und Warnungen sind gleichzeitig verfügbar. Selbst das Verabreichen von Insulin kann mit digitalen Insulinpumpen nach Bedarf gesteuert werden.

Auch für den Bereich der Medizin stellt die Künstliche Intelligenz eine Zukunftstechnologie dar, die für fachliche Quantensprünge sorgen wird. Während der Corona-Pandemie ließ eine Augsburger Forschergruppe aufhorchen. Bei Verdacht auf eine Coronainfektion baten sie Patienten nicht nur um einem PCR-Test, sondern auch um eine Stimmprobe. Nach einer raschen Lernkurve lag die Trefferquote der Diagnose bei bereits deutlich über 85 Prozent. Der Hintergrund für diese Analyse ist plausibel: COVID-19 ist primär eine Atemwegserkrankung und es liegt nahe, dass sich die Krankheit in Veränderungen der Stimme des betroffenen Patienten niederschlägt.

Die Basis für solche neuen digitalen Errungenschaften ist das sog. Deep Learning, ein Teilgebiet des maschinellen Lernens. Es handelt sich um permanente Trial-and-Error-Versuche, die dann zu raschen Verbesserungen in diesem Fall in der Diagnostik und der Therapie von Krankheiten führen.

Computergestützte Analysen besitzen den Vorteil, dass sie uns ihre ungeteilte Aufmerksamkeit schenken, sie werden nicht müde und sie sind in der Lage, aus unendlich vielen Beispielen zu lernen. Mit jedem Beispiel wird das Computerprogramm klüger. Ich persönlich glaube nicht, dass derzeit künstliche Intelligenz einen Radiologen mit viel Erfahrung und mit viel Bauchgefühl komplett ersetzen kann. Künstliche Intelligenz kann die Diagnostik aber beschleunigen, sie wird nie müde und arbeitet immer auf dem gleichen Niveau.

Freizeitkrankheit – krank im Urlaub

Krank an Fest- und Feiertagen oder zum Urlaubsbeginn – Fiktion oder Tatsache? Mit der Ruhe und der Entspannung kommt der Schnupfen bzw. der Virusinfekt. Mediziner und Psychologen machen diese Erfahrungen in den vergangenen Jahren immer häufiger. Im Englischen spricht man von Leisure Sickness (»Freizeitkrankheit«) oder vom Weekend Syndrome (»Wochenendsyndrom«). In der Tat werden wir am Wochenende und an Weihnachten typischerweise krank. Männer und Frauen sind gleich häufig betroffen. Während der Arbeit im Dauerstress spüren wir die Symptome und die Defizite meist nicht. Erst wenn wir einige Tage frei haben, merken wir, dass es uns schlecht geht. Wenn wir im Alltag Daueranspannungen ausgesetzt sind, kann eine plötzliche Freizeit zum Stress werden. Symptome solcher Freizeitkrankheiten können sein:

- Müdigkeit und Abgeschlagenheit
- Grippeähnliche Krankheitszeichen
- Gliederschmerzen
- Antriebslosigkeit
- Bis hin zur manifesten Depression

Ärzte und Psychologen sind der Auffassung, dass es hauptsächlich Menschen mit einem hohen Arbeitspensum in verantwortungsvollen Berufen trifft. Hektische Betriebsamkeit und die Unfähigkeit, zusätzliche Aufgaben auch abzusagen, sind wichtige Risikofaktoren. Perfektionistische Workaholics sind offenbar besonders gefährdet. Wahrscheinlich spielt Bewegungsmangel. und ein hoher Medienkonsum auch eine entscheidende Rolle. Psychotherapeuten drängen auf mehr Entspannung. Gesunde Rituale wie Zeit für ein Bad, Spaziergänge an der frischen Luft sind hilfreich. Psychotherapeuten befürchten sogar, dass die Leisure Sickness ein Schrittmacher für manifeste psychosomatische Störungen werden kann.

»Blaue Zonen«: Was uns 100 Jahre alt werden lässt

Es ist eines der großen Themen der Menschheit: Wie kann man gesund und glücklich alt werden? Einen Schlüssel zur Antwort liefert ein genauer Blick auf jene Regionen, in denen die Bevölkerung traditionell ein biblisches Alter erreicht. Einer der ersten, die diesem erfahrungswissenschaftlichen Ansatz systematisch nachgingen, war der amerikanische Bestsellerautor Dan Buettner. Er machte 2005 eine Studienreise rund um die Welt und hat seine Ergebnisse in der Zeitschrift »National Geographic« unter dem Titel »The Secrets of Long Life« publiziert (Buettner, 2025). Seine Beobachtungen gelten bis heute als Klassiker in einer Zeit, in der wir fast täglich ganze Bibliotheken mit vermeintlich neuen Erkenntnissen zum »Aging« füllen. Buettner nannte seine Gegenden mit besonders gesund alternden Menschen »blaue Zonen«. Inzwischen zählen wir dazu die Inselgruppe Okinawa in Japan, die griechische Insel Ikaria, Loma Linda in Kalifornien, Ogliastra auf Sardinien und die Halbinsel Nicoya in Costa Rica. In Europa wird das Gebiet Cilento in der italienischen Provinz Salerno auch noch zu den blauen Zonen gerechnet. Im dortigen Fischerdorf Acciaroli ist die Dichte der Hundertjährigen noch höher als auf der Insel Okinawa. Was uns die blauen Zonen lehren, ist ein eigentlich gar nicht so komplexes Mantra des gesunden Lebens:

- Pflanzliche Kost ist wichtiger als tierische. Über 90 Prozent der Ernährung bestehen aus Getreide, Hülsenfrüchten, Obst und Gemüse.
- Nüsse und Bohnen sind wichtige Eiweißlieferanten. Ideal sind Mandeln, Pistazien, Walnüsse, Haselnüsse, Pekannüsse, Sesamkerne und Kürbiskerne.
- Wenig Eier und wenig Milch.
- Fisch ist besser als Fleisch, allerdings unbehandelt und pestizidfrei.
- Nahrungsmittel so vollwertig und naturbelassen wie möglich konsumieren. Verarbeitete Nahrungsmittel, die meist reich an Zucker und ungesättigten Fettsäuren sind, sollten vermieden werden.
- Wenig Zucker und Salz.
- Mit dem Essen aufhören, wenn der Magen zu 80 Prozent voll ist.
- Gute soziale Kontakte, gute zwischenmenschliche Beziehungen. Auch der gemeinsame Glaube in einer Gemeinschaft kann die Lebenserwartung deutlich erhöhen.
- Wenig Stress, dafür Entspannung und Ausgleich. Stress abbauende Rituale in den Alltag integrieren. Man kann nicht gesund sein, wenn man nicht glücklich ist. Und man kann nicht glücklich sein, wenn man nicht gesund ist.
- Am Abend immer die kleinste Mahlzeit des Tages einnehmen.
- Die Populationen der blauen Zonen schlafen im Schnitt acht Stunden pro Tag. Oft bauen sie tagsüber eine Siesta zusätzlich ein.
- Viel Wasser, am besten vier bis sechs Gläser am Tag. Kräuter- und Gewürztees sind ideal, wenig Kaffee. Keine zucker- und süßstoffhaltigen Softdrinks. Ein Glas Wein pro Tag ist kein Problem.
- Viel Bewegung, tägliche körperliche Arbeit, etwa im Haushalt, im Garten, an der frischen Luft.

Man sieht, gute Ernährung, maßvoller Konsum, ausreichend Schlaf und Bewegung reichen, um die Lebenserwartung zu erhöhen. Dagegen stehen spezielle Diäten, zeitgeistiges Superfood oder Nahrungsergänzungsmittel in den blauen Zonen nicht auf dem Programm!

Literatur

S. Boseley (2018): An extra glass of wine a day will shorten your life by 30 minutes, online unter: https://www.theguardian.com/science/2018/apr/12/one-extra-glass-of-wine-will-shorten-your-life-by-30-minutes# (zuletzt abgerufen: 23.06.2025).

D. Buettner (2025): The Secrets of a Long Life, National Geographic, November 2005, online unter: https://www.bluezones.com/wp-content/uploads/2015/01/Nat_Geo_LongevityF.pdf (zuletzt abgerufen: 23.06.2025).

C. Diehm (2025): Wie gesund ernähren sich Manager, online unter: https://praxis-diehm-lawall.de/wie-gesund-ernaehren-sich-manager/ (zuletzt abgerufen: 23.06.2025).

C. Diehm (2025): Mittelmeerdiät – der Stein des Weisen?, online unter: https://www.gesuendernet.de/gesundheit/gesunde-ernaehrung/item/1341-mittelmeerdiaet-der-stein-des-weisen.html (zuletzt abgerufen: 23.06.2025).

C. Ungrad (2025): Neue US-Studie: Diese Sportarten können Ihr Leben verlängern, online unter: https://www.noz.de/lebenswelten/gesundheit-fitness/artikel/us-studie-diese-sportarten-verlaengern-ihr-leben-am-meisten-42906783 (zuletzt abgerufen: 23.06.2025).

Deutsches Ärzteblatt (2025): Studie: Raucher sterben deutlich früher, online unter: https://www.aerzteblatt.de/news/studie-raucher-sterben-deutlich-frueher-ea9d45b9-7278-4693-ae32-f7d85e279d8a (zuletzt abgerufen: 23.06.2025).

Deutsche Diabetes Gesellschaft (2025): Neue Studie zu Diabetes Typ 2 aus Schweden, online unter: https://www.monitor-versorgungsforschung.de/news/neue-studie-zu-diabetes-typ-2-aus-schweden/ (zuletzt abgerufen: 23.06.2025).

IX   Glück und Schlüsselkompetenzen

Hans-Dieter Hermann und Thorsten Leber

Einleitung

Das Streben nach Glück ist eine der tiefsten Sehnsüchte des modernen Menschen. Gleichzeitig ist die moderne Gesellschaft vorgeprägt, durchgetaktet und gekennzeichnet durch zunehmend anspruchsvolle berufliche Rahmenbedingungen, die auf den ersten Blick dem Streben nach Glück im Weg stehen. Der Wunsch, beruflich voranzukommen und die Anforderungen des heutigen Arbeitslebens können dazu führen, dass tragende Säulen des persönlichen Glücks vernachlässigt werden. Im Privatleben sind die Entwicklungen nicht weniger herausfordernd. Die vielerorts thematisierte Work-Life-Balance scheint für das heutige Glücksempfinden dadurch zu einer Art Schlüsselvariable geworden zu sein.

Die sog. Harvard Glücksstudie (offiziell bekannt als Harvard Study of Adult Development) ist eine der beeindruckendsten Langzeitstudien über menschliches Glück und Wohlbefinden. Gestartet in den 1930er Jahren untersuchte sie das Leben von 724 Männern aus verschiedenen sozialen Schichten, um Faktoren zu identifizieren, die zu einem erfüllten Leben beitragen. Das Studiendesign umfasste anfänglich zwei Gruppen: eine aus Harvard-Studenten und eine aus benachteiligten jungen Männern aus Boston. Im Verlauf der Studie wurden neben der Gesundheit auch soziale, emotionale und psychologische Aspekte des Lebens erfasst. Die Teilnehmer wurden über mehrere Jahrzehnte hinweg regelmäßig befragt, ihre medizinischen Daten wurden dokumentiert und auch familiäre Beziehungen sowie berufliche Entwicklungen wurden untersucht (Vaillant, 2002).

Die Forschenden fanden heraus, dass vor allem soziale Bindungen und zwischenmenschliche Beziehungen einen signifikanten Einfluss auf das Glück und das Wohlbefinden haben. Sie konnten nachweisen, dass gute Beziehungen zu Familie, Freunden und Partnern sowie ein stabiles soziales Umfeld wichtiger sind als Geld oder beruflicher Erfolg, wenn es um langfristiges Glück geht. Selbstverwirklichung, emotionale Stabilität und Sinnfindung sind bezugnehmend auf diese Daten weitere grundlegende Bestandteile eines glücklichen und erfüllten Lebens. Darüber hinaus zeigen die Daten, dass die Fähigkeit zur Anpassung an Veränderungen im Leben und die Bewältigung von Stresssituationen relevante Faktoren sind. Personen, die über eine ausgeprägte Resilienz und Anpassungsfähigkeit verfügen, entwickeln mit einer höheren Wahrscheinlichkeit ein Gefühl von Glück und Zufriedenheit, auch wenn sie mit Herausforderungen konfrontiert sind (Vaillant, 2002).

Eine berufliche Tätigkeit lässt sich in die oben genannten Glücksbausteine nicht ohne Weiteres einordnen. Ob unser Arbeitsplatz eher ein Hindernis oder eher eine Ressource auf dem Weg zum persönlichen Glück ist, hängt von verschiedenen Rahmenbedingungen ab. Das Deutsche Institut für Wirtschaftsforschung hat 2010 in Anlehnung an das Bruttoinlandsprodukt (BIP) als gängigen Indikator für wirtschaftlichen Wohlstand eines Lands ein Glücks-BIP als Indikator für die Zufriedenheit der Bevölkerung mit den aktuellen Lebensumständen entwickelt und gemessen. Die Verantwortlichen halten im Fazit u. a. folgenden Punkt fest: »Der Mensch lebt nicht vom BIP allein. Es sollte deutlich geworden sein, dass neben Wirtschaftswachstum und materiellem Wohlstand viele andere Faktoren für die Lebenszufriedenheit eine Rolle spielen. [...] So ist ein sicherer Arbeitsplatz nicht nur wegen des Einkommens ein wichtiger Glücksfaktor, sondern auch ein Wert an sich. Sowohl der gesellschaftliche Status als auch das Selbstwertgefühl der Menschen wird positiv beeinflusst, wenn sie [...] aktiv am Erwerbsleben teilnehmen« (Suntum et al., 2010). Glück am Arbeitsplatz als Ressource zu entdecken und zu nutzen, sollte nicht nur im Interesse des jeweiligen Individuums liegen. Denn nicht ganz überraschend gibt es auch belastbare empirische Hinweise darauf, dass glückliche Arbeitnehmer mehr zum Unternehmenserfolg beitragen als unglückliche. Regelmäßig wiederkehrende positive Emotionen in Zusammenhang mit einer Tätigkeit wirken sich u. a. positiv auf beruflichen Erfolg und kollegiale Beziehungen am Arbeitsplatz aus (Lyubomirsky et al., 2005). Dieses Zusammenspiel hilft nicht nur der individuellen Karriere, sondern kann über vermittelnde Variablen wie Leistungsfähigkeit am Arbeitsplatz oder die Zufriedenheit mit der Arbeit auch einen positiven Beitrag zum Unternehmenserfolg leisten.

Sowohl Mitarbeitende als auch Führungskräfte und Unternehmensverantwortliche sollten folglich ein Interesse daran haben, Glück als Ressource zu nutzen. Von einer positiven Entwicklung dieses Faktors profitieren alle Beteiligten. Deshalb gilt es, Kompetenzen zu identifizieren und zu entwickeln, die sich positiv auf das Glücksempfinden von Personen auswirken. Diese Kompetenzen betreffen emotionale Intelligenz, Resilienz, zwischenmenschliche Fähigkeiten und Achtsamkeit. Sie ermöglichen nicht nur eine bessere Anpassung an Stress und Druck, sondern tragen auch dazu bei, hilfreiche und erfüllende Beziehungen im beruflichen Umfeld aufzubauen. In den folgenden Abschnitten werden wir näher auf die Bedeutung dieser Lebenskompetenzen und deren praktische Anwendung im modernen Arbeitsumfeld eingehen. Aber zunächst soll dargelegt werden, wie sich der Wunsch nach Glück mit bekannten und gängigen Variablen des Unternehmens-, Führungs- und Berufsalltags vereinbaren lässt.

Glück – Wovon reden wir eigentlich?

Die meisten Menschen haben eine ungefähre Idee davon, was Glück bedeutet bzw. ein Gespür dafür, was sie glücklich oder unglücklich macht. Der Versuch einer sauberen und vor allem trennscharfen Definition im fachlichen Sinn ist dennoch schwierig. Deshalb betrachten wir an dieser Stelle zunächst Bereiche oder Gefühlszustände, die an die Idee von Glück angrenzen. Der emeritierte Psychologieprofessor Philipp Mayring hat mit Hilfe von qualitativen Inhaltsanalysen die Gemeinsamkeiten und Unterschiede von Glück und verwandten Begrifflichkeiten untersucht. Er fasst diese für die relevantesten Begriffe folgendermaßen zusammen (Mayring & Reinhardt, 2020):

- Freude ist ein meist starkes Gefühl, das als Reaktion auf eine angenehme Situation auftritt. Freude ist eher kurzfristig und durch Gefühle wie Lebendigkeit und Vitalität geprägt.
- Zufriedenheit ist das langfristig stabilste positive Gefühl. Sie beschreibt einen ruhigeren Gefühlszustand als Freude und Glück und wird eher als hintergründig wahrgenommen. Die Basis bildet eine positive Grundstimmung, oft auch eine grundlegende Lebensbejahung. Zufriedenheit ist stark durch kognitive Prozesse, wenn man so will rationale Analysen geprägt. Sie entsteht also aus Denkprozessen. Zufriedenheit steht häufig auch in Zusammenhang mit persönlichem Wachstum.
- Wohlbefinden beschreibt ein multidimensionales Konstrukt und beinhaltet die Dimensionen Selbstakzeptanz, Lebenssinn, positive zwischenmenschliche Beziehungen, persönliches Wachstum und Autonomie. Neben internen Faktoren hängt Wohlbefinden maßgeblich mit dem persönlichen Umfeld und der Fähigkeit zusammen, die Anforderungen dieses Umfelds zu meistern. Wohlbefinden stellt eine wichtige Voraussetzung für eine erfolgreiche gesunde Selbstregulation, auch im physiologischen Sinne dar. Ein Gefühl von Wohlbefinden resultiert in der Regel nicht aus Extremen, sondern wird oft mit einer moderaten Wahrnehmung und Lebensweise in Verbindung gebracht.
- Glück steht für die intensivste Form des Wohlbefindens, das Menschen kennen. Das Gefühl erfasst die ganze Person. Die Dauer dieses Zustands liegt zwischen Freude und Zufriedenheit. Glück ist häufig auch in der Außenwirkung für andere gut sichtbar. Glück entsteht oft aus Zusammenhängen, insbesondere Beziehungen, die über die eigene Person hinausgehen. Beispielsweise kann Glück aus sozialem Erleben oder aus dem Einklang mit der Natur entstehen.

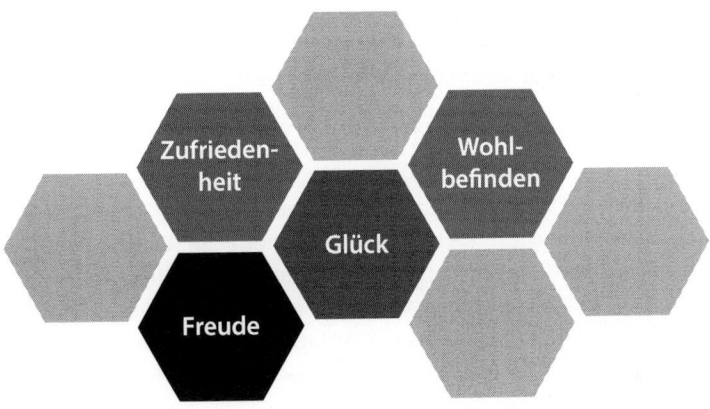

Dar. 11: Glück und verwandte Konzepte

Jeder dieser Zustände kann prinzipiell im Rahmen einer beruflichen Tätigkeit auftreten. Trotzdem wird im täglichen Sprachgebrauch nur selten das Wort Glück zur Beschreibung des Zustands einer Person am Arbeitsplatz verwendet. Begriffe wie Freude oder Zufriedenheit bei der Arbeit gehen uns leichter über die Lippen. Wie im vorangegangenen Abschnitt dargelegt wurde, besteht jedoch eine signifikante Schnittmenge zwischen diesen Konzepten. Die fachlich-wissenschaftlichen Bemühungen einer Abgrenzung sind wichtig, um Glück im wahrsten Sinne des Wortes erfassen und objektivieren zu können. Jedoch sind klare Abgrenzungen für das Streben nach Glück im Alltag nur bedingt hilfreich. Ein glücklicher oder zufriedener Mensch wird sich kaum darüber streiten, welcher der in Frage kommenden Begriffe seinen aktuellen Zustand besser beschreibt. Dennoch geben uns Fachbegriffe eine Orientierung, wie der Optimalzustand aussehen kann und somit auch Anhaltspunkte, wie wir ihn unter bestimmten Rahmenbedingungen am Arbeitsplatz erzeugen bzw. uns in diese Richtung entwickeln können. Für solche Überlegungen ist es folglich nicht nur wichtig, angrenzende Konzepte zu beachten, sondern auch verschiedene Arten des Glücks zu differenzieren.

Im deutschsprachigen Raum hat sich u. a. der Philosoph Wilhelm Schmid, der aufgrund seiner Expertise häufig auch als »Lebenskunst-Philosoph« bezeichnet wird, in vielen Veröffentlichungen dieser Herausforderung gewidmet. Nach Wilhelm Schmid (2016) und anderen Autoren (Dick, 2003) können verschiedene Facetten des Glücks wie folgt unterschieden werden:

- Zufallsglück: Dieses Konzept bezieht sich auf Momente des Glücks, die scheinbar unerwartet und zufällig auftreten. Es könnte sich um glückliche Begegnungen, überraschende Geschenke oder glückliche Umstände handeln. Zufallsglück kann oft als spontan und kurzlebig empfunden werden. Das Zufallsglück ergibt sich durch einen positiven Zufall, weil man z. B. durch einen Bekannten zufällig von einer interessanten Arbeitsstelle erfahren hat, auf die man sich bewerben möchte. Zufallsglück entsteht also vor allem dann, wenn die Wahrscheinlichkeiten vorab gegen ein positives Ereignis sprechen, der positive Zufall also vergleichsweise unerwartet eintritt. Dieser Zufall kann sich positiv auf das persönliche Befinden auswirken, der Begriff Zufallsglück ist aber vor allem eine Beschreibung der Situation und weniger der damit verbundenen Gefühlslage.
- Wohlfühlglück: Dieser Begriff bezieht auf das alltägliche, routinemäßige Glück, das Menschen in ihrem Leben erfahren. Es kann mit einem Gefühl von Zufriedenheit, Komfort und Wohlbefinden verbunden sein, das aus stabilen Lebensbedingungen und meist auch sozialen Beziehungen resultiert. Wohlfühlglück beschreibt eine Erfahrung von intensiver Freude bzw. positiver Emotionalität. Diese Form des Glücks kann bezogen auf die Arbeit entstehen, wenn mir beispielsweise meine Arbeit Freude macht und wertgeschätzt wird oder ich mein kollegiales Umfeld als angenehm empfinde. Wohlfühlglück ist ein Zustand, der in engem Zusammenhang mit biologischen Stoffwechselprozessen einer Person steht (z. B. Endorphin-Ausschüttung als sog. Glückshormone). Wenn sich der Stoffwechsel durch Gewöhnung an

eine positive Situation wieder zurück zum ursprünglichen Gleichgewichtszustand bewegt, nimmt auch das Wohlfühlglück wieder ab.
- Glück der Fülle: Diese Form des Glücks ist eng mit dem Konzept des Überflusses und des materiellen Wohlstands verbunden. Somit steht es u. a. in engem Zusammenhang mit der Entlohnung für eine berufliche Tätigkeit. Menschen, die das Glück der Fülle erleben, fühlen sich aufgrund von materiellem Wohlstand und Ressourcen glücklich und erfüllt.
- Glück des Unglücklichseins: Diese Form des Glücks basiert auf der Idee, dass Menschen selbst in herausfordernden oder schwierigen Lebenssituationen eine Form des Glücks oder des Wohlbefindens finden können. Dies kann durch persönliches Wachstum, Resilienz und die Fähigkeit, aus Herausforderungen zu lernen, erreicht werden. Menschen können diese Form des Glücks empfinden, wenn sie sich gerade in einer Lebensphase befinden, in der sie erfolgreich versuchen, berufliche und private Krisen zu meistern.

Andere Autoren unterscheiden an erster Stelle eudaimonisches und hedonistisches Glück. Die Gemeinsamkeit der beiden Konzepte liegt im Streben nach Wohlbefinden und Glück und unterscheidet sich vor allem bezüglich der Prioritäten zwischen kurzfristiger Befriedigung (hedonistisch) und langfristiger Selbstverwirklichung (eudaimonisch). Hedonistisches Glück bezieht sich auf das Streben nach positiven Gefühlszuständen wie Freude, Vergnügen und Lust sowie die Vermeidung von negativen Emotionen, um ein angenehmes und lustvolles Leben zu führen. Es konzentriert sich auf die unmittelbare Freude und das Vergnügen, die aus angenehmen Erfahrungen resultieren (Diener et al., 2009). Es betont die Bedeutung dieser Emotionen und das Streben nach persönlichem Glück, das auf kurzfristiger Befriedigung basiert (Peterson und Seligman, 2004). Dieses Glücksempfinden kann beispielsweise unmittelbar nach einem erfolgreichen Verkaufsgespräch oder durch die Nachricht, dass man befördert wurde, entstehen. Eudaimonisches Glück basiert auf dem Konzept der Selbstverwirklichung, persönlichen Entwicklung und einem sinnerfüllten Leben. Es betont die Bedeutung von persönlichem Wachstum, Selbstbestimmung, Autonomie und dem Streben nach einem höheren Lebenszweck (Ryff und Singer, 2008). Das erfolgreiche Verwirklichen persönlicher Fähigkeiten geht oft einher mit dem Streben nach Sinn und dem Erreichen von moralischem Wohlverhalten (Waterman, 1993). Damit eudaimonisches Glück entstehen kann, ist ein komplexes Zusammenspiel der genannten Faktoren erforderlich, z. B. im Rahmen eines wichtigen Projektes oder der Fertigung eines anspruchsvollen Werkstücks, möglicherweise sogar für einen guten, sinnstiftenden Zweck.

Wie die vorangegangenen Abschnitte darlegen, sind Überschneidungen von hedonistischem Glück und Wohlfühlglück bzw. Glück der Fülle gegeben. Die Einordnung des eudaimonischen Glücks in das Schema von Schmid fällt auf Basis der bisher dargelegten Überlegungen zunächst schwer. Dieses Dilemma löst sich auf, wenn man die Sinnhaftigkeit des eigenen Handelns als weitere Betrachtungsebene neben der Empfindungsebene berücksichtigt. Das Streben nach Glück, insbesondere in der eudaimonischen Ausprägung, ist in vielen Fällen eigentlich ein Streben nach Sinn. Dieser Sinn entsteht wiederum durch subjektiv wahrgenommene Zusammenhänge von Handeln und Konsequenzen (Schmid, 2016). Aufgrund dieser Zusammenhänge kann Sinn zunächst ganz grundlegend auf einer rein körperlichen Ebene wahrgenommen werden. Diese Wahrnehmung kann entstehen, wenn eine Person erkennt, dass durch bestimmte Entscheidungen oder Handlungen überlebenswichtige Bedürfnisse bedient werden können. Auf dieser Ebene geht es meist um Aspekte wie Nahrung, Sicherheit oder auch menschliche Nähe.

Auf einer weniger unmittelbaren Ebene spricht Wilhelm Schmid einerseits von seelisch spürbarem – man könnte auch sagen: intuitiv oder emotional empfundenem Sinn – und geistig bzw. rational gedachtem Sinn. Die emotionale Seite konzentriert sich auf das Erleben einer Handlung und einer Situation sowie die dadurch ausgelösten Empfindungen. Sie hat somit einen starken Zusammenhang zu Genuss und dem damit verbundenen hedonistisch geprägten Streben nach Glück. Aber darüber hinaus spielen auch langfristig enge Beziehungen eine wichtige Rolle. Diese finden sich in Geselligkeit, guten kollegialen Beziehungen am Arbeitsplatz oder aber im Kontakt zur Familie, insbesondere der Beziehung zwischen Eltern und ihren Kindern, wodurch sie auch einer eudaimonischen Entwicklung zuträglich sein können. Gleiches gilt für Sinnhaftigkeit, die sich aus rationalen Überlegungen ergibt. Eine rationale Sinnbetrachtung steht häufig nicht unbedingt in Zusammenhang mit dem unmittelbaren Genuss einer Tätigkeit, sondern mit den aus ihr resultierenden Ergebnissen und Konsequenzen. Schließlich bleibt noch eine letzte Form der erlebten Sinnhaftigkeit, die sich aus spirituell-religiösen Quellen speist. Es geht um Gefühle, Erkenntnisse oder Erleben von übergeordneten Zusammenhängen. Übergeordnet bedeutet hier auch weitgehend losgelöst von der eigenen Person. Auch dahinter steckt der Wunsch nach erkennbaren Zusammenhängen und – wie bei allen anderen Facetten der Sinngebung – die Frage nach dem »Warum?«. Wenn ein Mensch Antworten findet, die ihm diese Zusammenhänge aufzeigen, die ihm helfen, seine eigene Existenz in ein Gesamtbild einzuordnen, entsteht dadurch ein Gefühl von Konsistenz und Sinnhaftigkeit.

Was kann Arbeit zu Glück beitragen?

Sinnfindung in der Arbeit

Es gibt nach Wilhelm Schmid (2016) einen zentralen Glücksfaktor, der gerade im Berufsleben eine wichtige Rolle spielt. Dabei geht es um die Frage, ob wir einer beruflichen Tätigkeit aus rein materiellen Überlegungen nachgehen oder ob wir dieser Tätigkeit einen ideellen Wert bzw. eine ideelle Funktion beimessen. Im Kern geht es somit auch darum, sich von rein objektiven Bewertungsmaßstäben der eigenen Tätigkeit, wie beispielsweise Unternehmenskennzahlen zu lösen und sie durch subjektive zu ergänzen. In der in vielerlei Hinsicht materiell geprägten Welt des Profifußballs kann man beispielsweise regelmäßig ein Phänomen beobachten, das Unterschiede zwischen einer materiellen und ideellen Sichtweise deutlich macht. Die Gehälter von

Fußballprofis in den oberen Spielklassen in Deutschland, England, Frankreich oder vergleichbar erfolgreichen Ländern bewegen sich mittlerweile in Dimensionen, die für normal Berufstätige kaum noch nachvollziehbar sind. Auf den ersten Blick könnte man meinen, dass es kaum noch eine Rolle spielt, ob ein Vertrag über 11 oder 12 Millionen Euro abgeschlossen wird. Die Profis scheinen das häufig anders zu sehen und lassen Ihr Gehalt durch ihre Berater teilweise hart verhandeln. Viele Menschen interpretieren das als eine überzogene und nicht nachvollziehbare Form von Geldgier. Im persönlichen Austausch mit Fußballprofis zeigt sich bei genauem Hinhören jedoch häufig ein anderer Zusammenhang: Es scheint nicht um den Geldbetrag an sich zu gehen, sondern um die damit verbundene Wertschätzung einer sportlichen Leistung und damit auch der eigenen Person. Es geht dabei wiederum um den Vergleich mit der Konkurrenz und den tiefsitzenden Wunsch, dass die eigenen Leistungen innerhalb dieses Systems gesehen und nach den aktuell geltenden finanziellen Maßstäben auch gewürdigt werden. Auf der materiellen Ebene drückt sich dieser Wunsch in Geld aus. Auf der ideellen Ebene handelt es sich dabei um persönliche Wertschätzung und soziale Anerkennung.

Das Einkommen der meisten Menschen bewegt sich im Gegensatz zum Profifußball nicht in Dimensionen, die es erlauben, sein Tun und Handeln rein auf persönliche Anerkennung auszurichten. Aber im Übergang von rein materiellen zu ideellen Zielen gibt es beispielsweise in der Bedürfnishierarchie des Motivationsforschers Maslow u. a. die Ebene der Sicherheitsbedürfnisse. Dieses Bedürfnis kann ein Mensch zum einen für sich selbst, zum anderen aber auch für seine Familie oder andere wichtige Personen aus seinem Umfeld haben. Wenn man so will, geht es auch bei der Frage nach Sicherheit nicht um die Höhe eines Geldbetrags, sondern um die Frage, inwiefern wird mein Leben dadurch besser bzw. sicherer? Was bringt es mir? Es ist nicht das Einkommen an sich, das glücklich macht. Es ist die Idee, die man damit verbindet. Je mehr Bedeutung so eine Idee bekommt, umso größer ist die Zufriedenheit mit der zugrundeliegenden Tätigkeit. Aber auch auf höheren Bedürfnisebenen wie dem Wunsch nach Selbstverwirklichung, kann das Einkommen einen Einfluss haben, wenn es z. B. dazu beiträgt, ein kostspieliges, aber sinnstiftendes Hobby zu finanzieren. Menschen, die sich ehrenamtlich sozial oder kulturell engagieren, verzichten sogar vollständig auf den materiellen Aspekt, weil für sie der ideelle, vielleicht sogar spirituelle Wert einer Tätigkeit allein bereits ausreicht.

Selbstbestimmtheit und intrinsische Motivation

Die Sinnzuschreibung und Bewertung einer Tätigkeit, ihren Ergebnissen und ihrer Entlohnung ist ein komplexes Zusammenspiel von individuell sehr unterschiedlichen Ergebnissen. Allgemeingültige Regeln und Zusammenhänge dafür zu formulieren ist dementsprechend schwierig. Jedoch gibt die Selbstbestimmungstheorie nach Deci und Ryan (2000) wichtige Hinweise darauf, welche Komponenten dabei eine Rolle spielen. Das Modell beschäftigt sich mit der Frage, was Menschen benötigen, um Zufriedenheit bei der Ausführung einer beruflichen oder sonstigen Tätigkeit zu empfinden. Diese Zufriedenheit wird insbesondere mit einer intrinsischen, also selbstbestimmten Motivation in Verbindung gebracht. Das Gegenteil davon ist eine extrinsische, also eine von außen regulierte Motivation, die im Regelfall vor allen Dingen über positive und negative Konsequenzen des eigenen Handelns funktioniert. Oder etwas drastischer ausgedrückt: Belohnungen für erwünschtes Verhalten, Bestrafungen für unerwünschtes Verhalten. Ob diese Konsequenzen zur erlebten Sinnhaftigkeit einer Tätigkeit passen, spielt dabei keine Rolle. Im Übergang zwischen den beiden Extrempolen der Motivationsskala gibt es verschiedene Abstufungen. Um Glück und Sinnhaftigkeit zu erleben, ist es hilfreich, sich dem Zustand der intrinsischen Motivation möglichst stark anzunähern. In der Selbstbestimmungstheorie wird betont, dass intrinsische Motivation als die qualitativ hochwertigste bzw. stärkste Motivation angesehen wird, da sie mit einem Gefühl von Autonomie verbunden ist.

Die Selbstbestimmungstheorie weist wohlgemerkt sowohl Verbindungen zum eudaimonischen als auch zum hedonistischen Glücksverständnis auf. Zum einen unterscheidet sie ausdrücklich zwischen Wohlbefinden und Glück. Zum anderen zeigen empirische Belege aus der Forschung zu diesem Modell wie Bewusstsein, konstruktive Selbstregulierung und die Konzentration auf intrinsische Werte – also Attribute, die mit Eudaimonie in Verbindung gebracht werden – sich sowohl positiv auf das persönliche Wohlbefinden als auch auf das hedonistische Glückserleben auswirken. Demgegenüber liefern die Daten Hinweise darauf, dass scheinbar hedonistische, extrinsisch motivierte Lebensstile wie Materialismus häufig zumindest mittel- und langfristig (trotzdem) nicht zu einer hedonistischen Bedürfnisbefriedigung führen. Vor allem aber zeigt die Selbstbestimmungstheorie auf, wie Prozesse und Rahmenbedingungen gestaltet werden können, damit sie die Befriedigung der psychologischen Grundbedürfnisse nach Autonomie, Kompetenz und sozialer Verbundenheit unterstützen und somit Glück und Wohlbefinden fördern können (DeHaan und Ryan, 2014).

Autonomie

Die Autonomie als eines der drei zentralen Konzepte der Selbstbestimmungstheorie bezieht sich auf das Ausmaß, in dem Individuen das Gefühl haben, ihre Handlungen und Entscheidungen selbstbestimmt zu treffen. Forschungsergebnisse zeigen, dass Mitarbeiter, die in der Lage sind, ihre Arbeit autonom zu gestalten und Einfluss auf ihre Arbeitsabläufe und -entscheidungen zu nehmen, eine höhere Zufriedenheit am Arbeitsplatz aufweisen (Deci und Ryan, 2013). Diese Befunde beziehen sich zunächst auf die Tätigkeit selbst. Darüber hinaus darf jedoch nicht vernachlässigt werden, dass Aspekte wie Arbeitsplatzsicherheit, gesichertes Einkommen und flexible Arbeitszeitgestaltung Autonomiethemen sind, die sich über die Grenzen der Arbeit hinaus bemerkbar machen. Die dadurch entstehende Flexibilität und Planungssicherheit ist auch eine wichtige Basis für erlebte Autonomie im Privatleben.

Kompetenz und Wertschätzung

Das Erleben der eigenen Kompetenz ist ein weiterer wichtiger Aspekt des Gefühls der Selbstbestimmtheit. Kompetenzerleben zielt auf die subjektive Wahrnehmung von Kompetenz ab und ist kein objektiver Wertemaßstab. Deshalb entsteht das Kompetenzerleben nur indirekt aus messbaren Ergebnissen. Es ist für die Person wichtig, dass diese Ergebnisse in Form von Erfolgen auch anerkannt werden. Und zwar sowohl durch entsprechendes Feedback von relevanten Dritten, insbesondere Experten und Führungskräften, als auch durch die eigene Person. Menschen streben danach, ihre Fähigkeiten und Fertigkeiten zu entwickeln und Herausforderungen zu bewältigen, die ein angemessenes Maß an Komplexität und Anforderungen bieten. Sie sollten anspruchsvoll sein, aber trotzdem mit einer gewissen Wahrscheinlichkeit lösbar. Wenn Arbeitnehmer die Möglichkeit haben, ihre Fähigkeiten zu nutzen und sich beruflich weiterzuentwickeln, steigert dies ihr Selbstwertgefühl und trägt zur Zufriedenheit bei (Deci und Ryan, 2000).

Soziale Eingebundenheit

Eine weitere wichtige Grundlage für ein Gefühl der Selbstbestimmung und die damit verbundene Zufriedenheit ist die soziale Eingebundenheit. Sie beschreibt das Gefühl, ein wertvoller Teil eines Teams oder einer Gemeinschaft zu sein. Ein unterstützendes soziales Umfeld am Arbeitsplatz trägt somit wesentlich dazu bei, das Wohlbefinden der Mitarbeiter zu fördern und ihre Arbeitszufriedenheit zu steigern (Baard et al., 2004).

Berufliches und privates Glück

Auch wenn sich dieser Text auf berufliches Glück fokussiert, soll nicht der Eindruck vermittelt werden, dass berufliches und privates Glück vollkommen unabhängig voneinander betrachtet werden können. Die Qualität des Berufslebens und die des Privatlebens stehen bei den meisten Menschen in einem komplexen und dynamischen Wechselspiel. Sie können sowohl konkurrieren als auch sich gegenseitig ergänzen. Konkurrenz entsteht dann, wenn gemeinsam genutzte Ressourcen knapp werden. Häufig betrifft das insbesondere den Faktor Zeit. Wenn es einen Konflikt zwischen persönlichen Lebenszielen und beruflichen Anforderungen gibt, kann dies zu Unzufriedenheit und Stress führen. Bereits vor vier Jahrzehnten haben sich Studien mit diesem Thema beschäftigt, die zeigen, dass eine Diskrepanz zwischen individuellen Werten und den Anforderungen des Arbeitsplatzes das Glück auf beiden Seiten beeinträchtigen kann und beispielsweise zu Burnout oder beruflicher Unzufriedenheit führen können (Greenhaus und Beutell, 1985). Diese Erkenntnis ist somit alles andere als neu, aber unter den heutigen Anforderungen an die Flexibilität und Erreichbarkeit ist sie relevanter denn je.

Komplementäre, also ausgleichende bzw. ergänzende Effekte können wichtig sein, wenn in einem der beiden Bereiche eine Krise stattfindet. Im Sinne eines Risikomanagements können dann Ressourcen des anderen Standbeins dabei helfen, das Leben und den eigenen psychosozialen Status insgesamt stabil zu halten. Sowohl der private als auch der berufliche Teil können beispielsweise eine Quelle der Wertschätzung, der sozialen Unterstützung und der Regeneration sein. Wenn wir das berufliche Glück im Fokus haben, kann die private Seite über unterschiedliche Wege Einfluss nehmen. Auch hier lässt sich an vielen Stellen der Zusammenhang zu den Faktoren Autonomie und Selbstbestimmung zeigen. Denn die Erreichung von Lebenszielen geht neben dem damit verbundenen Glückserleben einher mit Autonomie und Selbstbestimmung. Personen, die ihre beruflichen Aktivitäten als bedeutsam und mit persönlichen Lebenszielen vereinbar betrachten, erleben eine höhere Arbeitszufriedenheit und ein größeres berufliches Glück (Deci und Ryan, 1985).

Untersuchungen aus der Perspektive der Selbstbestimmungstheorie weisen darauf hin, dass Lebensziele eine wichtige Motivationsquelle darstellen können, die das berufliche Engagement und die Leistungsfähigkeit beeinflussen. Durch berufliche Netzwerke und das finanzielle Einkommen können Ressourcen generiert werden, die das Erreichen von Lebenszielen erleichtern. Wenn die beruflichen Aktivitäten dazu beitragen, persönliche Lebensziele zu erreichen, steigt die Zufriedenheit sowohl im beruflichen als auch im persönlichen Bereich (Judge und Watanabe, 1993). Aber vor allen Dingen, wenn Personen ihre beruflichen Ziele mit ihren persönlichen Lebenszielen in Einklang bringen können, steigert dies in der Regel ihre Zufriedenheit und ihr Glücksempfinden am Arbeitsplatz. Es sollte deutlich geworden sein, dass die Ausrichtung der beruflichen Tätigkeiten an persönlichen Lebenszielen und Werten einen wesentlichen Beitrag zum subjektiven Wohlbefinden leisten kann. Die Integration von privaten und beruflichen Zielen zu einem Ganzen ist entscheidend für eine nachhaltige berufliche Zufriedenheit und Glück.

Mehr Glück durch Lebenskompetenzen

Was sind Lebenskompetenzen?

Lebenskompetenzen sind Fähigkeiten zu adaptivem und positivem Verhalten, mit denen Personen die Herausforderungen des täglichen Lebens effektiv bewältigen können. Lebenskompetenzen sind erlernte und erworbene Verhaltensweisen, die für ein gesundes und gutes Leben notwendig sind. Die Kompetenzen beinhalten ausdrücklich auch ein Bewusstsein über relevante Rahmenbedingungen zur Förderung der eigenen Lebensqualität und als Ausgangspunkt von glücksfördernden Verhaltensweisen (Ginter, 1999). Die Weltgesundheitsorganisation WHO misst diesen Lebenskompetenzen eine hohe gesundheitliche Relevanz bei und fordert dementsprechend ein, diese Themen im Rahmen von Gesundheitsförderung konsequent zu vermitteln.

Die aus Sicht der WHO relevanten Skills lassen sich in nachfolgend beschriebenen Kategorien zusammenfassen (▶ Dar. 12).

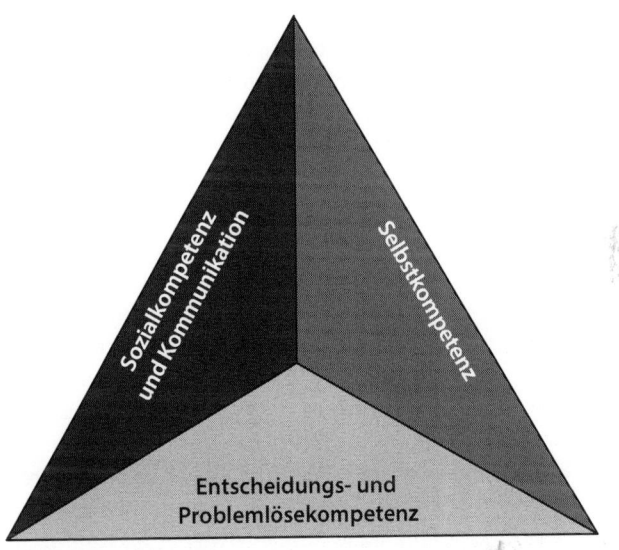

Dar. 12: Kernbereiche der Lebenskompetenzen

Selbstkompetenz

Unter Selbstkompetenz lassen sich Selbstwahrnehmung sowie die Bewältigung von Gefühlen und von Stress einordnen. Gefühle und Emotionen sind Teil unserer Natur und bereichern unser Leben. Durch sie entstehen Energie und Vitalität als Triebkräfte unseres Handelns. Das gilt unabhängig von der Färbung dieser Emotionen, also sowohl für positive als auch für aversive. Glücksgefühle sind lediglich ein kleiner Ausschnitt aus dem sich daraus ergebenden Spektrum menschlicher Gefühle. Die Wahrnehmung eigener Gefühle ist eine wichtige Voraussetzung für deren Bewältigung. Sie betrifft den aktuellen Zustand genauso wie zeitlich stabile Persönlichkeitseigenschaften, eigene Stärken und Schwächen sowie die daraus resultierenden Wünsche und Ängste. Je bewusster ein Mensch diese Aspekte seines Selbst wahrnehmen kann, umso besser ist er oder sie in der Lage einzuschätzen, was er oder sie für ein inneres Gleichgewicht und Glücksgefühl benötigt.

Diese Kompetenzen in Bezug auf Emotionswahrnehmung und -regulation bilden auch die Basis für ein empathisches Miteinander, denn die Reife im Umgang mit eigenen Gefühlen ist eine wichtige Voraussetzung für die Reife im Umgang mit anderen. Es wird durch sie nicht zuletzt einfacher, eigene und fremde Gefühle wahrzunehmen und konstruktiv zu verarbeiten. Das setzt voraus, die Auswirkungen dieser Emotionen einschätzen zu können und aus dieser Einschätzung angemessene Reaktionen abzuleiten. Insbesondere die Verarbeitung negativer Gefühle kann unangenehm und anstrengend sein. Dennoch führt ein konstruktiver Verarbeitungsprozess dazu, dass das innere Gleichgewicht auf lange Sicht erhalten oder zumindest möglichst schnell wieder hergestellt werden kann. Nachhaltig negative Auswirkungen auf die Gesundheit können so vermieden werden.

Dies gilt in ähnlicher Form für die Bewältigung von Stress. Auch hier geht es zunächst um das Erkennen, welche Stressoren im eigenen Umfeld existieren und die Auswirkungen dieser Stressoren auf das eigene Leben einzuschätzen. Davon ausgehend können Bewältigungsstrategien entwickelt werden, die das subjektive Stresserleben reduzieren und zur Lösung des stressauslösenden Problems beitragen. Gelingt es nicht, geeignete Ventile und präventive Maßnahmen zum Management von Stress zu entwickeln, erhöht sich mittel- und langfristig das Risiko für physische oder psychische Erkrankungen. Demgegenüber können positive Emotionen als Stresspuffer und als Resilienzfaktor[5] wirken. Wie bereits dargelegt, haben sie auch signifikanten Einfluss auf die Lebenszufriedenheit. Positive Emotionen stärken Resilienz und zwar auch dann, wenn gleichzeitig negative Emotionen im Leben eine Rolle spielen. Sie stellen somit eine wichtige Verbindung zu einer hohen Lebensqualität dar. Dies lässt sich nicht nur durch die Emotionen selbst begründen, sondern auch dadurch, dass durch positive Emotionen Ressourcen (z. B. Selbstsicherheit, innere Ruhe, Widerstandsfähigkeit) entstehen, die bei zukünftigen Herausforderungen genutzt werden können (Cohn et al., 2009). Eine hohe Resilienz wiederum kann dazu führen, dass Menschen sogar den Stress selbst im Sinne einer willkommenen oder interessanten Herausforderung mit positiven Emotionen verbinden.

Entscheidungs- und Problemlösekompetenz

Probleme und Herausforderungen sind permanente Bestandteile unseres Lebens. Um diesen erfolgreich zu begegnen, müssen Menschen in der Lage sein, Lösungsmöglichkeiten zu generieren und sich zwischen mehreren Lösungsmöglichkeiten zu entscheiden. Bezogen auf eine bestimmte Person setzt Problemlöse- und Entscheidungskompetenz insbesondere Wissen über Ressourcen der eigenen Person (z. B. Fähigkeiten und Fertigkeiten), aber auch des materiellen (z. B. Finanzen) und sozialen Umfelds (Familie, Kollegen, Vorgesetzte, Freunde) voraus. Weiterhin sollte ein Entscheider in der Lage sein, aus einem Gesamtkontext Wesentliches zu erkennen und darauf seine Prioritäten auszurichten. Denn wenn Menschen sich aktiv in Entscheidungen einbringen können und die Ergebnisse jeder Entscheidung subjektiv sinnvoll evaluieren können, wirkt sich das positiv auf ihr Wohlbefinden bzw. auf ihre mentale Gesundheit aus.

---

5 Resilienz beschreibt die Fähigkeit, schwierige Lebenssituationen ohne anhaltende Beeinträchtigung zu überstehen. Ausführlicher siehe Abschnitt »Kein Glück ohne Stressmanagement und Resilienz«

Kompetenzen, die diesem Bereich zugeordnet werden können, helfen Individuen, effizientere Entscheidungen bezüglich wichtiger Themen zu treffen. Das beinhaltet die Fähigkeit, Informationen zu sammeln und sich kritisch mit ihnen auseinanderzusetzen. In Zeiten von Fake News und alternativen Wahrheiten ist es unerlässlich, Informationen zu hinterfragen, bevor sie in unser Weltbild und somit in die Grundlagen unseres Verhaltens und unserer Entscheidungen integriert werden.

Eine weitere wichtige Grundlage für Entscheiden und Problemlösen ist die Fähigkeit zu kreativem Denken. Durch kreatives, divergentes Denken generieren wir neue Lösungsmöglichkeiten und sind besser in der Lage, unterschiedliche Konsequenzen einer Entscheidung zu erkennen und abzuwägen. Kreatives Denken hilft außerdem, sich in Situationen hineinzuversetzen, zu denen man noch keine unmittelbaren Erfahrungswerte hat. Kreatives Denken wirkt sich positiv auf die Anpassungsfähigkeit und Flexibilität im beruflichen Alltag aus. Die Qualität kreativer Denkprozesse kann über die Kriterien Neuheit, Relevanz und Wert für das jeweilige Problem bzw. die jeweilige Aufgabe definiert werden. Weiterhin gilt die Fähigkeit, über bestehende Grenzen hinaus zu denken und dadurch neue Handlungsalternativen zu generieren ebenfalls als kreativer Faktor. Kreativität ist ein auf diesen Faktoren basierender Prozess, der im Ergebnis wertvolle neue Handlungs- und Lösungsalternativen generiert. Kreativität gilt dann als gegeben, wenn Denkprozesse keinem ersichtlichen Algorithmus folgen, sondern eher eine Form von schöpferischem Akt darstellen.

Problemlöse- und Entscheidungskompetenz entsteht zum einen durch die beschriebenen Fähigkeiten und Fertigkeiten. Sie ist aber auch ein Ergebnis von Routine. Es ist also empfehlenswert, bewusst Entscheidungssituationen zu suchen, Entscheidungen zu treffen und nicht zuletzt auch zu üben, die Konsequenzen auszuhalten. Daraus entsteht eine zunehmend optimierte Entscheidungsroutine. Diese Routine verbessert nicht nur die Qualität der Entscheidungen, sondern führt auch dazu, dass Entscheider ein zunehmendes Selbstvertrauen entwickeln und somit bei neuen Entscheidungen weniger Stress empfinden.

Sozialkompetenz und Kommunikation

Wenn wir Kommunikation und Sozialkompetenz als aktives Verhalten und aktive Auseinandersetzung mit sozialen Situationen verstehen, setzt beides zunächst die Fähigkeit voraus, soziale Situationen bzw. unser Gegenüber gut einzuschätzen und zu verstehen. Und zwar nicht nur auf der rationalen, sondern auch auf der emotionalen Ebene. Es geht also um Empathie und damit um die Fähigkeit, sich in die Situation des anderen hinzuversetzen. Manchmal auch mitzufühlen, achtsam zu sein. Empathie fördert die Qualität sozialer Beziehungen, gegenseitig unterstützendes Verhalten, aber auch die Bereitschaft, konstruktive Führung durch andere anzunehmen.

Empathie beschreibt die Fähigkeit, sich in die Lage anderer hineinzuversetzen, hineinzufühlen und auf dieser Basis angemessen auf die Gefühle und Wünsche anderer zu reagieren. Empathie hat daher sowohl kognitive als auch emotionale Komponenten. Zu den kognitiven zählen die Fähigkeit, Gefühlszustände anderer zu erkennen und zu benennen, sowie mit Hilfe von rationalen Überlegungen, die Perspektive einer anderen Person einzunehmen. Die emotionalen Komponenten spielen sich im Vergleich dazu auf einer eher intuitiven Ebene ab. Wenn Menschen empathisch sind, spüren und spiegeln sie mehr oder weniger intuitiv die Gefühle anderer. Empathie stellt eine wichtige Basis für tragfähige zwischenmenschliche Beziehungen dar, insbesondere für die Entstehung von gegenseitigem Vertrauen. Eine hohe Ausprägung der beschriebenen Faktoren wirkt sich im Regelfall positiv auf die Qualität zwischenmenschlicher Beziehungen aus. Die Bereitschaft und Häufigkeit gegenseitiger sozialer Unterstützung steigen. Letzteres ist ein wichtiger Puffer gegen Stress und wesentlich für subjektives Wohlbefinden. Soziale Unterstützung lässt sich in vier verschiedene Kategorien untergliedern (Hermann und Eberspächer, 1994):

- Emotionale Unterstützung: Diese Form der Unterstützung wird insbesondere in Krisen und Drucksituationen als wertvoll wahrgenommen. Darunter fallen alle Formen emotionaler Zuwendung, des Trostes und eines empathischen Verständnisses für die betroffene Person.
- Fachliche Unterstützung: Informationen und Ratschläge werden vor allem dann unterstützend erlebt, wenn sie von Personen mit hoher Kompetenz bzw. mit viel Erfahrung auf dem jeweiligen Gebiet kommt. Tipps zu beruflichen Aufgaben werden eher als wertvoll erlebt, wenn sie von Personen aus einem vergleichbaren Umfeld kommen. Der gleiche Tipp aus dem privaten Umfeld wirkt möglicherweise uninteressant.
- Instrumentelle Unterstützung: Praktische und organisatorische Hilfestellungen durch andere Personen. Dazu zählen beispielsweise Botengänge oder finanzielle Unterstützung.
- Bewertende Unterstützung: Diese Form der Unterstützung bezieht sich auf konstruktive Rückmeldungen durch relevante Dritte. Dahinter steckt vor allen Dingen das Bedürfnis nach ehrlicher Akzeptanz. Erlebte Anerkennung und Wertschätzung durch andere Personen sind Grundlage eines stabilen Selbstwertgefühls.

Kommunikation kann als umfassendstes und somit wichtigstes Werkzeug in der sozialen Interaktion und somit auch zur Stärkung zwischenmenschlicher Beziehungen betrachtet werden. Schlechte Kommunikation kann zu Stress und Spannungen führen. Das gilt insbesondere, wenn der Leistungsdruck oder zeitliche Druck am Arbeitsplatz hoch ist. Die Fehlerwahrscheinlichkeit steigt und die Fähigkeit zu Empathie nimmt stressbedingt ab. Eine daraus resultierende Negativdynamik kann die Leistungsfähigkeit und das Wohlbefinden eines Teams bzw. seiner Teammitglieder gefährden.

Mit Blick auf Glück und Wohlbefinden ist Kommunikation insbesondere wichtig, um Gefühle, Gedanken, Wünsche und Meinungen auszudrücken oder wahrzunehmen. Durch den Austausch über diese Themen zeigen und erfahren wir Respekt bzw. Wertschätzung. Im beruflichen Umfeld spielt sie darüber hinaus eine wesentliche Rolle im Austausch von Informationen und in der Organisation von Abläufen. Kommunikation gibt Menschen außerdem die Möglichkeit, in angemessener Form nach Hilfe zu fragen und Hilfe anzubieten. Funktionierende Kommunikation dient folglich auch dem Gefühl der Sicherheit. Es überrascht also nicht, dass effektive Kommunikation und die damit verbundene Sozialkompetenz ein wichtiger Prädiktor für psychische Gesundheit und Lebensqualität sind.

Führungsverhalten, das glücklich macht

Soll Führungsverhalten motivieren, glücklich machen oder Mitarbeiterinnen und Mitarbeiter leistungsfähiger machen? Wir werden sehr schnell feststellen, dass diese Differenzierung in der Anwendung keinen wesentlichen Unterschied macht, da diese Aspekte mittel- und langfristig in einer positiven Wechselwirkung stehen. Ohne Frage ist es möglich, Mitarbeiter über die Methode »Zuckerbrot und Peitsche« relativ sinn- und glücksfrei zu motivieren und zu steuern. Auf längere Sicht werden sich diese Effekte jedoch verlieren. Was Menschen benötigen, um ihr volles Potenzial auszuschöpfen, ist ein Gefühl von Wertschätzung und Rückhalt durch die Führungskraft, idealerweise in Verbindung mit einem sinnstiftenden gemeinsamen Ziel. Alle diese Aspekte lassen sich nicht in erster Linie durch Belohnung und Bestrafung erreichen, sondern durch unterstützend erlebtes Führungsverhalten. Das Modell der transformationalen Führung gibt uns sehr konkrete Ansatzmöglichkeiten für die praktische Umsetzung (Bass und Avolio, 1994).

Die Basis für transformationale Führung stellen ein gemeinsames Ziel und gemeinsame Werte dar. Das führt dazu, dass Führungskräfte und Mitarbeitende motiviert sind, einen sinnvollen Beitrag zur Verwirklichung beizutragen. Diese Motivation entsteht ganz im Sinne der Selbstbestimmungstheorie aus Ihnen selbst heraus und wird von außen an sie herangetragen. Ein transformationaler Führungsstil stellt hohe Ansprüche an die Führenden. Diese müssen sich intensiv mit ihren Mitarbeitenden beschäftigen, möglichst individuell passende Rahmenbedingungen schaffen und schließlich in ständigem kommunikativem Austausch mit allen Beteiligten bleiben. Ihre Kommunikation muss insbesondere folgende Aspekte berücksichtigen:

- Intellektuelle Herausforderung
- Individuelle Berücksichtigung
- Vorbildfunktion
- Inspirations- und Motivationsfähigkeit

Vorbildfunktion, Inspirations- und Motivationsfähigkeit werden häufig mit dem Begriff der charismatischen Führung in Verbindung gebracht, also mit charismatischen Charakterzügen als Quelle von natürlicher Autorität. Jedoch unterstützt transformationale Führung darüber Selbstorganisation bzw. Selbstbestimmtheit der Mitarbeitenden und ihre gegenseitige Interaktion. Dies geschieht nicht nur durch die unmittelbare Interaktion mit den betreffenden Personen, sondern durch sensible Gestaltung von individuell passenden Rahmenbedingungen. Individualität umfasst letztlich auch situative Angemessenheit. Ein situatives Gespür, was Personen bei unterschiedlichen Herausforderungen, unterschiedlichen Rahmenbedingungen und wechselnden persönlichen Zuständen brauchen, stellt für Führungskräfte eine Schlüsselkompetenz dar. Sie versetzen sich dadurch insbesondere in die Lage, Sicherheit zu geben und Begeisterung zu erzeugen. Sie können andere aktivieren und mitnehmen.

Nicht zuletzt geht es bei transformationaler Führung auch darum, jeden einzelnen individuell zu berücksichtigen und passende intellektuelle Herausforderungen zu schaffen. So entsteht eine persönliche Relevanz, also Sinn, und gleichzeitig kann persönliches Wachstum gefördert werden. Personen, die auf diese Art gefordert werden, erleben Autonomie und Kompetenz. Erfolgreiche Führungskräfte zeichnen sich dabei in aller Regel durch ein hohes Maß an Selbstreflexion aus. Sie brauchen eine grundlegende Bereitschaft dazuzulernen, sich weiterzuentwickeln und somit auch selbst regelmäßig die eigene Komfortzone zu verlassen.

Stärkung von Lebenskompetenzen

Kein Glück ohne Stressmanagement und Resilienz

Die beiden Konstrukte Stressmanagement und Resilienz haben auf den ersten Blick keinen unmittelbaren Zusammenhang zu Lebenskompetenzen und Glück. Jedoch bilden sie den Rahmen, um die Verfolgung von sinnhaften Zielen durch ausreichend Energie und Robustheit zum gewünschten Zeitpunkt überhaupt zu ermöglichen. Das wiederum wirkt sich positiv auf Autonomie- und Kompetenzerleben aus, die in einem engen Zusammenhang mit der erlebten Sinnhaftigkeit unseres Handelns bzw. unseres Strebens nach Glück stehen. Umgekehrt kann sich auch die erlebte Sinnhaftigkeit einer Tätigkeit auf das positive Stresserleben auswirken. Beide Richtungen dieses Pfades haben somit einen Einfluss auf Wohlbefinden und die psychische Gesundheit.

Der Begriff Stress ist im alltagssprachlichen Gebrauch der modernen Arbeitswelt ein nahezu selbstverständlicher Begleiter. Genau genommen meinen wir damit die Reaktion eines Organismus auf innere oder äußere Stressoren, also Einflüsse, die einen Organismus potenziell schädigen oder überfordern können. Diese Stressreaktion scheint im Berufsleben nahezu omnipräsent zu sein. Sie wird durch wachsende Leistungsanforderungen und den damit häufig verknüpften Zeitdruck genährt. Daneben gibt es private Stressquellen wie Familien- oder Beziehungsprobleme, Geldsorgen, Erkrankungen, aber auch häusliche Gewalt sowie Drogen- und Alkoholprobleme. Unser Organismus reagiert auf solche Stressoren mit einer erhöhten Energiebereitstellung. Das heißt, dass die Stressreaktion unsere Reserven mobilisiert, was kurzfristig dazu führt, dass wir leistungsfähiger werden. Langfristig hat eine andauernde, stressbedingte Energiebereitstellung jedoch auch unerwünschte Nebenwirkungen, insbesondere in Form von Erkrankungsrisiken und psychischen Krisen. Um diesem Risiko vorzubeugen ist es wichtig, Stress zu managen, d. h. auf einen konsequenten Ausgleich von Belastung und Erholung zu achten. Darüber werden Ressourcen benötigt, die uns helfen, stressauslösende Herausforderungen zu bewältigen. Eine Person, die über solche Ressourcen verfügt und sie erfolgreich gegen Stress bzw. zum Nutzen ihrer eigenen Unversehrtheit einsetzen kann, bezeichnet man als resilient. Resilienz beschreibt ursprünglich das Phänomen, dass es bei Menschen, die Ereignisse physischer und psychosozialer Not erlebt haben, große Unterschiede hinsichtlich der Folgen, vor allem Langzeitfolgen, gibt. Resiliente Menschen gelten als unempfindlich gegenüber Herausforderungen und Krisen.

Die Resilienzforschung beschäftigt sich jedoch nicht nur mit diesen Unterschieden in der Entwicklung von Menschen, sondern auch mit Faktoren, die Menschen trotz widriger Umstände gesund erhalten und eine schnelle, konstruktive Bewältigung von Belastungssituationen ermöglichen. Diese sog. protektiven Faktoren umfassen interne Bedingungen wie individuelle Eigenschaften und Fähigkeiten, aber auch externe Bedingungen aus der Umwelt, welche eine positive Anpassung an kritische Lebenssituationen ermöglichen. Sie helfen dabei, die Art und Weise der Reaktionen oder Antworten auf einen Stressor zu beeinflussen und begünstigen dadurch eine resiliente Entwicklung trotz ungünstiger Umgebungsbedingungen (Noeker und Petermann, 2008; Petrowski, 2014). Protektive Faktoren stellen Moderatorvariablen dar, die einen resilienten Anpassungsprozess ermöglichen. Sie lassen sich in die Kategorien Haben, Sein und Können untergliedern (Zander, 2011):

- Haben: Wahrnehmung anderer Menschen um sich herum als Hilfe, Orientierung, Unterstützung und Vorbild.
- Sein: Wahrnehmung der eigenen Person als liebenswerter und liebensfähiger Mensch, verantwortungsvoll, rücksichtsvoll und zuversichtlich, was den Verlauf des Lebens betrifft.
- Können: Wahrnehmung der eigenen Person als ein Mensch, der fähig ist, zu kommunizieren, Lösungen zu finden, Situationen einzuschätzen, Bedürfnisse und Sorgen auszudrücken.

Resilienzmodelle gehen davon aus, dass Menschen nicht per se resilient sind. Vielmehr trägt man zunächst lediglich das Potenzial für Resilienz in sich, beispielsweise in Form von protektiven Faktoren. Damit sich diese Faktoren entfalten können, benötigt man herausfordernde Situationen oder gar Lebensphasen. Selbstverständlich sollte bei einer bewussten Suche nach Herausforderungen gewährleistet werden, dass man sich sowohl mental als auch physisch in einer ausreichend guten Verfassung für deren schadlose Bewältigung befindet. Eine gute Balance zwischen aktiver Auseinandersetzung mit Herausforderungen und Regeneration ist wichtig. Die nachfolgenden Methoden können dazu beitragen, diese Faktoren zu fördern.

Körperliche Fitness trainieren

Obwohl der körperliche Zustand bzw. die körperliche Fitness bei den Untersuchungen zum Thema Glück und Glücklichsein meist nicht im Fokus steht, sollte sie in bei einer persönlichen Betrachtung nicht vernachlässigt werden. Es besteht eine nicht zu unterschätzende Beziehung zwischen körperlicher Aktivität und dem Wohlbefinden. Noch wichtiger wird das Thema, wenn man bedenkt, dass die Arbeitsbedingungen der meisten Menschen körperliche Fitness eher behindern als fördern.

Wissenschaftliche Reviews und Metaanalysen zu diesem Thema finden zuverlässig einen positiven Einfluss regelmäßiger körperlicher Beanspruchung auf die Stimmung und das subjektive Wohlbefinden (z. B. Diener et al., 2009). Die Wirkmechanismen sind komplex und betreffen unterschiedliche Einflussfaktoren. Freisetzung von Endorphinen während des Trainings bzw. körperlicher Belastung im Allgemeinen spielt dabei beispielsweise eine Rolle. Aber darüber hinaus trägt körperliches Training nicht nur zu einer besseren Stimmung bei, sondern auch unsere Belastbarkeit, Ausdauerfähigkeit und somit die Stressresistenz am Arbeitsplatz verbessern sich. Bei einer sportlichen Betätigung kommen die Faktoren der Selbstbestimmungstheorie – Autonomie und Kompetenzerleben – unmittelbar zum Tragen. In einem Trainingsgruppen- oder Teamsetting kommt auch soziale Eingebundenheit hinzu. Die Zusammenhänge dieser Faktoren zum erlebten Wohlbefinden wurden bereits oben im Abschnitt »Selbstbestimmtheit und intrinsische Motivation« angesprochen. Sie kommen aber nur dann zum Tragen, wenn beim Sport nicht zusätzlicher Leistungsdruck entsteht. Wenn er erzwungen wird oder als zusätzliche Anforderung wahrgenommen wird, kann dies erhöhtes Stresserleben hervorrufen.

Die im Folgenden thematisierte Achtsamkeit kann für die körperliche Robustheit ebenfalls eine Rolle spielen (Ryff und Singer, 2008). Methoden der Achtsamkeit oder prinzipiell eine achtsame Haltung, insbesondere sich selbst gegenüber, ermöglichen eine bessere Verbindung zum eigenen Körper. Sie tragen somit zur Förderung einer positiven Selbstwahrnehmung bei, was sich positiv auf die körperliche Gesundheit und das Glücksempfinden auswirken kann. Neben der Verbesserung der körperlichen Robustheit und Belastbarkeit durch Sport ist es wichtig, mit den vorhandenen körperlichen Ressourcen verantwortungsvoll und schonend umzugehen. Dabei ist Regeration der bedeutsamste Faktor. Und die wichtigste regenerative Phase im Tagesrhythmus ist der Nachtschlaf. Zusätzlich ist es sehr empfehlenswert, auch tagsüber, insbesondere in den Abläufen eines anspruchsvollen Arbeitsalltags, große und kleine Regenerationsmöglichkeiten zu erkennen und regelmäßig zu nutzen. Wir unterscheiden hier zwischen sog. Schleusen, also relativ kurzen Regenerationsphasen, die auch unmittelbar am Arbeitsplatz genutzt werden können, und größeren Regenerationsphasen, die vor allem nach Feierabend in unserer Freizeit genutzt werden können, den sog. Gegenwelten (Eberspächer, 2009).

In Schleusen regenerieren

Schleusen im regenerativen Kontext funktionieren vergleichbar mit einer Luftschleuse im U-Boot. Es gibt eine Tür zum Betreten und eine zum Verlassen. Dazwischen befindet sich ein abgetrennter, geschützter Zwischenraum. Um gut zu regenerieren, nutzen und erleben wir diesen Zwischenraum ganz bewusst. Solche Zwischenräume können zum Beispiel zwischen zwei Besprechungen geschaffen werden. Man geht nicht von einem Besprechungsraum direkt in den nächsten, sondern nimmt sich dazwischen ein paar Minuten Zeit. Wie diese Zeit zur Regeneration genutzt wird, hängt von den Rahmenbedingungen und persönlichen Vorlieben ab. Von Musik hören über Kaffee trinken oder mit anderen Menschen kommunizieren, über einen kleinen Spaziergang oder Treppensteigen bis hin zu den bereits angesprochenen Achtsamkeitsübungen, ist vieles denkbar. Damit die Schleuse den gewünschten Effekt hat, ist es wichtig, diesen Tätigkeiten ganz bewusst, achtsam und nicht zuletzt ohne schlechtes Gewissen nachzugehen. Diese Form der Regeneration dient der Verbesserung der Arbeitsleistung sowie der Gesundheitsförderung und darf deshalb nicht mit Faulenzen oder ungesundem Egoismus gleichgesetzt werden. Besonders wirksam sind Schleusen, wenn sie regelmäßig wiederholt werden und einen dadurch routinehaften Charakter bekommen, beispielsweise zu ähnlichen Zeitpunkten im Tagesablauf oder in ähnlichen Situationen (Hermann und Mayer, 2014, 2017).

In Gegenwelten regenerieren

Bei Gegenwelten handelt es sich, wie der Begriff schon ahnen lässt, um Tätigkeiten und Umgebungen, die anderen Regeln folgen als die berufliche Tätigkeit und somit einen Ausgleich darstellen. Im alltäglichen Sprachgebrauch kann man viele Gegenwelten mit Hobbys gleichsetzen. Damit Hobbys oder vergleichbare Aktivitäten im Sinne einer Gegenwelt funktionieren können, ist es jedoch wichtig, dass sie möglichst viele der nachfolgend dargestellten Eigenschaften haben (Hermann und Mayer, 2014, 2017):

- Prozessorientierung statt Zielorientierung: In der Gegenwelt geht es nicht vorrangig um ein Ergebnis, sondern um die Freude bei der Tätigkeit.
- Emotionalität statt Rationalität: Die Handlungen in der Gegenwelt werden nicht durch rationale Fakten begründet, sondern emotional.
- Selbstbestimmung und Muße statt Fremdbestimmung und Verpflichtung: In der Gegenwelt entscheiden wir selbst, wann, wie lange und unter welchen Rahmenbedingungen wir etwas tun.

Diese Eigenschaften sorgen für den Ausgleich zu den üblichen beruflichen Rahmenbedingungen. Es ist nicht zwingend erforderlich, alle Kriterien um jeden Preis einzuhalten. Auch hier spielt das subjektive Empfinden eine wichtige Rolle. Aber sie stellen eine gute Orientierung für die Bewertung der eigenen Gegenwelten und der eigenen Haltung bei der Bewegung in diesen Welten dar. Gegenwelten sind umfassender und tiefgreifender als Schleusen. Somit erzielen sie in der Regel auch bessere Erholungseffekte. Dennoch stehen diese beiden Konzepte nicht in Konkurrenz zueinander, da sie in der Regel in unterschiedlichen Kontexten zur Anwendung kommen, insbesondere in der Unterscheidung zwischen unmittelbar am Arbeitsplatz und nach Feierabend.

Mentale Stärke und Widerstandsfähigkeit trainieren

Das Empfinden von mentaler Stärke und Widerstandsfähigkeit entsteht aus einem komplexen Zusammenspiel von Faktoren, die inhaltlich eine große Schnittmenge zu den Schutzfaktoren der Resilienz aufweisen. Dazu zählen Merkmale wie Optimismus, Selbstwertgefühl, Durchhaltevermögen usw. Wenn man sich mit diesen Variablen auseinandersetzt, wird deutlich, dass man sie nur bedingt durch die Änderung der eigenen Einstellung oder das Erlernen von neuen Strategien weiterentwickeln kann. Man kommt recht schnell an den Punkt, an dem die Konfrontation mit realen oder mindestens simulierten Herausforderungen für persönliche Weiterentwicklung notwendig ist. Dabei spielt neben den oben genannten Variablen das Konstrukt der Selbstwirksamkeitserwartung eine zentrale Rolle. Es stellt eine der wichtigsten Quellen für mentale Stärke dar. Selbstwirksamkeitserwartung beschreibt die Einschätzung der eigenen Fähigkeiten in Bezug auf eine bestimmte Handlung oder eine bestimmte Anforderung und die damit verbundene Erwartung, eine Aufgabe erfolgreich bewältigen zu können. Diese Erwartung dient Personen als Planungsgrundlage für die Auswahl von sowie Vorbereitung auf zukünftige Herausforderungen und hat dadurch auch einen Einfluss auf Selbststeuerung, Selbstregulation und Reflexion (Fernandez et al., 2016).

Dar. 13: Aspekte der Selbstwirksamkeitserwartung am Beispiel Vorstellungsgespräch

Aspekte der Selbstwirksamkeitserwartung	Typische Fragestellungen
Einschätzung der eigenen Fähigkeiten	• Welche Qualifikation und Erfahrung habe ich? • Warum bin ich mit meiner Persönlichkeit für diese Stelle geeignet? • Wie gut kann ich mich in der Gesprächssituation darstellen?
Planungsgrundlage	• Für welche Stellen bewerbe ich mich? • Wie selbstbewusst kann ich meine eigenen Vorstellungen geltend machen?
Selbststeuerung, Selbstregulation	• Wie bzw. wie intensiv bereite ich mich auf eine Bewerbung vor? • Habe ich einen Grund nervös zu sein und wie gehe ich damit um? • Wie bereite ich mich auf Schwierigkeiten oder mögliche Fehler vor?
Reflexion	• Wie ist es für mich gelaufen? • Wie gut konnte ich meine Fähigkeiten abrufen bzw. mein Potenzial nutzen? • Was kann ich verbessern bzw. woran möchte ich weiterarbeiten? • Was lerne ich bzw. was nehme ich mit für weitere Vorstellungsgespräche?

Es bestehen weiterhin wichtige Zusammenhänge zwischen Selbstwirksamkeit und Kompetenzerleben sowie Autonomie im Sinne der Selbstbestimmungstheorie nach Deci und Ryan (1986). Der Einfluss dieser Konstrukte wurde an anderer Stelle bereits dargelegt. Die Relevanz der Selbstwirksamkeit für beruflichen Erfolg und Zufriedenheit wurde in verschiedenen Bereichen untersucht und belegt. Dazu zählen beispielsweise Verwaltungstätigkeiten sowie das Bildungs- und Gesundheitsweisen (Bandura, 1997). Lehrende mit starken Selbstwirksamkeitsüberzeugungen zeigen u. a. mehr Durchhaltevermögen in schwierigen Unterrichtsphasen und sind mutiger beim Einsatz neuer Methoden. Gleichzeitig findet man bei Lehrenden mit hoher Selbstwirksamkeitserwartung mehr Zufriedenheit mit ihrer Arbeit, mehr Engagement sowie weniger krankheitsbedingte Fehlzeiten. Diese Faktoren haben wiederum Einfluss auf die Verbesserung der Leistung der Schüler (Gibbs, 2003).

Die Selbstwirksamkeitserwartung spielt eine Rolle bei der Wahrnehmung von Chancen und Risiken und beeinflusst dadurch die Auswahl, welche Herausforderungen eine Person annimmt bzw. welchen Herausforderungen sie sich gewachsen fühlt. Genauer betrachtet gibt es zwei Wirksamkeitserwartungen: Die eigentliche Selbstwirksamkeitserwartung ist die selbstbewusste Erwartung, eine Handlung erfolgreich durchführen zu können. Die Erwartung, mit der Durchführung auch die gewünschten Ergebnisse zu erzielen, wird in der Wissenschaft als Ergebniserwartung bezeichnet. Für eine Lehrkraft kann die Selbstwirksamkeitserwartung beispielsweise bedeuten, zu erwarten, den Unterricht gut zu gestalten. Die Ergebniserwartung zielt darauf ab, dass die Unterrichtsgestaltung auch zum gewünschten Lernerfolg bzw. zu guten Noten führt (Fernandez et al., 2016). Der Einflussbereich auf den ersten Aspekt ist größer als auf den zweiten und gleichzeitig ist er eine Voraussetzung, überhaupt Lernerfolg zu erzielen. Selbstwirksamkeitserwartung wird aus verschiedenen Quellen gespeist. Die einflussreichste Quelle ist die persönliche Erfahrung, also die oben beschriebene Konfrontation mit signifikanten Herausforderungen und im Idealfall das Erleben der damit verbundenen Erfolgserlebnisse. Daraus leitet sich zunächst die Erkenntnis ab, dass es sich lohnt, neue Reize zu setzen, indem man sich immer wieder aktiv schwierige, aber bewältigbare Herausforderungen sucht. Auch dabei ist es neben vielen anderen Faktoren selbstverständlich wichtig, die Sinnhaftigkeit dieser Herausforderungen für sich selbst zu erkennen. Dabei steht es jeder Person frei, wie sie diesen Sinn für sich definiert. Spaß, Persönlichkeitsentwicklung, Vorbereitung auf den nächsten Karriereschritt u. v. m. sind hier denkbar. Aber es ist wichtig, dass sie einen Sinn erkennt. Denn nur dann ist es möglich, auch große Herausforderungen mit ausreichender Motivation und sogar Dankbarkeit anzunehmen und die Chance zu erkennen, die damit verbunden ist.

Jedoch ist es nicht immer möglich, entsprechend dem Anforderungsgrad und der organisatorischen Rahmenbedingungen reale Herausforderungen zu finden, die zur Konfrontation geeignet sind. Dann ist es sinnvoll, diese Anforderungen möglichst realistisch zu simulieren. Dabei können wir ein Instrument nutzen, das beispielsweise auch Profis bzw. Athletinnen und Athleten im Spitzensport nutzen, um sich auf Großereignisse wie etwa die Olympischen Spiele vorzubereiten – das sog. Prognosetraining (Eberspächer, 2009; Hermann und Mayer, 2014). Das Prognosetraining macht sich folgende Eigenschaften von großen Herausforderungen zu nutzen, um sie zu simulieren:

- Eigene und fremde Erwartungen
- Konsequenzen bei Erfolg und Misserfolg
- Vorgegebener Leistungszeitpunkt
- Nicht-Wiederholbarkeit

Je nach Kontext können weitere Rahmenbedingungen genutzt werden. Die öffentliche Sichtbarkeit (z. B. bei einer Präsentation vor Publikum) spielt für viele Personen bei der Wahrnehmung einer Herausforderung eine große Rolle. Als Grundsatz gilt: Je realistischer die Rahmenbedingungen und Abläufe sind, umso größer ist der zu erwartende Effekt eines Prognosetrainings.

Die Rahmenbedingungen im beruflichen Alltag weisen in Bezug auf diese Rahmenbedingungen eine auf den ersten Blick überraschend große Schnittmenge zum Profisport auf. Wir können im Regelfall nicht frei entscheiden, wann die nächste Hauptversammlung, wann eine Krisensitzung oder ein Mitarbeitergespräch im Rahmen einer Entlassung stattfinden muss. Dennoch wird erwartet, dass wir punktgenau die Leistung erbringen, die von uns erwartet wird. Weiterhin hat unser Handeln im beruflichen Kontext, insbesondere in den genannten Beispielen mehr oder weniger schwerwiegende Konsequenzen. Nicht-Wiederholbarkeit trifft ebenfalls auf viele Gesprächs- oder Verhandlungssituationen zu, denn Gesagtes kann nicht rückgängig gemacht werden. Aber auch viele andere berufliche Tätigkeiten sind davon betroffen, beispielsweise handwerkliche Tätigkeiten an hochwertigen Werkstücken, chirurgische Eingriffe oder das Steuern von Flugzeugen.

Damit die im Rahmen des Trainings gewünschte Erwartungshaltung und Konsequenzen, also auch die damit verbundene Möglichkeit von Erfolg und Misserfolg, überhaupt zum Tragen kommen können, benötigt ein Prognosetraining zunächst eine selbstgestellte, herausfordernde Zielsetzung – also eine Prognose. Dann erst erfolgt die Vorbereitung und schließlich die Performance zum vorgegebenen Zeitpunkt (Hermann und Mayer, 2014). Auf Basis des gesetzten Ziels kann nach der Performance überprüft werden, ob die Umsetzung erfolgreich war oder nicht. Dies ist zum einen wichtig für die Analyse der Erfolgs- und Misserfolgsfaktoren, kann aber auch dazu genutzt werden, um für nachfolgende Durchgänge zu hinterfragen, ob die gesetzten Ziele sich in einem angemessenen, realistischen Rahmen bewegen. Der wichtigste Effekt des Prognosetrainings entsteht jedoch durch den positiven Einfluss auf Überzeugung, auch unter schwierigen Bedingungen ihre optimale Leistung abrufen zu können.

Dar. 14: Ablauf eines Prognosetrainings

Ausgangssituation
Um mich auf eine wichtige Präsentation vorzubereiten, führe ich ein Prognosetraining durch. Ich setze mir dafür einen festen Termin, z. B. Freitag, 10:00 Uhr – Dauer 20 Minuten. Ich lade dazu zwei bis drei vertraute Kolleginnen ein, die gleichzeitig als Zuhörerinnen und als Feedbackgeber fungieren.

Schritt	Beschreibung	Hilfreiche Fragestellungen
Ziel für die gestellte Aufgabe setzen	Ich möchte meine Kernargumente überzeugend vortragen. Ich möchte dabei fehlerfrei und fließend sprechen und Rückfragen sicher beantworten.	• Was ist mein Ziel für die geplante Präsentation? Kann das übergeordnete Ziel sinnvoll in Teilziele unterteilt werden? • Welche Faktoren kann ich selbst beeinflussen? • Welche sichtbaren und damit äußerlich bewertbaren Kriterien für meine Ziele definiere ich?
Möglichst realitätsnahe Vorbereitung	Ich reserviere für Freitag, 10:00 Uhr einen geeigneten Raum (idealerweise den echten Besprechungsraum). Ich gehe vorher noch einmal in Ruhe meine Präsentation durch, checke die Technik.	• Wie sieht mein üblicher Ablauf in den letzten Stunden vor einem wichtigen Termin aus (eventuell auch bereits am Vortag)? • Was sind für mich wichtige Routinen? Was gibt mir Sicherheit und Selbstvertrauen? • Welche organisatorischen Rahmenbedingungen erwarten mich bei meiner Präsentation? Welche Möglichkeit habe ich, diese realistisch abzubilden?
Möglichst realitätsnahe Durchführung der Aufgabe	Die Präsentation startet pünktlich um 10 Uhr. Genutzt wird die übliche Technik. Einer der Anwesenden beachtet die Einhaltung der vorgegebenen Zeiten. Die Zuhörenden verhalten sich vergleichbar mit dem geplanten Präsentationstermin, was z. B. Zwischenfragen, Diskussion usw. angeht	• Auf welche Punkte im Ablauf und mit Blick auf die Rahmenbedingungen will ich besonders gut vorbereitet sein? • Welche Herausforderungen will ich bewusst testen bzw. welche Strategien will ich ausprobieren? • Wie stelle ich mir mein Publikum und das typische Verhalten vor?
Prüfen, ob das Ziel erreicht wurde	Die Feedback-Gebenden geben Ihre kritisch-wertschätzende Rückmeldung über die gehörte Präsentation. Im Idealfall wurden vorher konkrete Kriterien für die Bewertung definiert.	• Welche Kriterien eignen sich zur Messung der definierten Ziele? • Wie können subjektive Kriterien trotzdem transparent abgebildet werden (z. B. mit klar definierten Bewertungsskalen)?

Dar. 14: Ablauf eines Prognosetrainings – Fortsetzung

Analysieren, warum das Ziel erreicht wurde beziehungsweise nicht erreicht wurde	Gemeinsame Analyse der Stärken und Schwächen im Rahmen der Vorbereitung und der Präsentation. Aus den Schwächen sollte unbedingt im Sinne einer Lösungsorientierung auch erarbeitet werden, was man in Zukunft anders oder besser machen kann.	• Wo sieht die präsentierende Person Stärken und Schwächen im Rahmen ihrer Performance aber auch mit Blick auf die Vorbereitung (methodisch, inhaltlich, organisatorisch)? • Was ist dem Publikum besonders positiv aufgefallen? • Wie begründen die Feedbackgebenden ihre Einschätzung im Hinblick auf die Zielerreichung? Welche Ideen zur Verbesserung gibt es? • Wie lassen sich Unterschiede in Eigen- und Fremdwahrnehmung begründen?
Ziel bestätigen oder gegebenenfalls revidieren	Überprüfung der Zielsetzung und der Erreichbarkeit der gesetzten Ziele	• War mein Anspruch realistisch und fair mir selbst gegenüber? • Was ist ein angemessenes Anspruchslevel für die Zukunft?

Gedanken und Gefühle trainieren

Wie in den vorangegangenen Abschnitten bereits erläutert, ist emotionale Kompetenz im Kontext der Lebenskompetenzen aus unterschiedlichen Gründen relevant. Diese Kompetenz unterteilt sich in mehrere Aspekte: eigene Gefühle zu erkennen, zu verstehen und zu beeinflussen. Sie ist ein wesentlicher Faktor, um glücksfördernde Aspekte des emotionalen Erlebens zu verstärken sowie glückshemmende konstruktiv zu verarbeiten und als Bewältigungsstrategien zu entwickeln. Weiterhin bildet die emotionale Kompetenz eine wichtige Basis für die sozialen Kompetenzen sowie Entscheidungskompetenzen, und zwar insbesondere in Entscheidungssituationen, die von großer Tragweite sind bzw. in denen wir unter Druck stehen. Mehr oder weniger parallel verläuft das Erkennen, Verstehen und Beeinflussen unserer Gedanken, die emotionales Erleben auf einer meist rationaleren und greifbareren Ebene begleiten. Da wir unsere Gedanken häufig als gedachte Sprache wahrnehmen, genießen solche Gedanken den Ruf, vernünftiger und logischer zu sein als die schwer greifbaren, vor allem nonverbalen Emotionen. Gleichzeitig sind sie durch die textliche bzw. sprachliche Gestalt leichter beschreibbar. Das führt dazu, dass sich Gedanken leichter aktiv beeinflussen lassen als Emotionen. Somit sind sie ein naheliegender Zugang zur Selbstwahrnehmung und Selbststeuerung. Noch wichtiger wird ihre Bedeutung, wenn wir uns die oben beschriebene vermeintliche Trennung zwischen Gedanken und Gefühlen genauer ansehen. Denn diese beiden Konstrukte des menschlichen Erlebens und Verhaltens stehen in unmittelbarer Interaktion, beeinflussen sich also gegenseitig. Positive Gedanken verstärken positive Gefühle und umgekehrt.

Stärkung von Lebenskompetenzen

> **Beispiel**
>
> Wenn eine Person sich in einem beruflichen Umfeld bewegt, in dem sie bereits viel Wertschätzung erfahren hat und in dem sie prinzipiell davon ausgeht, dass Kolleginnen und Kollegen ehrlich und respektvoll mit ihr umgehen, könnte Sie folgenden Gedanken regelmäßig in sich tragen: »Ich bin ein geschätztes Mitglied dieses Teams. Die anderen Teammitglieder sind freundlich und ehrlich zu mir.«
>
> Wenn sich mit dieser Grundhaltung eine Misserfolgssituation ergibt, beispielsweise eine misslungene Präsentation oder ein verfehlter Projekt-Meilenstein, werden andere Teammitglieder möglicherweise Folgendes sagen: »Wir wissen, Du hast Dein Bestes gegeben.«
>
> Sehr wahrscheinlich wird die Person, die das Misserfolgserlebnis hatte, dies aufgrund ihrer Grundhaltung bezüglich des Teams als ehrliche und wohlwollende Rückmeldung empfinden. Wenn der gleiche Misserfolg bei einer Person entsteht, die sich bezogen auf ihr Umfeld und die Einstellung anderer Teammitglieder eher unsicher fühlt und Angst hat, dass hinter ihrem Rücken schlecht geredet wird, kann das vermeintlich positive Feedback als Sarkasmus verstanden und ganz anders interpretiert werden. Dadurch ergeben sich auf der Gefühlsebene ganz andere Reaktionen wie beispielsweise Unsicherheit, Ärger oder Frustration.

Es gibt verschiedene wirksame Techniken, die sich diese Wechselwirkungen zunutze machen. Bereits in den 1950er Jahren hat Albert Ellis sich mit Training zur Beeinflussung von Gedanken und Gefühlen auseinandergesetzt. In einem populärwissenschaftlichen Ratgeber (Ellis, 2006) stellt er im Untertitel »Wie Sie sich hartnäckig weigern, unglücklich zu sein« den unmittelbaren Bezug seines sog. rational-emotiven Trainings zu Glücks- und Unglücksempfinden her. Nach Ellis sind schlechtes psychisches Wohlbefinden und nicht zuletzt auch psychische Erkrankungen durch »irrationale« Überzeugungen bzw. Bewertungsmuster bedingt. Als »irrational« bezeichnet er Überzeugungen dann, wenn sie subjektiv belastend sind oder der konstruktiven, lösungsorientierten Auseinandersetzung mit Herausforderungen im Weg stehen. In beiden Fällen erschweren sie oder verhindern gar das Erreichen eines kurzfristig angenehmen Zustands ebenso wie das Verwirklichen langfristiger persönlicher Lebensziele. Gedanken bzw. Überzeugungen werden von Ellis hingegen als »rational« bezeichnet, wenn sie im Hinblick auf Emotionen, Zustände und Zielstellungen hilfreich sind. Irrationale Überzeugungen können in folgenden Hauptkategorien zusammengefasst werden:

- Absolute Forderungen: Erstrebenswerte Ziele oder Wünsche werden zu absoluten, alternativlosen Forderungen (»Ich muss ...«, »Du musst ...«, »Wir dürfen auf gar keinen Fall ...«; »... unbedingt ...«).
- Globale negative Selbst- und Fremdbewertungen: Diese Bewertungen resultieren aus undifferenzierten Wahrnehmungs- und Denkmustern. Statt einzelner Eigen-

schaften wird beispielsweise eine ganze Person oder berufliche Situation bewertet (»Ich bin wertlos/ein Versager ...«, »Mein Arbeitsplatz ist die Hölle ...«).
- »Katastrophisieren«: Negative Ereignisse werden überbewertet (»Es wäre absolut schrecklich, wenn ...«, »Meine Karriere ist vorbei, weil ...«).
- Niedrige Frustrationstoleranz: Dieser Aspekt beschreibt die Überzeugung, bestimmte Ereignisse oder Entwicklungen nicht aushalten zu können (»Ich könnte es nicht ertragen, wenn ...«, »Das ist zu viel für mich.«).

Viele irrationale Überzeugungen treten als Verbindung von absoluten Forderungen und einer der weiteren genannten Kategorien auf. So kann beispielsweise die Überzeugung, alle Aufgaben fehlerfrei erledigen zu müssen, bei Scheitern die Überzeugung stärken, wertlos zu sein. Außerdem ist zu beachten, dass die für das Glücksempfinden so wichtige Sinnfrage die beschriebenen Variablen beeinflusst, auch wenn sie sich nicht eindeutig zuordnen lässt (»Wofür mache ich das alles überhaupt?«, »Das bringt doch alles sowieso nichts ...«, »Wenn ich das nicht schaffe, hat alles keinen Sinn mehr ...«).

Der Ansatz von Ellis trainiert, diese irrationalen Überzeugungen und ihre Auslöser zu erkennen, konstruktiv zu hinterfragen und umzugestalten. Weiterhin beinhaltet die Methode, bewusst – im Sinne einer achtsamen Selbstwahrnehmung – auf die positiven Veränderungen zu achten, die sich aus einer Umstrukturierung ergeben und diese im Idealfall noch weiter aktiv zu verstärken. Das heißt spätestens an dieser Stelle werden die emotionalen bzw. in den Begrifflichkeiten von Ellis »emotiven« Aspekte einer gedanklichen Veränderung mit einbezogen. Dieser Prozess wird von Ellis als kognitive Umstrukturierung bezeichnet. Die ersten Schritte in diese Richtung finden oft auf einer sehr konkreten, kleinteiligen Ebene statt, z. B. in der Auseinandersetzung mit der Angst vor dem Scheitern bei einer wichtigen Verkaufspräsentation. Die konsequente Auseinandersetzung mit diesen Themen kann jedoch mittel- und langfristig dazu führen, dass man nicht nur in der Lage ist, einzelne situative Überzeugungen aktiv zu verändern, sondern dass die gelernten rationalen Denk- und Interpretationsweisen immer mehr grundlegender Teil der eigenen Haltung werden. Dadurch kann ein Punkt erreicht werden, an dem diese ohne aktives Eingreifen relativ zuverlässig entstehen. Selbstverständlich bleibt es dennoch dauerhaft erforderlich, an sich und seinen Überzeugungen zu arbeiten. Um zu erkennen, ob eigene Überzeugungen rational und zielführend sind, können u. a. folgende Fragen hilfreich sein:

- Dient dieser Gedanke meinem Selbstwert? Trägt er dazu bei, dass ich mich wertvoll, liebenswert fühle? Bringe ich mir mit diesem Gedanken Wertschätzung entgegen?
- Hilft mir dieser Gedanke dabei, meine derzeitige Situation ehrlich und unaufgeregt anzunehmen bzw. zu akzeptieren?
- Übernehme ich mit diesem Gedanken Verantwortung für meine Gefühle, meine Gedanken und mein Handeln? Trägt dieser Gedanke dazu bei, nach aktiven Lösungen und Möglichkeiten zu suchen? Hilft er mir, konkrete umsetzbare Schritte zu

erkennen, die ich aus eigener Kraft bewältigen kann? (Zu Letzterem gehört übrigens auch ausdrücklich die Option, sich Unterstützung zu suchen.)

Wenn mit Hilfe dieser Fragen die irrationalen Überzeugungen identifiziert worden sind, sollte im nächsten Schritt eine rationale Alternative erarbeitet werden. Was jedoch als hilfreich und rational empfunden wird, kann individuell sehr unterschiedlich sein. Deshalb ist nicht möglich, an dieser Stelle eine pauschale Empfehlung auszusprechen. Aber auf dem Weg zu dieser Lösung gibt es ebenfalls hilfreiche Themen bzw. Fragen, die eine Orientierung bieten:

- Ressourcenorientierung: Welche Fähigkeiten und positiven Eigenschaften habe ich? Wie kann ich sie zur Lösung dieser Aufgabe nutzen? Welche anderen Personen und materiellen Ressourcen können zur Lösung beitragen?
- Lösungsorientierung: Welche Strategien, Gedanken, Vorgehensweisen bringen mich meinem Ziel bzw. meinem erwünschten Zustand einen (kleinen oder großen) Schritt näher?
- Fokussierung: Was ist hier und jetzt wichtig? Was kann in diesem Moment aktiv verändert oder beeinflusst werden? Was brauche ich jetzt bzw. für den unmittelbar nächsten Schritt?
- Relativierung: Welcher Kontext bzw. welche Perspektive hilft mir, meine aktuellen Herausforderungen und Probleme in eine bewältigbare Dimension zu bringen?

Um sich selbst, aber auch andere Personen dabei zu unterstützen, einen Umstrukturierungsprozess anzustoßen und erfolgreich zu durchlaufen, bieten sich verschiedene Ansätze an.

- Das kritische und aktive Hinterfragen von irrationalen Überzeugungen, deren Logik, Realitätsgehalt, empirische Belegbarkeit, innere Widersprüche. Beispiel: »Du sagst, Du machst alles falsch. Kannst Du mir erzählen, was Du alles falsch gemacht hast? Was ist mit den anderen Aufgaben, die Du heute erledigt hast?«
- Die Konfrontation mit eigenen Überzeugungen, deren Realitätsgehalt und deren Konsequenzen im Rahmen von Konfrontationen. Die größten Effekte entstehen in möglichst realistischen Situationen, aber auch nachgestellte Situationen, Rollenspiele und nicht zuletzt die gedankliche Konfrontation kann die erwünschte Wirkung erzielen.
- Die Sensibilisierung für Zusammenhänge zwischen Gedanken und negativen Gefühlszuständen wie Spannungen, Selbstzweifel, Ängste usw. (z. B. mittels sorgfältiger Dokumentation oder durch Führen eines themenspezifischen Tagebuchs)
- Die daraus entstehenden Veränderungen und Impulse werden im Idealfall in der Praxis bzw. im beruflichen Alltag regelmäßig geübt, um Rückmeldung über den eigenen Einfluss und die Wirksamkeit zu bekommen, sie anzupassen bzw. weiter zu optimieren.

Die Methode und Haltung der rational-emotiven Umstrukturierung kann bei konsequenter Anwendung einen wesentlichen Einfluss auf Glück und Wohlbefinden haben. Probleme und Herausforderungen in ihrer objektiven Qualität bleiben davon unberührt, aber wir lernen mit rationalen, konstruktiven Überzeugungen den Blick auf wesentliche und konstruktive Aspekte im jeweiligen Herausforderungskontext zu lenken. Dadurch wird es leichter den Sinn, die eigene Wirksamkeit zu erkennen und den eigenen Selbstwert zu stärken – all das steht in unmittelbarem Zusammenhang mit Glücksempfinden. Die hier vorgestellte Methode nach Ellis hat selbstverständlich keinen exklusiven Wirksamkeitsanspruch. Sie kann ohne Weiteres mit anderen Ansätzen aus Training und Coaching kombiniert werden, die hier nicht ausdrücklich thematisiert wurden.

Soziale Beziehungen stärken

Positiv erlebter Rückhalt durch andere Personen spielt eine wichtige Rolle für subjektives Wohlbefinden und Gesundheit. Diese Personen können sowohl aus dem privaten als auch dem beruflichen Umfeld stammen oder auch Fachleute auf für eine aktuelle Problemstellung relevanten Fachgebiet (z. B. Medizin, Psychologie, Ernährung) sein. Im Teamsport spielen soziale Beziehungen innerhalb eines Teams sowohl für die Leistung als auch für die Freude am Sport eine besondere Rolle. Ein Erfolgsgefühl wird durch die Gemeinschaft in vielen Fällen noch weiter verstärkt, aber auch Misserfolge können gemeinsam besser verarbeitet werden. Deshalb betonen auch Akteure in Einzelsportarten wie zum Beispiel Tennis oder Leichtathletik in öffentlichen Statements regelmäßig, wie wichtig für sie die Beziehung zu Menschen in ihrem nahen Umfeld für ihr Wohlbefinden und ihre Leistungsfähigkeit sind. Ähnlich wie im Sport ist auch im Berufsleben die soziale Unterstützung ein zentraler Faktor – und zwar weitgehend unabhängig davon, ob sich eine Person in ihrer Rolle schwerpunktmäßig als Teamplayer oder als Einzelkämpfer sieht.

Das Gefühl und den sinngebenden Effekt, bei seiner Tätigkeit Teil eines Teams zu sein, beschreibt Pep Guardiola, einer der erfolgreichsten Fußballtrainer des vergangenen Jahrzehnts in einem Interview mit den Worten: »Das Gefühl, erwünscht zu sein und gebraucht zu werden, ist das Wichtigste in unserem Leben. Das gilt für die Menschen um uns herum ebenso wie für einen Club. Sie sollen dir zeigen, dass sie dich wollen, und du brauchst die Vorstellung, dass du dort Spaß haben wirst.« (fifa.com vom 17.01.2013 zit. nach Mayer und Hermann, 2014, S. 23)

Das Gefühl, gebraucht zu werden, kann im Profisport genau wie im Berufsleben nicht losgelöst von dem inhaltlichen Beitrag einer Person zum gemeinsamen Ziel betrachtet werden. Die hier entstehenden Gemeinschaften dienen nicht in erster Linie dem Selbstzweck oder gar dem genussvollen gemeinsamen Zeitvertreib, sondern dem Erreichen ambitionierter Ziele. Dennoch kann das daraus resultierende Geben und Nehmen innerhalb eines Teams durchaus über unterschiedliche zeitliche Abschnitte hinweg gewisse Verschiebungen erfahren. So ist es im sportlichen Kontext durchaus möglich, dass Spieler, die großes Engagement für ihr Team zeigen, in einer

Verletzungsphase, in der sie ohne unmittelbaren sportlichen Wert sind, weiterhin die Unterstützung des Teams erfahren und das Zugehörigkeitsgefühl auch über solchen krisenhaften Phasen hinaus erhalten bleibt. Ähnliche Mechanismen gelten in Krankheitsfällen in beruflichen Umfeldern mit einem funktionierenden sozialen Gefüge.

Ausgangspunkt dafür, dass solch ein Wechselspiel überhaupt entstehen kann, ist die Attraktivität, die ein Team- oder Unternehmensumfeld sowie das gemeinsame Ziel auf eine einzelne Person ausstrahlt. Diese Person sollte zum einen das Umfeld selbst, aber auch den Beitrag, den sie zur gemeinsamen Aufgabe leisten kann, attraktiv finden (Hermann und Mayer, 2014).

Wenn eine Vielzahl von Teammitgliedern diese Attraktivität für sich erkennt, kann sich eine gegenseitig stützende und gleichzeitig der Zielerreichung dienende Teamdynamik entwickeln. Neben dem Wunsch, ein gemeinsames Ziel zu erreichen, wird diese Dynamik von weiteren Faktoren getragen. Dazu zählen ein ausgeprägter Zusammenhalt und die daraus resultierende Bereitschaft, sich füreinander einzusetzen bzw. füreinander Verantwortung zu übernehmen. Auch wenn innerhalb eines größeren Teams oder Bereichs gewisse formelle Hierarchien bestehen bleiben, begegnen sich die Teammitglieder auf der menschlichen Ebene auf Augenhöhe. Vertrauen und wertschätzende Kommunikation bilden dann die Basis für eine konstruktive und zielführende Rollen- und Aufgabendifferenzierung. Die beschriebenen Entwicklungen brauchen in aller Regel Zeit. Zeit, die das gemeinsame Wachsen durch Erfolge und Misserfolge und das gemeinsame Durchleben von Konflikten und Krisen beinhaltet. Das bedeutet auch, dass eine hohe Fluktuation bei den Teammitgliedern den Zeitbedarf für solche Prozesse erhöht (Hermann und Mayer, 2014).

Die beschriebene Dynamik und Wechselwirkung ist nicht nur mit Blick auf das persönliche Glücksempfinden, sondern auch aus einem unternehmerisch-wirtschaftlichen Denken im engeren Sinne heraus ein wichtiger Leistungsfaktor. Weiterhin hat das Verhalten relevanter Personen im Umfeld direkt oder indirekt maßgeblichen Einfluss auf die psychische Befindlichkeit von Personen und somit auch auf damit in Zusammenhang stehende Emotionen und Wahrnehmungen (Schwarzer und Leppin, 1991). Man kann den Rückhalt als eine subjektive Überzeugung beschreiben, die Stabilität, Wärme und Selbstwert vermittelt. Deshalb überrascht es nicht, dass Personen in einem sozialen Netzwerk deutlich seltener körperlich oder psychisch erkranken und länger leben als Menschen ohne ein Gefühl sozialer Geborgenheit. Aber es braucht diesen Leistungsgedanken als Grundlage für das individuelle Kompetenzerleben durch den Beitrag zum gemeinsamen Ziel. Durch den eigenen Beitrag und die dafür erhaltende Wertschätzung entsteht das Gefühl der sozialen Eingebundenheit in ein soziales Umfeld. Die Selbstbestimmungstheorie nach Deci und Ryan (2000) zeigt die positive Wirkung dieser beiden Faktoren auf das persönliche Glücksempfinden.

Beziehungen werden naturgemäß durch die involvierten Personen getragen. Jedoch gibt es durchaus hilfreiche Rahmenbedingungen für die Beziehungsgestaltung und gleichzeitig zur Förderung von Kooperation, die organisatorisch gefördert und beeinflusst werden können (in Anlehnung an Lau und Plessner, 2016).

- Vertrauen durch transparente Kommunikation: Alle Teammitglieder sollten sich darauf verlassen können, dass die jeweils anderen auf Basis gegebener Motive und Einstellungen verlässliche, vorhersehbare Entscheidungen treffen. Transparente Kommunikation und insbesondere die frühzeitige Kommunikation von Veränderungen ist hierbei ein wesentlicher Faktor. Im Idealfall werden das gegenseitige Vertrauen und die dafür notwendigen Bedingungen explizit ausgesprochen und festgehalten.
- Sicherheit durch persönliche Verlässlichkeit: Voraussetzung für verlässliche Entscheidungen und transparente Kommunikation ist eine gute Selbstwahrnehmung und die Gewährleistung von Verlässlichkeit bzw. Kontinuität durch Vermeidung von sprunghaftem bzw. unberechenbarem Verhalten mit Hilfe von funktionierender Selbstregulation.
- Kommunikation fördern: Eine offene und regelmäßige Kommunikation zwischen allen Beteiligten sorgt für ein gemeinsames Verständnis von Aufgaben und Regeln, sorgt dadurch für Sicherheit und beugt Missverständnissen vor. Neben Kommunikationskultur innerhalb eines Teams gibt es auch dafür weitere fördernde Rahmenbedingungen, die in Darstellung 15 dargestellt sind.

Dar. 15: Beispiele für kommunikationsfördernde Rahmenbedingungen am Arbeitsplatz (in Anlehnung an von Rosenstiel, 2004)

Rahmenbedingungen	Beispiele
Räumliche Nähe der beteiligten Personen, bei räumlicher Distanz (z. B. in virtuellen Teams) möglichst effektive, unkomplizierte technische Kommunikationsmöglichkeiten	Gemeinsame Büros, geeignete virtuelle Kommunikationsplattformen
Störungsfreie Möglichkeit zu unmittelbarer persönlicher Kommunikation	Niedriger Geräuschpegel, Sichtkontakt
Möglichkeiten informeller Kommunikation und Interaktion	Teeküche, Kantine, Betriebssport, kleine Spiele am Arbeitsplatz (Darts, Tischkicker)
Zahlenmäßig überschaubare Arbeitseinheiten, um zu gewährleisten, dass zwischen allen Beteiligten ausreichend Kommunikation stattfinden kann	Informelle Kleinteams und Verantwortlichkeiten innerhalb einer großen Abteilung
Regelmäßige formalisierte Kommunikationsanlässe	Projektbesprechungen, Jour-Fixes
Teamzusammenstellung nicht nur nach fachlichen, sondern auch nach persönlichen Merkmalen	Eine Gruppe aus fitnessbegeisterten Beschäftigten arbeitet gemeinsam an einem Projekt/Kunden mit Sportbezug
Verflechtung von Arbeitsinhalten zur Stärkung von Kooperation	Vier-Augen-Prinzip vor der Freigabe bestimmter Arbeitsschritte

- Gemeinsame Normen entwickeln und respektieren: Soziale Normen stellen ein Verhaltensregulativ dar. Das gilt vor allem dann, wenn sie mindestens von einem

Großteil einer Gruppe gemeinsam entwickelt wurden. Durch soziale Normen werden Konformitätsprozesse gefördert. Wie umfangreich diese Normen sein sollten und wie die Gewichtung von Struktur versus Flexibilität vorgenommen werden sollte, hängt in hohem Maß von den Teammitgliedern und den aufgabenbedingten Anforderungen ab. Es gibt jedoch soziale Normen, die einen universellen Charakter haben und somit immer eine Rolle spielen sollten. Dazu zählt beispielsweise die sog. Reziprozität, also der Ausgleich von Leistungen durch subjektiv fair empfundene Gegenleistungen. Wenn sich Mitglieder einer Gruppe der Gegenleistung nicht sicher genug sind, kann das zu abwartendem defensivem Verhalten führen und dadurch Gruppendynamik hemmen.

Bei allen beschriebenen Rahmenbedingungen geht es vor allen Dingen darum, beziehungsrelevanten Themen auf unterschiedlichen Ebenen Raum zu geben. Dieser Raum ist auch im zeitlichen Sinne zu verstehen. Es ist wichtig, in passenden Formaten und Zeitslots der Aufarbeitung von zwischenmenschlichen Themen die angemessene Aufmerksamkeit zu geben. Insbesondere die informelle Interaktion kann nur funktionieren, wenn Kolleginnen und Kollegen flexibel und zwanglos mit gegebenen Kommunikationsmöglichkeiten umgehen können. Vertrauen und Vorbildfunktion von Führungskräften stellen hierfür eine wichtige Grundlage dar. Mit Blick auf Freiwilligkeit und Flexibilität sind außerdem Rückzugsmöglichkeiten genauso wichtig wie Interaktionsmöglichkeiten, um jedem die Möglichkeit zu geben, eine sowohl aufgabenbezogen als auch personenbezogenen sinnvolle Balance zu wahren. Das gilt insbesondere bei großen Teams und großer räumlicher Nähe.

Wenn der beschriebene Raum gegeben ist, können sich soziale Beziehungen entfalten. Dieser Prozess braucht Zeit und Geduld für alle Beteiligten. Ein echtes und ehrliches Interesse am Gegenüber ist ebenfalls eine wichtige Voraussetzung auf der persönlichen Ebene. Denn neben dem gemeinsamen Ziel ist dieses Interesse in vielen Fällen die wichtigste Quelle für Bereitschaft, Energie und Zeit in Beziehungen am Arbeitsplatz zu investieren. Es ist nicht möglich, diesen Faktor bei einzelnen Personen zu erzwingen. Dementsprechend ist es legitim, die diesbezügliche Haltung von Personen in Personalauswahlprozessen zu berücksichtigen. Eine prinzipielle Bereitschaft und Interesse vorausgesetzt gibt es dennoch Methoden, die diese in handhabbare Bahnen lenken können.

Dazu zählt die Kunst des Zuhörens. Aufmerksames Zuhören ist für die Qualität von Beziehungen nicht selten wichtiger als die eigenen Aussagen. Deshalb ist es erstrebenswert, unter Kolleginnen und Kollegen oder auch in einer Beziehung zwischen Führungskraft und Mitarbeitenden, Situationen mit einer guten Zuhöratmosphäre zu schaffen. Gemeint sind Situationen, die Nähe, Vertrauen und Sicherheit fördern. Das führt dazu, dass eine Person sich öffnen kann und im Idealfall sogar mehr von sich erzählt als eigentlich gefragt war. Dies ist im Rahmen von formal angesetzten Besprechungsterminen, auch wenn sie unter vier Augen stattfinden, in vielen Fällen nicht möglich. Es sind häufig Situationen, die einen eher zwanglosen, beiläufigen Charakter haben, z. B. eine gemeinsame Tasse Kaffee, gemeinsame Autofahrten, ein Spaziergang in der Mittagspause oder Betriebssport, die dafür gut funktionieren (Eberspracher, 2009; Hermann und Mayer, 2014).

Wahrhaft wertschätzendes Zuhören ist nur in einem Zustand der Aufmerksamkeit und Offenheit für den anderen möglich. Ein guter Zuhörer ist deshalb auch in der Lage und willens, die eigenen Gedanken und andere innere Störgeräusche zu erkennen und aus einer Haltung von Demut und Bescheidenheit innerhalb einer solchen Gesprächssituation beiseitezuschieben, um den Botschaften das anderen Raum zu geben (Hermann und Mayer, 2014). Die dafür notwendigen Kompetenzen können auch mit Hilfe der im nachfolgenden Abschnitt thematisierten Achtsamkeitsmethoden gefördert werden.

Die Entwicklung und Stabilisierung von Beziehungen sollten aber nicht nur bilateral gedacht und gelebt werden. Auch ein Team, eine Abteilung oder ein Unternehmen in ihrer jeweiligen Komplexität sollten dabei berücksichtigt werden. Denn der Sinn und das Zugehörigkeitsgefühl definieren sich nur über den Kontakt zu einzelnen Personen. Außerdem sollte im Sinne des persönlichen Beziehungsmanagements berücksichtigt werden, dass innerhalb eines unternehmerischen Rahmens in der Regel auch eine gewisse Fluktuation stattfindet. Es wäre folglich sowohl für Führende als auch für Mitarbeitende mit einem gewissen Risiko verbunden, das eigene Glück und Wohlbefinden nur auf einzelne Beziehungen aufzubauen. Um Beziehungen und Zusammenarbeit für ein ganzes Team voranzubringen, sind viele klassische Teamentwicklungsmaßnahmen interessant. Abhängig vom Entwicklungspotenzial eines Teams können diese Maßnahmen so gewählt bzw. konstruiert werden, dass sie im Idealfall an den Themen mit dem größten Hebel ansetzen, hier zum Beispiel in Bezug auf die Beziehungsqualität. Der größte Hebel muss nicht an den größten Defiziten ansetzen. Es kann auch sinnvoll sein, bereits vorhandene Stärken weiter auszubauen, sodass vorhandene Defizite dadurch mindestens ausgeglichen werden können.

Jede Teamentwicklungsmaßnahme, die ein Team sozial, methodisch oder inhaltlich voranbringt, kann hier ihre Berechtigung haben. Nachfolgend soll exemplarisch eine Methode vorgestellt werden, die durch ihre ressourcenorientierte Schwerpunktsetzung über die Faktoren Autonomie und Kompetenzerleben auf Teamebene starken Einfluss auf die menschliche, aber auch aufgabenbezogene Qualität der Zusammenarbeit hat: die Erfolgspyramide.

Die Methode der Erfolgspyramide verfolgt das Ziel, relevante, oft bereits vorhandene Ressourcen und Haltungen zu identifizieren, die ein Team erfolgreich machen. Die Pyramide ist hier nicht nur eine gut interpretierbare Darstellungsform, sondern kann auch ein Symbol sein für große Herausforderungen genau wie für herausragende Ergebnisse. Die Erfolgspyramide besteht im Vergleich zu den antiken Pyramiden aus wenigen elementaren Bausteinen. In einem Workshop werden alle Teammitglieder daran beteiligt, die wesentlichen Erfolgsbausteine zu erarbeiten. Vorschläge werden gesammelt, diskutiert, verdichtet und schließlich in Form einer Pyramide angeordnet. Um eine alltagswirksame Priorisierung und Fokussierung zu ermöglichen, gilt hier die Regel weniger ist mehr. Zehn oder sogar nur sechs Bausteine bieten sich für eine Pyramidenstruktur an (▶ Dar. 16). An der Spitze der Pyramide steht das gemeinsame Ziel, das mit Hilfe der Erfolgsbausteine erreicht werden soll (Hermann und Mayer, 2014).

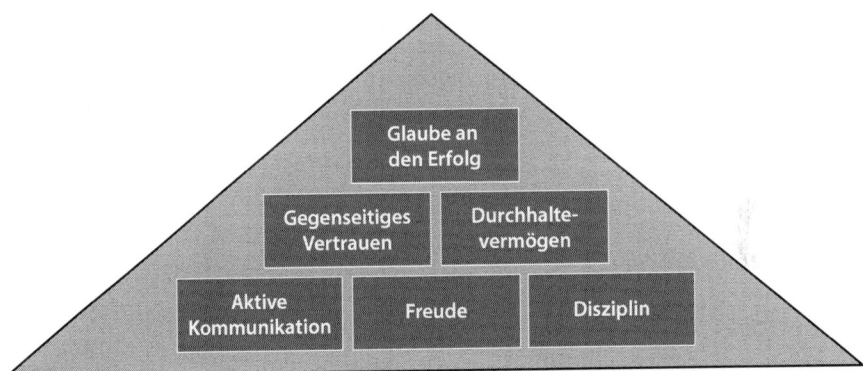

Dar. 16: Beispiel für eine Erfolgspyramide

Um Nachhaltigkeit zu gewährleisten, sollte das Ergebnis mindestens optisch festgehalten werden (Foto, Zeichnung). Einen besonderen Effekt hat es, wenn die Möglichkeit besteht, die Pyramide dreidimensional zu bauen (z. B. mit Kartons) und in dieser greifbaren Form mit in den Teamalltag zu nehmen. Wenn das nicht möglich ist, kann man kann die Ergebnisse an einem viel frequentierten Ort wie Foyer oder Besprechungsraum am Arbeitsplatz sichtbar machen, z. B. in Form eines Posters oder einer Stellwand. Die erarbeiteten Themen erhalten somit eine Präsenz und erleichtern dadurch, Verbindlichkeit einzufordern.

Es ist zu kurz gegriffen, die Erfolgsbausteine durch einzelne Schlagworte zu definieren. Eine nachhaltige und stabile Wirkung entfaltet sich erst durch einen soliden inhaltlichen Unterbau. Dieser kann in Form von Leitlinien oder Regeln bereits innerhalb des initialen Workshops geschaffen werden. Es ist aber auch denkbar, diese Vertiefung erst in weiteren Terminen oder als in den Arbeitsalltag integrierte Aufgaben vorzunehmen. Diese mehr prozesshafte Vorgehensweise hat den Vorteil, dass die Beteiligten sich dadurch intensiver und mehrfach mit den Themen beschäftigen und sich dadurch auch stärker mit ihnen identifizieren.

Weder dauerhaftes Glück noch stabile Beziehungen oder ein Teamerfolg entstehen aus einem einzelnen Event. Sie entstehen durch kluge Prioritäten, die mit Beharrlichkeit und Kontinuität vorangetrieben werden. Diese Regel sollte auch für das Verständnis dieser Form der Teamentwicklung gelten. Ein Workshop zur Entwicklung einer Teampyramide kann nur der Auftakt eines Prozesses sein. Es ist unabdingbar, die Ergebnisse als Anker zu nutzen und im Alltag immer wieder zu thematisieren und einzufordern. Dies kann beispielsweise im Rahmen von Besprechungen, Aufgaben, Feedback und nicht zuletzt auch durch die Vorbildfunktion von Führungskräften gewährleistet werden.

Abschließend sei noch darauf hingewiesen, dass Autonomie und Kompetenzerleben auf Teamebene den Ausgangspunkt für diese Maßnahme dargestellt haben. Eine funktionierende und gelebte Erfolgspyramide wird mit hoher Wahrscheinlichkeit dazu führen, dass sich diese Faktoren verbessern. Das bedeutet meist auch, dass die Beiträge der Teammitglieder einen größeren Mehrwert für das gemeinsame Ziel bekommen und diese dafür mehr Wertschätzung erfahren. Über diesen Wirkungspfad kommen wir mit Hilfe der Teampyramide auch an den Punkt, an dem sie sich unmittelbar positiv auf die soziale Eingebundenheit als weiterer Faktor von Sinn und Selbstbestimmung auswirkt.

Trainieren, achtsam zu sein

Auch wenn wir denken, dass es »normal« ist, unsere Umgebung auf eine natürliche und unverzerrte Weise wahrzunehmen, ist dies im Alltag meist nicht der Fall. Das gilt umso mehr, wenn der Alltag von Stress und Hektik geprägt ist. Dieser Zustand dürfte in den meisten beruflichen Umfeldern eher die Regel sein als die Ausnahme. In den meisten Situationen ist unsere Wahrnehmung durch unsere Aufmerksamkeitsspanne begrenzt, fragmentiert durch ständige Ablenkungen, verzerrt durch unsere Vorurteile, Annahmen und Erwartungen. Und sie wird von unserer emotionalen Reaktanz manipuliert. Achtsamkeit ist die Fähigkeit, diese Effekte zu minimieren und dadurch klar und unverfälscht wahrzunehmen. Sie bezeichnet in der modernen westlichen Auffassung einen wachen gleichmütigen Zustand der Aufmerksamkeit. Im fernöstlichen Kulturkreis spielen Achtsamkeitsübungen schon seit vielen Jahrhunderten eine Rolle. In fernöstlichen, z. B. buddhistischen Konzeptionalisierungen von Achtsamkeit, beinhaltet sie oft zusätzlich positive Haltungen wie Offenheit, Neugier, Mitgefühl und Freundlichkeit.

Aber auch in den modernen Ausprägungen gibt es unterschiedliche Facetten und Schwerpunkte der Achtsamkeit. Im Kern sind sie jedoch im Wesentlichen durch zwei Merkmale gekennzeichnet:

1. Bewusste Wahrnehmung von eigenen Sinneseindrücken, Gedanken und Gefühlen. Der Fokus liegt dabei auf dem Moment, dem sog. Hier und Jetzt.
2. Wertfreies neutrales Beobachten der eigenen Wahrnehmungen. Eigene Gedanken und Gefühle werden so angenommen, wie sie sind. Es findet keine Bewertung oder aktive Einflussnahme statt.

Der daraus resultierende Zustand steht in einem engen Zusammenhang mit einem Gefühl von Ruhe, Kontrolle und innerem Frieden, also Attributen, die dem subjektiven Wohl- und Glücksempfinden zuträglich sind. Aber auch direkte Effekte auf Wohlbefinden sind gegeben, da die genannten Zustände helfen, widrige Situationen auszuhalten, die eigene Wirksamkeit zu stärken bzw. zu erleben. Und es geht auch darum, sich letztlich auch von Beanspruchungen wieder besser zu erholen.

Im umgangssprachlichen Gebrauch sind mit dem Begriff Achtsamkeit häufig auch die Methoden gemeint, die diese Fähigkeit trainieren bzw. entwickeln, d. h. Stabilität, Kontrolle und Wirkung des achtsamen Zustands verbessern. Dazu zählt sowohl die Fähigkeit, eine Veränderung bzw. Abweichung von Gedanken vom gewünschten Fokus zu erkennen als auch die Fähigkeit, bei einer Abweichung gedanklich wieder zurück zum ursprünglichen Fokus bzw. Thema zu kommen (Good et al., 2016).

Diese Aufmerksamkeitsqualitäten beeinflussen die Bereiche der Kognition, der Emotion, des Verhaltens und der physiologischen Antworten. Bezogen auf die Emotion hat Achtsamkeit eine Auswirkung auf die Dauer einer Emotion. Die Zeit bis zur stärksten Intensität einer Emotion kann reduziert sein. In einem Zustand der Achtsamkeit treten außerdem weniger negative Gefühle auf.

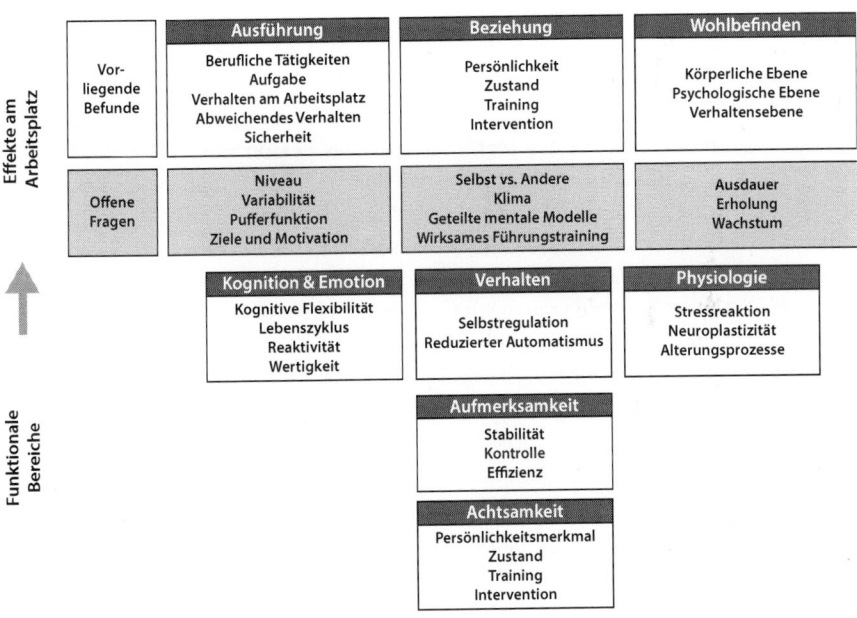

Dar. 17: Einflussmöglichkeiten von Achtsamkeit am Arbeitsplatz (übersetzt und modifiziert nach Good et. al, 2016)

Da Achtsamkeit in den vergangenen Jahren auch im Fokus des Forschungsinteresses stand, liegt eine immer noch wachsende Anzahl an Studien vor, die Hinweise darauf liefern, dass die Verbesserung der Achtsamkeit sich positiv auf die Arbeitsqualität auswirken kann (Good et al., 2016; Hyland et al., 2015; Jansen et al., 2019). Die Effekte betreffen ein breites Spektrum von Variablen. Eine Übersicht ist in Darstellung 17 abgebildet. Die Effekte sind als positives Potenzial zu verstehen, das durch Achtsamkeit ausgeschöpft werden kann. Dies gelingt jedoch nicht, wenn störende kontextuelle Faktoren, insbesondere massive Stressoren wie Leistungsdruck, Wettbewerb oder Existenzängste den positiven Effekt der Achtsamkeit beeinträchtigen. Daraus folgt jedoch nicht, dass wir schwierige Situation oder Herausforderungen zur Verbesserung unserer Achtsamkeit meiden sollten. Vielmehr sollten wir mit einer zunehmend gestärkten achtsamen Haltung und achtsamen Fertigkeiten auch ganz bewusst wagen, diese Fähigkeiten unter Rahmenbedingungen mit langsam steigendem Schwierigkeitsgrad zu erproben bzw. zu festigen. Damit können wir langfristig eine wichtige Voraussetzung schaffen, auch unter schwierigen Bedingungen gute Leistungen zu bringen und uns gleichzeitig trotzdem wohlzufühlen.

Der unmittelbar leistungsbezogene Einfluss in der Arbeitswelt hängt insbesondere von der jeweiligen Aufgabe ab. Die genauen Wirkungspfade zwischen Achtsamkeit und Leistung sind noch nicht final geklärt. Möglicherweise stellt in diesem Zusammenhang eine stabile, kontrollierte Aufmerksamkeit einen wichtigen Einflussfaktor dar. Das scheint insbesondere für Routineaufgaben zu gelten. Weiterhin könnten eine positive Grundstimmung und eine verminderte Stressreaktion bei schwierigen Herausforderungen eine Rolle spielen (Jansen et al., 2019).

Wertschätzende, konstruktive Beziehungen spielen – wie im vorangegangenen Abschnitt bereits dargelegt – am Arbeitsplatz eine wichtige Rolle. Sie wirken sich sowohl auf die Wirksamkeit des Teams als auch das persönliche Wohlbefinden aus. Auch dazu kann eine achtsame Haltung einen Beitrag leisten, denn obwohl Achtsamkeit ein individuelles Merkmal ist, wirkt sie durch das Individuum auf das Team. So führt ein Achtsamkeitstraining u. a. zu verbesserten Kommunikationsfähigkeiten mit weniger bewertenden Kommentaren anderen Menschen gegenüber. Arbeitsbeziehungen können weiterhin davon profitieren, dass Achtsamkeit zu einer höheren Empathie und einem höheren Mitgefühl führt. Bezogen auf Achtsamkeit bei Führungspersonen zeigt sich z. B. eine Verbindung zu einer verbesserten Work-Life-Balance der Arbeitnehmer und einer größeren Jobzufriedenheit (Jansen et al., 2019).

Achtsamkeit kann durch umfassende Methoden wie z. B. das Mindfulness Based Stress Reduction Programm (MBSR) vermittelt und trainiert werden. Dieses Programm wird im Regelfall in einem Gruppensetting durchgeführt. Zu den zentralen Übungsformen im Rahmen des MBSR zählt der sog. Bodyscan sowie verschiedene Meditationsformen oder stärker bewegungsorientierte Achtsamkeitsübungen aus dem Yoga. Beim Bodyscan wird die Aufmerksamkeit bewusst auf verschiedene Teile oder Vorgänge des eigenen Körpers gelenkt. Man strebt dabei eine wohlwollende innere Haltung sich selbst bzw. seinem Körper gegenüber an. Empfindungen (insbesondere unangenehme wie Schmerz) werden registriert, aber nicht bewertet. Meditationsformen dienen vor allen Dingen dazu, das gleichmütige Fokussieren im Hier und Jetzt zu üben. Das beinhaltet auch Sensibilität für Aufmerksamkeitssprünge in unerwünschte zeitliche oder räumliche Richtungen. Um den Fokus zu stabilisieren, werden manchmal bestimmte Sprachformeln wie »Ich bin im Hier und Jetzt.« oder auch wohlwollend gefärbt »Ich genieße das Hier und Jetzt.« genutzt. Oder es wird die eigene Atmung fokussiert, um die Aufmerksamkeit zu binden. Neben den Achtsamkeitsübungen findet im Rahmen des MBSR die gemeinsame Auseinandersetzung mit achtsamkeitsrelevanten Themen statt. Dazu zählen neben allgemeinen Grundlagen auch psychoedukative Themen wie Wahrnehmung der Umwelt und des eigenen Körpers, Stresserleben, Umgang mit Gefühlen, achtsame Kommunikation und Selbstfürsorge (Jansen et al., 2019).

Neben derart umfassenden Verfahren wie MBSR gibt es viele kleine, einfache Übungen, die sich einfach in den privaten und beruflichen Alltag integrieren lassen. Damit sie trotz des kleinen Formats Wirkung entfalten könnten, ist es wichtig, sie regelmäßig, im Idealfall täglich durchzuführen. Die Varianten sind vielzählig, einige davon sollen nachfolgend kurz dargestellt werden:

- Achtsamer Start in den Tag: Nach dem Aufwachen bleibt die übende Personen ganz bewusst noch ein paar Minuten im Bett liegen oder setzt sich auf. Der Fokus liegt bei der ruhigen, gleichmäßigen Atmung und man spürt in sich hinein. Wie geht es mir heute Morgen? Wie geht es meinem Körper? Was ist in meinen Gedanken und meinem Bewusstsein? Durch Achtsamkeit startet der Tag bewusst und in Ruhe. Die übende Person nimmt sich Zeit für sich. Sie lenkt Ihr Bewusstsein weg vom gestrigen Tag und weg vom heutigen Plan ins Hier und Jetzt, um einen guten Start in den Tag zu ermöglichen. Das Aufwachen ist ein dafür besonders geeigneter Zeitpunkt, aber es ist auch denkbar, diese Übung bei anderen Neustartsituationen am Tag zu nutzen. Etwa nach der Rückkehr an den Schreibtisch nach der Mittagspause.
- Gehmeditation: Bei dieser Methode geht es darum, das Gehen nicht nur als Fortbewegungsmethode zu nutzen, sondern als Gegenstand der eigenen Achtsamkeit. Diese Form des Trainings bietet sich insbesondere für Menschen an, denen stillsitzen schwerfällt. Man übt bei einer Gehmeditation jeden Schritt bewusst wahrzunehmen; die Spannung und Entspannung der Muskulatur, den Bodenkontakt, die Verlagerung des Körpergewichts. Dadurch werden das Körpergefühl und die eigene Konzentrationsfähigkeit geschult. Vielen Menschen fällt dies gerade beim Einstieg in diese Methodik schwer. Dann kann die Aufmerksamkeit anstatt auf die Bewegung selbst alternativ auf die Atmung oder die Sinneswahrnehmungen (Wetter, Geräusche, Gerüche) gelenkt werden. Gehmeditationen eigenen sich nicht nur für Spaziergänge, sondern auch für Wege innerhalb eines Büro- oder Produktionsgebäudes.
- Achtsame Pause: Bei der achtsamen Pause genießt die übende Person ihr Getränk, beispielsweise einen Tee, mit voller Aufmerksamkeit. Die achtsame und bewusste Haltung kann schon bei der Auswahl des Tees und des Ortes, an dem die Pause durchgeführt wird, beginnen. Bei der Zubereitung des Tees steht die Wahrnehmung des Prozesses im Fokus. Um den Fokus zu lenken, können folgende Fragen helfen: Wie führe ich die verschiedenen Arbeitsschritte durch? Wie bewege ich mich? Wie duftet der Tee beim Aufguss? Welche Farbe hat das Getränk zum Beginn und zum Ende der Aufgusszeit? Wie fühlt sich die warme Teetasse in der Hand an? Nach der Zubereitung des Getränks steht der bewusste Genuss im Fokus. Diesen kann man u. a. mit folgenden Fragen stärken: Wie fühlt sich die Berührung an den Lippen und auf der Zunge an? Wie und wo bereitet sich der Geschmack im Mund aus? Wie verändert sich der Geschmack nach dem Schluck? Wie fühlt es sich an, wenn die Wärme sich im Magen und im ganzen Körper ausbreitet? Eine ähnliche Vorgehensweise ist auch mit anderen Getränken und kleinen Snacks möglich.

Beim Tee kann jedoch der Zubereitungsprozess bereits gut in die Achtsamkeit mit einbezogen werden.

Neben den vorangehend beschriebenen Übungen gibt es viele weitere, die sich im Ablauf und in der Richtung des Fokus deutlich unterscheiden können. Im Kern bleiben jedoch die Prinzipien der Achtsamkeit bei allen relevant und wirksam, sodass man als übende Person nicht zuletzt auch die eigenen Vorlieben sowie die Umsetzbarkeit in der jeweiligen Umgebung als Auswahlkriterien heranziehen sollte.

Fazit

Der Suche nach Glück und Sinn im beruflichen Tun bildet den Ausgangspunkt für die Darlegungen dieses Kapitels. In der Gesamtschau wird deutlich, dass wir es trotz aller Definitions- und Abgrenzungsversuche dieser Konstrukte aushalten müssen, dass sie zum Teil abstrakt bleiben und nicht unmittelbar greifbar sind. Die Forschung hat in Verbindung mit Erfahrungswerten aus der Praxis dennoch sehr konkrete Hinweise dazu gefunden, über welche Wirkungspfade sich Glücksempfinden und damit in Zusammenhang stehendes subjektives Wohlbefinden beeinflussen lässt. Der Einfluss von Konstrukten wie Resilienz oder Selbstbestimmung bzw. Autonomie, Kompetenz und soziale Eingebundenheit ist unstrittig und schon deutlich leichter greifbar als das Glück selbst. Diese Zwischenebene wiederum ermöglicht uns das Ableiten von konkreten Methoden, Übungs- und Trainingsformen, die das Streben nach Glück handhabbar und das Erleben von Glück leichter machen. Viele davon sind so pragmatisch aufgebaut, dass sie uns unmittelbar im Arbeitskontext unterstützen können. Diese Methoden sind wirksame Hilfestellungen – nicht weniger, aber auch nicht mehr. Sie können nur dann ihre volle Wirkung entfalten, wenn die Anwendenden die richtige Haltung mitbringen. Wenn man berücksichtigt, wie unterschiedlich und vielschichtig Glück interpretiert werden kann, ist es sogar besser nicht von der richtigen, sondern von der passenden Haltung zu sprechen. Diese Passung kann individuell sehr unterschiedlich sein. Dennoch gibt insbesondere das Konzept der Achtsamkeit gute Hinweise auf Haltungen, die der Glück- und Sinnfindung dienlich sein können. Es ist zu vermuten, dass es leichter fällt, bei der Auseinandersetzung mit Glück bzw. Glücklichsein nicht einen Zustand in den Fokus zu rücken, sondern einen Prozess bzw. eine Haltung, mit der wir uns unseren Herausforderungen genau wie unseren Genussmomenten stellen. Wenn dem so ist, geht es nicht mehr in erster Linie darum, glücklich zu sein, sondern möglichst viele Dinge glücklich zu tun, im besten Fall sogar glücklich zur Arbeit zu gehen. Ob dies gelingt, wird in engem Zusammenhang damit stehen, ob wir den Sinn darin erkennen oder wenigstens die Gründe kennen, warum wir für unsere alltäglichen Herausforderungen und Aufgaben ein ehrliches »Danke« sagen dürfen.

Literatur

Baard, P. P., Deci, E. L. und Ryan, R. M. (2004). Intrinsic Need Satisfaction: A Motivational Basis of Performance and Well-Being in Two Work Settings. In: Journal of Applied Social Psychology, 34(10), S. 2045-2068. doi:10.1111/j.1559-1816.2004.tb02690.xBaard, P. P., Deci, E. L. und Ryan, R. M. (2004). Intrinsic Need Satisfaction: A Motivational Basis of Performance and Well-Being in Two Work Settings. In: Journal of Applied Social Psychology, 34(10), S. 2045-2068. doi:10.1111/j.1559-1816.2004.tb02690.x

Bass, B. M. und Avolio, B. J. (1994). Improving Organizational Effectiveness Through Transformational Leadershipp. Thousand Oaks: Sage Publications.

Brooks, D. K. (1984). A life-skills taxonomy: Defining elements of effective functioning through the use of the Delphi technique. (45). ProQuest Information & Learning, US.

Cohn, M. A., Fredrickson, B. L., Brown, S. L., Mikels, J. A. und Conway, A. M. (2009). Happiness unpacked: Positive emotions increase life satisfaction by building resilience. In: Emotion, 9(3), S. 361-368. doi:10.1037/a0015952

Deci, E. L., und Ryan, R. M. (2000). The "what" and "why" of goal pursuits: Human needs and the self-determination of behavior. In: Psychological Inquiry, 11(4), S. 227-268. doi:10.1207/s15327965pli1104_01

Deci, E. L. und Ryan, R. M. (2013). Intrinsic Motivation and Self-Determination in Human Behavior: Heidelberg: Springer Verlag.

DeHaan, C. R. und Ryan, R. M. (2014). Chapter 3 Symptoms of Wellness: Happiness and Eudaimonia from a Self-Determination Perspective. In K. M. Sheldon und R. E. Lucas (Eds.), Stability of Happiness, S. 37-55. San Diego: Academic Press.

Dick, A. (2003). Psychotherapie und Glück. Quellen und Prozesse seelischer Gesundheit. Bern: Hans Huber.

Diener, A., Oishi, S., und Lucas, R. E. (2009). Subjective well-being: The science of happiness and life satisfaction. New York: Oxford University Press.

Diener, E., Oishi, S. und Lucas, R. E. (2009). Subjective well-being: The science of happiness and life satisfaction. New York: Oxford University.

Eberspächer, H. (2009). Ressource Ich. Stressmanagement in Beruf und Alltag. München: Hanser.

Ellis, A. (2006). Training der Gefühle. Wie Sie sich hartnäckig weigern, unglücklich zu sein. Münschen: MVG.

Fernandez, A., Ramos, M., Silva, S., Nina, K. und Pontes, F. (2016). Overview of Research on Teacher Self-efficacy in Social Cognitive Perspective. In: Anales de Psicología, 32, 793. doi:10.6018/analesps.32.3.220171

Gibbs, C. (2003). Explaining effective teaching: Self- efficacy and thought control of action. In: Journal of Educational Enquiry, 4(2), S. 1-14.

Ginter, E. J. (1999). Contribution to the developmentally based life skills approach. In: Journal of Mental Healths counseling, 21(3), S. 12-191.

Good, D. J., Lyddy, C. J., Glomb, T. M., Bono, J. E., Brown, K. W., Duffy, M. K., Lazar, S. W. (2016). Contemplating Mindfulness at Work: An Integrative Review. In: Journal of Management, 42(1), S. 114-142. doi:10.1177/0149206315617003

Greenhaus, J. H. und Beutell, N. J. (1985). Sources of Conflict between Work and Family Roles. In: The Academy of Management Review, 10(1), S. 76-88. doi:10.2307/258214

Hermann, H.-D. und Eberspächer, H. (1994). Psychologisches Aufbautraining nach Sportverletzungen. München: BLV.

Hermann, H.-D. und Mayer, J. (2014). Make them Go! Was wir vom Coaching der Spitzensportler lernen können. Hamburg: Murmann.

Hermann, H.-D. und Mayer, J. (2017). Mentalstrategien. Für den Alltag lernen von Leistungssportlern. Hamburg: TK.

Hyland, P. K., Lee, R. A. und Mills, M. J. (2015). Mindfulness at Work: A New Approach to Improving Individual and Organizational Performance. In: Industrial and Organizational Psychology, 8(4), S. 576-602. doi:10.1017/iop.2015.41

Jansen, P., Seidl, F. und Richter, S. (2019). Achtsamkeit im Sport. Heidelberg: Springer.

Judge, T. A. und Watanabe, S. (1993). Another look at the job satisfaction-life satisfaction relationship. Journal of Applied Psychology, 78(6), S. 939-948. doi:10.1037/0021-9010.78.6.939

Lau, A. und Plessner, H. (2016). Sozialpsychologie und Sport. Ein Lehrbuch in 12 Lektionen. Aachen: Meyer & Meyer.

Lyubomirsky, S., King, L. und Diener, E. (2005). The Benefits of Frequent Positive Affect: Does Happiness Lead to Success? In: Psychological Bulletin, 131(6), S. 803-855.

Mayring, P. und Reinhardt, S. (2020). Das leise Glück der Zufriedenheit. Psychologie Heute Compact, 63.

Noeker, M. und Petermann, F. (2008). Resilienz: Funktionale Adaptation an widrige Umgebungsbedingungen. Zeitschrift für Psychiatrie, Psychologie und Psychotherapie, 56, S. 255-263.

Peterson, C. und Seligman, M. E. P. (2004). Character strengths and virtues: A handbook and classification. Washington, DC, US: American Psychological Association.

Petrowski, K., Brähler, E. und Zenger, M. (2014). The relationship of parental rearing behavior and resilience as well as psychological symptoms in a representative sample. Health and Quality of Life Outcomes, 12, 95. doi:https://doi.org/10.1106/1477-7525-12-95

Ryff, C. und Singer, B. (2008). Know Thyself and Become What You Are: A Eudaimonic Approach to Psychological Well-Being. In: Journal of Happiness Studies, 9(1), S. 13-39. doi:10.1007/s10902-006-9019-0

Schmid, W. (2016). Glück. Alles was Sie darüber wissen müssen, und warum es nicht das Wichtigste im Leben ist. 7.Aufl. Frankfurt a. M.: Insel.

Schwarzer, R. und Leppin, A. (1991). Social support and health: A theoretical and empirical overview. In: Journal of Social and Personal Relationships, 8(1), S. 99-127. doi:10.1177/0265407591081005

Suntum, U. v., Prinz, A. und Uhde, N. (2010). Lebenszufriedenheit und Wohlbefinden in Deutschland: Studie zur Konstruktion eines Lebenszufriedenheitsindikators. SOEPpapers on Multidisciplinary Panel Data Research, 259, S. 1-59.

Vaillant, G. E. (2002). Aging well: Surprising guideposts to a happier life from the landmark Harvard study of adult development. Boston: Little, Brown and Company.

Waterman, A. (1993). Two Conceptions of Happiness: Contrasts of Personal Expressiveness (Eudaimonia) and Hedonic Enjoyment. In: Journal of Personality and Social Psychology, 64(4), S. 678-691. doi:10.1037/0022-3514.64.4.678

Zander, M. (2011). Handbuch Resilienzförderung. Wiesbaden: VS Verlag für Sozialwissenschaften: Springer. Wiesbaden: Springer VS.

Fazit: Glück – Zufriedenheit – Erfolg

Georg Nagler

Die vorstehenden Kapitel haben das beschrieben, was zusammen mit den berufsfachlichen Qualifikationen das wesentliche Instrumentarium darstellt, um den beruflichen Erfolg zu haben. Das Rätsel eines gelingenden Lebens, von Erfolg und Glück wird dennoch, liebe Leserin und lieber Leser, auch durch einen so umfassenden Ansatz wohl nicht vollständig gelöst werden können – lassen Sie uns seriös bleiben und daher auch ein Stück weit bescheiden sein. Dass bei Beachtung aller Hinweise, Tipps und Warnungen ein Leben glücken kann – dem konnten und wollen wir uns annähern. »The pursuit of happiness« bleibt allerdings ein Ziel, das seit 3.000 Jahren das wichtigste Anliegen von Denkern und Philosophen ist, und genießt in den USA seit fast 250 Jahren sogar Verfassungsrang. Und trotzdem, so scheint es, sind nicht nur die US-Bürger in ihrer großen Mehrheit, sondern wohl die meisten Menschen weit davon entfernt.

Möglicherweise hat das auch weniger mit der Einstellung, dem Mindset, zu tun als vielmehr mit einem Thema, auf das der renommierte Wirtschaftswissenschaftler und »Glücksforscher« Arthur Brooks hinweist: Es ist das »Hamsterrad« der persönlichen Bedürfnisse, das wohl auch durch – mittlerweile KI-basierte – raffinierte Marketingmethoden immer weiter gedreht wird. Brooks bringt dies im Vergleich einer »alten« und einer »neuen« Bedürfnisformel zum Ausdruck: Die alte – durchaus plausible – Denkweise ist wohl allen geläufig: Zufriedenheit, auch Lebenszufriedenheit, ist dann erreicht, wenn man dauerhaft bekommt, was man will; Erfolg geht aber weiter: Wenn man dauerhaft mehr hat als andere; dagegen ist Misserfolg, weniger zu haben (Brooks, 2023, S. 76-78).

Es liegt nahe, dass bei dieser Einstellung die Quelle von Unzufriedenheit und Neid geradezu zwangsläufig psychologisch verankert ist. Es ist der zwanghafte Hang, sich permanent mit anderen zu vergleichen: Immer mehr, immer besser, immer luxuriöser. Es bestehen noch dazu viele Hinweise, dass dieses Denkschema letztlich bereits evolutionär in unserem Denken eingebrannt wurde, denn der »Futterneid« motivierte viele Tausend Generationen etwas dagegen (erfolgreich) zu unternehmen – letztlich verschwanden Jäger und Sammler ohne Neid aus dem Genpool. Wie so oft sind allerdings überkommene Programmierungen nicht der beste Ratgeber für die moderne Welt (vgl. Dobelli, 2017, S. 153 ff. und Brooks, 2023, S. 79). Brooks konstatiert nüchtern, dass die persönlichen Wünsche wohl immer die Besitztümer übersteigen werden. Dem können wohl die meisten von uns auch zustimmen. Das greift aber gefährlich kurz. Denn als Konsequenz aus dieser Haltung prophezeit Brooks: Wer nach diesem Lebensprinzip lebe, werde i.d.R. nicht auf Dauer zufrieden sein können. Die neue Bedürfnisformel nach Brooks (2023, S. 81 f.) ist verblüffenderweise als Gleichung mit einem Bruch definiert:

Zufriedenheit = Was man hat/Was man will

Die subjektive Denkfolge liegt auf der Hand: Im Nenner der Gleichung muss das Wollen stehen. Wenn das nicht steigt, sondern sich sogar reduziert, kann die Zufriedenheit nicht weniger werden. (Brooks, 2023, S. 84). Diese Formel ist verblüffender Weise auch sofort einleuchtend. Es gibt eine Gruppe von Menschen, die uns damit beeindrucken: Es sind Frauen und Männer, die massive Schicksalschläge erleben (z. B. eine schwere Erkrankung) und daraufhin ihre Bedürfnisse einschränken (müssen), häufig so weit, dass nur ein Wunsch (z. B. gesund werden) übrigbleibt (vgl. Brooks, 2023, S. 84). Der Nenner reduziert sich dann signifikant und dies führt zu einer spürbaren positiven Stimulierung ihrer Zufriedenheit – trotz ihrer objektiv schwierigen Lebenssituation.

Die oben angeführten Fallgruppen von Traumata und massiven unvorhergesehenen Krisen weisen uns auf Weiteres in diesem Zusammenhang hin: »Lebensbrüche«, aber auch die vielfältigen Erfahrungen im Umgang mit (den aktuellen) Krisen verdeutlichen die Notwendigkeit, sich auf etwas völlig Neues einstellen zu können. Wieviele haben geähnt, einmal mit einem »schwarzen Schwan« (siehe dazu das populäre Buch von Nassim Taleb) umgehen und die dadurch ausgelösten Schwierigkeiten meistern zu müssen? Das Unvorhersehbare als Faktor und Herausforderung darf wohl nie ausgeklammert werden, wenn man den beruflichen und persönlichen Lebenserfolg ganzheitlich angehen möchte. Die Kompetenz, auch schwerwiegende Brüche und Krisen im Leben zu bedenken, einzuplanen und zu meistern – also die Krisenresilienz – gewinnt an Stellenwert. Es wird nicht mehr genügen, sich nur auf Schlüsselkompetenzen oder Allgemeinbildung zu verlassen, und schon gar nicht auf die Hilfe der Allgemeinheit zu hoffen.

Dem setzt Dobelli (2017, S. 322 ff.) das Erreichen innerer »Erfolgselemente« entgegen: Gleichmut, Unerschütterlichkeit, Seelenruhe. Er betont, dass viele Menschen an sich äußerlich gewinnen wollen, um letztlich innerlich zu gewinnen und Glück zu finden. Und er fragt konsequent: Warum den Umweg über äußeren Erfolg nehmen? Man schlage den direkten Weg zum Glück ein. Hier ist eine enorme Nähe zum Ansatz von Brooks zu konstatieren und seiner Empfehlung, die – inneren – Bedürfnisse anzusehen und wohlmeinend zu reduzieren. (Dobelli, 2017, S. 131 ff.). Dobelli sieht sich dabei explizit in Übereinstimmung mit der klassischen Philosophie, die diesen Zielzustand als Ataraxie bezeichnete – einen dauerhaft glückseligen Zustand von Unterschütterlichkeit und Seelenruhe (Dobelli, 2017, S. 324).

Es würde zu weit führen, dies in diesem ersten Kompendium noch näher darzulegen. Ich würde mich aber freuen, wenn Sie, liebe Leserin und lieber Leser, nach guten Schritten zu ihrem Berufserfolg sich auch auf den Weg machen, Lebenserfolg und Lebensglück zu erreichen – und diesen in einem inneren Zustand der Ataraxie zu erleben. Ihren Bemühungen dazu wünsche ich von Herzen das Beste.

Literatur

Brooks, Arthur C.: Der Beste Rat für ein Gutes Leben, München 2023
Dobelli, Rolf: Die Kunst des guten Lebens, 52 überraschende Wege zum Glück, 7. Auflage, München 2017
Schmid, Wilhelm, Selbstfreundschaft – wie das Leben leichter wird, Berlin, 2018
Schulz von Thun, Friedemann: Erfülltes Leben – ein kleines Modell für eine große Idee, 2. Aufl., München 2023
Taleb, Nassim Nicholas: Der Schwarze Schwan, Die Macht höchst unwahrscheinlicher Ereignisse: München, 2018